新媒体
数据分析

陈默 陈丽芳 著

清华大学出版社
北京

内 容 简 介

新媒体数据分析是数据分析技术在新媒体运营与内容生产中的应用,主要包括新媒体的数据化运营以及数据新闻制作两个领域。目前,数据分析在新媒体行业的应用类图书大多集中在各自的优势领域,本书从数据思维切入,系统性地讲述数据分析在新媒体行业中的应用。"数据思维"是本书阐述的核心,希望它引起新媒体从业者的重视,并将其与创造性思维共同应用到新媒体采写技术、编辑技术和运营技术中去。本书首先从数据本身和数据的应用切入,让读者感知数据的魅力及其强大的生命力和功能性,认识到数据已成为媒体行业发展的重要助力;然后讲述数据与决策的关系,将理性决策运用到新媒体运营中,以目前主流的新媒体平台系统阐述数据化运营方法;最后以目前热门的融合新闻报道为切入点,重点突出媒体融合后新闻报道中数据的作用,进而通过大量案例系统阐述数据新闻的制作过程。

本书适合新媒体运营及新媒体内容生产的学习者和从业者使用,也可作为本科院校新媒体数据分析课程的教学用书。

本书封面贴有清华大学出版社防伪标签,无标签者不得销售。
版权所有,侵权必究。举报: 010-62782989,beiqinquan@tup.tsinghua.edu.cn。

图书在版编目(CIP)数据

新媒体数据分析/陈默,陈丽芳著. —北京: 清华大学出版社,2021.4
ISBN 978-7-302-57138-4

Ⅰ.①新… Ⅱ.①陈… ②陈… Ⅲ.①数据处理—应用—传播媒介—研究 Ⅳ.①G206.2-39

中国版本图书馆 CIP 数据核字(2020)第 260289 号

责任编辑: 王剑乔
封面设计: 刘 键
责任校对: 李 梅
责任印制: 刘海龙

出版发行: 清华大学出版社
网   址: http://www.tup.com.cn, http://www.wqbook.com
地   址: 北京清华大学学研大厦 A 座   邮   编: 100084
社 总 机: 010-62770175   邮   购: 010-62786544
投稿与读者服务: 010-62776969, c-service@tup.tsinghua.edu.cn
质量反馈: 010-62772015, zhiliang@tup.tsinghua.edu.cn
课件下载: http://www.tup.com.cn, 010-83470410

印 装 者: 三河市吉祥印务有限公司
经   销: 全国新华书店
开   本: 185mm×260mm   印   张: 14   字   数: 335 千字
版   次: 2021 年 6 月第 1 版   印   次: 2021 年 6 月第 1 次印刷
定   价: 49.00 元

产品编号: 087102-01

前 言

大数据从何而来？无论从概念还是从实践角度分析，答案都是大数据来自互联网，传媒（信息流）、商业（信息流、物流、资金流）、金融（信息流、资金流）、社交（情感流）……所有的"流"在信息技术通道上进行交换流转的过程就是数据产生的过程。新媒体行业建立在完全信息化的移动互联网基础之上，与受众的交流频度与黏度极高，对运营数据具备完整的所有权，同时对新闻数据保持极高的敏感度。

自2014年8月中央全面深化改革领导小组第四次会议审议通过《关于推动传统媒体和新媒体融合发展的指导意见》以来，中央和地方各级媒体积极响应，努力推动传统媒体和新媒体在内容、渠道、平台、经营、管理等方面的深度融合。新媒体用户的主动性、活跃度、参与度大幅提升。传统媒体时代以"接受"为主要行为特征的读者、听众、观众已经转变为关注、点赞、评论等反馈信息的活跃提供者，同时更成为媒体内容的重要生产者。用户行为的记录、用户反馈的聚集以及用户生产的内容构成了庞大的数据量，形成了可供多维开发的大数据，根据用户画像实现精准化传播。同时媒体融合发展要求内容生产必须以数据作为基础支撑、对数据给予足够的重视，使内容生产与用户数据紧密联动。因此，要了解用户需求、更好地服务用户，必然要以"数据思维"为基础。

随着媒介融合的不断深入，以及新媒体、传统媒体创新步伐的加快，数据新闻在业界的实践进一步得到拓展，从而带动了国内研究，表现出专项性、纵深性特色，同时也有横向拓展的趋势。从整体上看，数据新闻的研究如火如荼、成果丰硕，但细究起来"羽翼未丰"。展望大数据时代和媒介融合的发展态势，需要我们进一步完善对数据新闻的研究。数据新闻研究尽管存在这样或那样的问题，但无可辩驳的是，国内外的前期研究已经在广度和深度上有了较大的拓展，所取得的成果为本书奠定了良好的基础。

本书分为七章，第一章为数据，主要介绍数据的概念与特征、数据的商业价值、大数据的行业应用等；第二章为大数据应用场景与新媒体,从门槛、市场、内容、经济及营销五个角度讲述了"把新媒体的话筒交给每个人"的理念,并介绍打破传统媒体、推动媒体融合的内容;第三章为数据分析与决策的关系,介绍提出问题、利用数据信息得出结论、连接数据团队与决策者等内容;第四章为大数据+新媒体运营,介绍数据思维的运用、微信的数据化运营策略、微博的数据化运营策略、抖音的数据化运营策略、新媒体数据分析报告的呈现等内容;第五章为融合新闻报道中的数据分析,重点介绍融合新闻的概念、操作、易出现的问题及相关案例等;第六章为数据新闻,主要介绍数据新闻的概念和特征、数据新闻的价值突破等;第七章为数据新闻制作,介绍选题与故事、数据来源与采集、数据整理与分析、数据可视化及制作范例等内容。

由于作者水平所限,本书难免存在疏漏,敬请读者批评、指正,以便在后续的工作中不断地调整和改进。

陈　默

2021年2月2日

目 录

第一章 数据

第一节 数据的概念与特征 …… 1
一、观察事实的结果——数据 …… 1
二、数值数据与多样化数据 …… 4
三、数据的规律性与变异性 …… 7

第二节 数据的商业价值 …… 8
一、数据的搜集与价值转换 …… 8
二、建设数据仓库 …… 12
三、从数据看商业价值 …… 14

第三节 大数据的行业应用 …… 17
一、改善医疗保健和公共卫生 …… 17
二、监控市场营销和网络舆情 …… 18
三、连接社交媒体和电商平台 …… 19

第二章 大数据应用场景与新媒体

第一节 把"话筒"给到每一个人 …… 21
一、打破"媒体人"门槛 …… 22
二、找到市场领域 …… 24
三、内容为王 …… 25
四、新媒体经济 …… 26
五、精准营销 …… 28
六、过度繁荣与激烈竞争 …… 29

第二节 打破传统媒体的安逸 …… 29
一、人工智能的横空出世 …… 30
二、新媒体挑战权威 …… 32

第三节　推动媒体融合 ……………………………………… 33
一、传统媒体与新媒体的结合 ……………………………… 33
二、全媒体记者 ……………………………………………… 35

第三章　数据分析与决策的关系　37

第一节　提出问题 ………………………………………………… 37
一、问题与需求 ……………………………………………… 37
二、决策的特性 ……………………………………………… 38
三、决策模型 ………………………………………………… 39

第二节　利用数据信息得出正确的结论 ………………………… 40
一、建设大数据平台 ………………………………………… 40
二、用数据支撑决策 ………………………………………… 42
三、动态的决策 ……………………………………………… 45

第三节　连接数据团队与决策者 ………………………………… 46
一、培养专业的数据人才 …………………………………… 46
二、连接数据团队与决策者 ………………………………… 49
三、每个人都是数据决策者 ………………………………… 50

第四章　大数据＋新媒体运营　52

第一节　用数据思维代替经验判断 ……………………………… 52
一、什么是数据思维 ………………………………………… 52
二、说事实而不说观点 ……………………………………… 53
三、不预设立场 ……………………………………………… 54
四、演绎而不是归纳 ………………………………………… 55

第二节　微信的数据化运营策略 ………………………………… 55
一、公众号的定位 …………………………………………… 56
二、公众号的初始化 ………………………………………… 57
三、留住核心用户 …………………………………………… 60
四、利用后台数据对公众号运营进行优化 ………………… 62

第三节　微博的数据化运营策略 ………………………………… 67
一、微博设定目的 …………………………………………… 68
二、选择垂直领域 …………………………………………… 68
三、时效与节奏 ……………………………………………… 73
四、策划与角度 ……………………………………………… 74
五、情感与态度 ……………………………………………… 75
六、内容优化 ………………………………………………… 76

第四节　抖音的数据化运营策略 ……………………………… 77
一、需要关注的数据 ……………………………………… 77
二、掌控指标走向，把握账号发展 ……………………… 80
三、关于拍摄 ……………………………………………… 83
四、相关工具推荐 ………………………………………… 83

第五节　新媒体数据分析报告呈现 …………………………… 84
一、新媒体数据分析报告的结构 ………………………… 84
二、新媒体数据分析报告基本内容 ……………………… 87
三、新媒体数据分析报告的作用 ………………………… 88
四、新媒体数据分析报告的类别 ………………………… 88
五、注意事项 ……………………………………………… 90

91　第五章　融合新闻报道中的数据分析

第一节　什么是融合新闻 ……………………………………… 91
一、媒介与新闻 …………………………………………… 91
二、融合新闻的特点 ……………………………………… 95
三、融合新闻兴起的必然性 ……………………………… 96
四、融合新闻带来的变化 ………………………………… 97

第二节　融合新闻的操作 ……………………………………… 100
一、采集并占据大量素材 ………………………………… 100
二、挑选整合新闻资源 …………………………………… 100
三、设置互动板块 ………………………………………… 100
四、融合新闻的生产流程再造 …………………………… 101

第三节　易出现的问题 ………………………………………… 104
一、数据获取与分析能力不足 …………………………… 105
二、数据呈现方式不当 …………………………………… 105
三、唯数据论 ……………………………………………… 105
四、新闻浅层化风险 ……………………………………… 105
五、全能人才稀缺 ………………………………………… 106

第四节　融合新闻的典型案例介绍 …………………………… 106
一、《雪崩》 ………………………………………………… 106
二、《中国抗疫图鉴》 ……………………………………… 107

109　第六章　数据新闻

第一节　精确新闻报道 ………………………………………… 109
一、数据新闻的释义 ……………………………………… 109
二、数据新闻的兴起与发展 ……………………………… 113

三、如何理解数据新闻 ·· 115
　　四、数据新闻的功能和优势 ··· 121
第二节　数据新闻的特征和理解误区 ······································ 123
　　一、数据新闻的特征 ·· 124
　　二、区分数据新闻、数字新闻和精确新闻 ···························· 124
　　三、数据新闻的误区纠正 ·· 125
第三节　数据新闻的价值突破 ·· 129
　　一、理想的数据新闻 ·· 129
　　二、数据新闻的四大发展特点 ······································ 139
　　三、国内媒体推荐 ·· 141

143　第七章　数据新闻制作

第一节　选题与故事 ·· 143
　　一、不是所有故事都适合做数据新闻 ································ 143
　　二、如何确定选题 ·· 154
第二节　数据来源与采集 ·· 159
　　一、查找数据的基本方法 ·· 160
　　二、数据离散化 ·· 163
　　三、数据来源推荐 ·· 163
　　四、数据平台 ·· 164
第三节　数据整理与分析 ·· 179
　　一、数据整理技术 ·· 179
　　二、如何让数据说话 ·· 180
　　三、数据分析的内涵 ·· 185
　　四、数据分析的步骤 ·· 185
　　五、数据分析的方法 ·· 186
　　六、数据的清洗与精简 ·· 186
第四节　数据可视化 ·· 189
　　一、数据可视化的释义 ·· 189
　　二、数据可视化的基本框架 ·· 194
　　三、数据可视化的基本图表 ·· 199
第五节　制作范例 ·· 199
　　一、职场性骚扰：调查数据形象呈现 ································ 200
　　二、作品《无据可依》 ·· 205
　　三、2017"数据新闻奖" ·· 210

213　参考文献

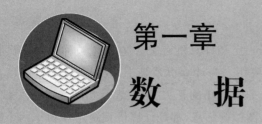

第一章 数 据

人们总说,我们进入了"数字生活"的时代,社会也依赖于"数字经济"的发展,那么数据到底是什么?本章就从"数据是什么""数据有什么用""数据改变了什么"这三个方面,对"数据"这个名词进行全面的讲解。

数据是计算机中的0和1,数据是数学中的数字,数据是一个人每天的生活记录,数据也是一个公司的营业额和运营日常。数据是一个宽泛的概念,我们生活中的一切都与数据有关。数据是需要加工的,从数据清洗到数据分析,看似杂乱的数据会转变为具有价值的信息。最早提出"大数据"时代到来的是全球知名咨询公司麦肯锡,麦肯锡称:"数据已经渗透到当今每一个行业和业务职能领域,成为重要的生产因素。"大数据时代下,人工智能、网购、数字营销等新鲜事物的出现已改变了各个行业的发展模式,带来了新的"数字经济",本章对典型行业基于数据的改变进行系统的叙述,感受数据给我们带来的变化。

通过本章的学习,我们将发现数据无处不在,将认识到数据的价值和对我们生活的改变。让我们通过学习,拥有一双发现数据的眼睛,拥有挖掘数据价值的能力,在我们的学习或职业中,用好"数据"这个新工具吧。

第一节 数据的概念与特征

数据是什么?本节将介绍关于"数据"的方方面面,包括:最初始的数据是怎样的?数据如何分类?数据有什么特点?以及大数据的利与弊等问题。通过对数据的起源、概念、分类、特征,以及对大数据环境的叙述,我们将更加明确地认识到数据的出现和发展,了解到数据的各种类型,并且对大数据时代有一个更客观的认识。

一、观察事实的结果——数据

在认识数据的开始,我们要了解到数据从哪里来?如何来?在本小节中,我们可以了解到"数据"的概念从最初始的计算机术语到日渐宽泛的定义这一发展过程,以及数据和信息的区别和联系。

新媒体数据分析

（一）计算机的数据

1. 数据的起源

提起数据的起源，我们第一反应就是数据一定和计算机有关。20世纪被称作第三次科技革命重要标志之一的就是计算机的发明与应用。在计算机系统中，数据是以二进制信息单元0和1的形式表示的，可以把它当作一个非常微小的开关，用1表示"开"，0表示"关"。我们在计算机上看到的一切数字、文字、图形、图像等信息，都是计算机系统用0和1两个数的不同编制长度和顺序实现的。

2. 计算机的数据是什么

可以这样说，只要是可以输入计算机，并被程序处理的符号、介质、模拟量等，都是计算机中的数据。计算机中的数据是一个广义的概念，包括各种各样的字母、数字符号的组合、语音、图形、图像等。数据也是组成地理信息系统的基本要素，种类很多。计算机对于数据的记录，慢慢取代了人们口口相传、书本文字等一系列记录的方法，成为目前便捷的、大容量的载体，也是较简单、较长久的记录方式。

3. 计算机与人类

有人会问，计算机会代替人类吗？计算机会反过来控制人类吗？这仿佛是计算机智能出现以来，我们不断在发问和畅想的一个问题。对于计算机代替了人脑记忆，总有不同的声音。有人认为计算机的出现将使人类变得懒惰、愚钝，对于计算机的依赖，会让我们记忆越发退化。有人认为，计算机是人类的工具，可以准确地记住繁杂的、海量的数据，这本就不是简单的人脑和书本所能企及的。计算机记录数据在一定程度上补充了人脑记录数据的缺陷，达到了更好的客观性与永久性。

这个争论没有结果，也没有阻挡计算机科学的飞速发展。随着互联网的飞速发展，计算机将记录数据，互联网将共享数据，计算机中的海量数据成就了这个信息大爆炸的时代，也迎来了大数据的时代。

（二）记录事实就是记录数据

1. 数据是客观的记录者

一切主观的表达和记录总是充满了个人色彩，每个人眼中都只会看到自己眼中的事实。而数据总扮演着最理智的记录者，所谓事实胜于雄辩，而记录数据就是在记录事实、表达事实。数据给了许多词语一个否定，例如，"好像""大概""很严重""差不多"，真实的数据是最真实、客观的记录者。

2. 用数据体现新闻

以新闻领域为例，新闻讲事实而不讲观点，而直接的数据就是事实的搬运工和新闻的表达者。例如，第四届中国数据新闻大赛中南京师范大学团队的作品《从"超生"到"低生"，数说中国人口困境》。对于人口这一话题，最显而易见的表达形式就是基于数值数据的总结分类和对比。在作品中，对于中国人口老龄化问题，用数值数据构建的簇状柱形图—折线图表现出近28年来老年人口的数据变化（见图1-1），直接明了地展现出老龄化问题的发展趋势及现状。用数据表现出了老年人数量多了多少,老年人人口占比高了多少,整体表现出社会中确实出现了老龄化问题,这要比用嘴去说"我们国家的老龄化越来越严重了"更加具体,也更加具有可信度和准确性。

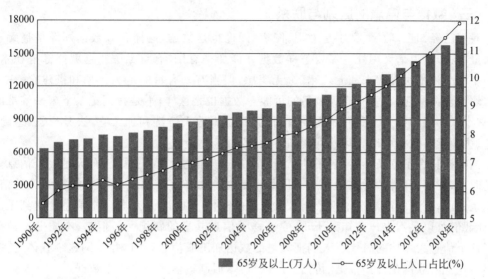

图 1-1　1990—2018 年中国老年人口数及占比情况

3. 数据带来的深层思考

用数据分析原因,例如,下面的作品用数据分析曾经要抑制生育的"超生"人口大国如何在几十年间进入"低生"困境?影响社会生育的主要原因是什么?作品指出"低生"的原因是房价压力,那为什么是房价压力呢?如何证明房价压力是主要原因呢?图 1-2 中各大城市的房价与收入的对比排名就清晰地表现出了生育的主力军——年轻人的城市生存压力,进而影响生育意愿,造成了社会"低生"这一人口现象。

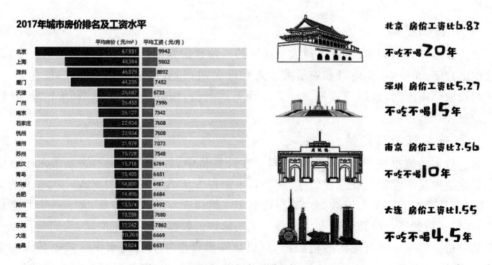

图 1-2　2017 年城市房价排名及工资水平

记录数据就是记录事实,新闻是记录者,是对事实的搬运和整理,它不是评论者,也不是解决者。这则数据新闻就很好地做到了用数据记录事实,用数据表现事实这一点。不只是新闻领域,在任何时间、地点,用数据说话都是表达事实的最好方法。

(三)数据与信息的区别与联系

我们已经知道,数字、文字是数据,图表、图像也是数据,这样看来数据好像是毫无意义地大量堆积,显得毫无用处。那要怎样数据才能变得有用、有意义呢?这就好像搭积木,一个一个的小积木块看起来乱七八糟、毫无美感,但当有人有目的地去排列和搭建它,一个个积木块组合在一起,它就有成为城堡的可能。数据也是这样,不是我们记录下来一堆堆的数据,这个工作就结束了。我们还需要有目的、有逻辑地去清洗和加工它,去分析、去组合、去创造、去探索出数据可以表达的问题和意义。

当数据具有了意义,它就有了一个新的名字——信息。我们总说,今天是一个信息大爆炸的时代,我们刷微博,看推送信息,乐此不疲地接收着大量与自己有关的或无关的信息。我们也总说,是互联网缔造了这个信息大爆炸的时代。确实,是互联网把信息传递到千家万户,让我们可以足不出户而知天下事,它开辟了信息共享的新纪元。但是,本质上是数据成就了这个信息大爆炸的时代。人们把大量的数据加工成信息,通过互联网这个载体,传播到世界各地。互联网是传播数据、传播信息的载体,但制造信息的本质是数据。

二、数值数据与多样化数据

在了解到"数据"的发展变化后,我们认识到生活中的一切都与数据有关。那么如何把数据进行简单分类?不同的数据类型有什么区别?大量的数据就是"大数据"吗?以数据为基础的大数据时代究竟如何?本小节将就"数据的分类"和"大数据时代"两个问题进行探讨,学习对数据简单的分类,从而对数据影响有一个客观认识。

数据有着多种多样的形式。最直接的数据形式当然就是数据数值,它是一个具体的数。除此之外,模拟量也是数据,语音也是数据,图形、表格也是数据。下面认识一下数据多种多样的形式。

(一)数值数据

数值数据是表示数量、可以进行数值运算的一种数据类型。在计算机编程语言中,数值型数据由数字、小数点、正负号和表示乘幂的字母 E 组成,数值精度达 16 位。按存储、表示形式与取值范围不同,数值型数据又分为多种不同类型,如数值型、浮点型(单精度型、双精度型)和整型等。

1. 数值数据的固定性

数值数据是简单明了的一个数字定量。在计算机中,数值数据用二进制表示。数值数据在生活中也是非常常见的一种数据。例如,一个青少年的身高体重,某人一次考试的成绩等,这些都是基本的一个数值数据。而当搜集了一组青少年的身高体重,某人一个月考试的成绩,我们就得到了一组数值数据。当同一主题的数值数据有了一定的量,我们就可以进行数据的分析。根据一组身高的数值数据,可以推算出青少年的身高水平。根据某人一个月的成绩,可以得出某人近一个月的学习水平。这就是找到了一定量数值数据的规律和变化,从而实现数值数据从一个简单的数值单位到有意义的数据的转换。最终可以达到产出有意义的信息的目的。

2. 国家数据

不限于日常小数据信息的处理,如图 1-3 所示国家数据网站关于全国全年粮食产量的数值数据统计(国家数据是一个国家各方面数据信息公开的平台)。通过对粮食产量数值数据的记录分析,可以在一定程度上得出一个国家第一生产力的水平和一年的变化。国家数据包括了各行业、产业月度、季度和年度的数据记录,也涵盖了各个省份、地区的各种数据。通过对数据检索,可以简单宏观地得出一个产业或地区的发展现状。可见,数值数据对于一个国家、一个社会的发展和分析是至关重要的。

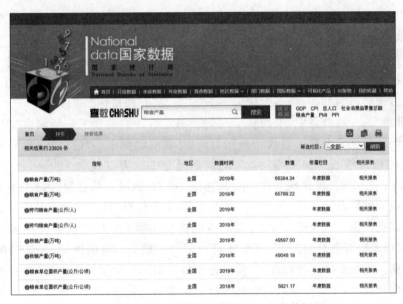

图 1-3　全国全年粮食产量(来源:国家数据)

(二)非数值型数据

除了最典型的数值数据外,我们还可以把其他数据统称为非数值型数据,也就是多样化的数据类型。多样化的数据包括声音、文字、图形、图像等多种表现方式。对数值型数值,我们可直接用算术方法进行汇总和分析,而对其他类型的数值则需特殊方法来处理。

1. Excel 中的文字数据

以最典型的文字数据为例,在 Excel 中的数字数据包含数字、符号、括号、除号、美元符号、百分号、小数点和科学记数符号等。在单元格中可以输入数值、负数、日期、时间等多种数值数据。数值数据可以直接在工作表中进行加、减、乘、除等数值运算。而对于文字数据,Excel 中的文本是字符、数字及特殊符号的组合,不能进行加、减、乘、除等运算,但可以进行连接对齐等数据操作。

2. 多样化数据的应用

除了文字数据,非数值数据还有多种类型。例如图像和声音,语音录音等编码属于声音数据,来源于相机拍摄的外界图像属于图像数据。这些非数值型数据不同于数值型数据的固定性,它们具有多样的灵活性,所以更适合服务于教学、创作或语言等能动性较强的领域。

非数值数据处理属于计算机应用领域,在计算机互联网的发展中,越来越多的智能功能也需要非数值数据的支撑,如模式识别、情报检索、人工智能、数学定理证明、语言翻译、计算机辅助教学等,都需要计算机编制多样化数据达到功能实现。

(三)科技成就大数据

我们的生活好像被窥探?当你在某个电商平台购买了一个台灯后,你会发现购买成功的那一刻并不是结束。接下来,打开短视频平台,你会看到台灯视频广告;看某篇文章,你会发现台灯软文推荐;用的浏览器会有一条一条的台灯信息被推送。不只是台灯,只要与其相关的各种灯光家装等都会被推送,都会从各个平台进入你的视野。这些都是大数据在"分析"你。

1. 大数据是什么

我们说过,这个信息爆炸的时代也是数据爆炸的时代。到底什么是大数据?大量的数据就是大数据吗?数据的累积就是大数据吗?在互联网趋势下,大数据横空出世,影响着我们生活的方方面面,让我们不得不去认识一下"大数据"到底是什么?

在《开讲啦》的一期节目中,中国科学院院士梅宏给我们带来了一场演讲"大数据时代,你准备好了吗",预见了大数据时代。根据 IDC(互联网数据中心)的估算,我们可以了解到近年数据量的极速增长。2003 年,全球的数据量是 500 万 TB。2009 年,达到了 0.8ZB。2012 年,达到了 2.8ZB。预计到 2025 年,将达到 163ZB 的庞大数据量。对于 2030 年,更是预测了一个惊人的数据值——2500ZB。书本文字、个人信息、科学建模都是数据。那么怎样才算是大数据呢?梅宏也谈道:"大数据的本质体现在哪儿?体现在数据挖掘的深度和应用的广度,也就是跨界融合的广度,这个才是所谓的大数据。"我们说到,加工过的数据才是有意义的数据。大数据体现在深度、广度的范围性覆盖上。对于行业的影响力,对于各个领域的波及程度和范围,才是衡量大数据的标准。随着信息化进程的不断发展,大数据引领的"数字经济""数据时代"已经来临,并且已经成为一个国家、一个社会必不可少的竞争力和发展引擎。

2. 大数据时代的隐私问题

凡事有利必有弊,大数据带来了便利,也带来了困扰。大数据在窥探你的隐私?以电商网购为例,理论上,购买者的个人数据都是个人隐私。但现实是我们不得不交出一些个人隐私,才能换取这样的服务。比如,我们网购一个台灯,就在主动将自己的个人数据上传到电商平台和网络世界。网络平台利用大数据分析了我们的个人数据,我们才会收到一系列的台灯信息推送。当我们的姓名、住址、年龄、工作等一系列个人隐私暴露在网络世界后,我们无疑是惶恐不安的。一个新的科学技术是没有错的,重要的是如何去约束、去控制、去应用这一新技术,去更好地服务于大众与社会。大数据时代下的网络安全与个人隐私还要依赖于法律制度的保护。不仅是大数据技术,从法律规则上制止技术的滥用对于每一项技术发明都是十分必要的。

3. 大数据的未来发展

大数据仍在发展的道路中,目前它的推送还不够智能,隐私保护也不够完善,但是一系列的问题并没有阻止它的崛起。越来越多的行业依赖大数据,越来越多的学者研究大数据,越来越多的技术人员完善大数据,它影响着我们生活的柴米油盐,也影响着一个国家社会的发展前途。在技术日新月异的同时，我们的法律制度也需要快速跟进，技术和制度的共同发展才能更好地把科技应用到社会中。

三、数据的规律性与变异性

每一个事物都有它自己的独特之处。那么，数据有什么特点呢？本节介绍数据的两大特点：规律性和变异性。这看起来是自相矛盾的两种特性，在下面的学习中，我们就会看到这两种特性在数据中的并存和发展。

数据之所以有意义，是因为我们可以找出数据的规律特点进而对事物进行分析预测。反之，数据之所以需要二次加工，是因为数据本身是杂乱无章的、充满不确定性的。了解数据的规律性，也接受数据的复杂性和不确定性，是我们利用好数据的根本。

（一）杂乱无章的数据

我们在网络上直接搜索得到的数据，往往已经经过了分组加工等行为。仅在记录数据这一步，得到的最原始数据往往是杂乱无章的。例如，通过生活数据预测用户的餐饮喜好。可是，一个人生活的方方面面都会或多或少地影响到其饮食，如他的睡眠时间影响到是否吃早饭，体重水平影响到是否在刻意改变饮食习惯，工资收入、出行路线、身体健康、家乡所在地等因素，我们会搜集到一大堆物理数据。一眼看去，这些数据好像互相没有联系又互相影响，也许还会出现结论冲突。这些数据就是杂乱无章的数据。

那么，这些数据就是无用的吗？显然不是。饮食是我们调查的主题，围绕它展开的一系列数据搜集当然是有目的的。可是为什么我们最终得到了杂乱无章的一堆数据？这时候就需要进行数据分析。当我们从这一大堆数据中，删去无用数据，找到重点参考值，计算出平均影响度，进行一系列的数据加工。在这之后，我们就可以推断主要原因，进而进行合理预测了。

（二）数据变异的不确定性

我们总说，数据是有规律的，所以才有意义。其实，这种规律只是从整体的角度看得出来的宏观的规律。一组数据是来源于调查和记录的，所以它是不会完全按照非常准确的规律排列的。当我们在分析数据时，不但要分析多数数据的规律性，也应该注意到数据变异的不确定性。

1. 个别数据的变异

个别数据是有特殊性与变异性的。就像上面提到的通过生活数据预测用户的餐饮喜好这一例子，总会搜集到特殊的、变异的数据。也许今天天气不好，也许生病了，也许家里有意外情况，现实中总有各种在我们预判之外的事件发生，从而影响到我们对其饮食的调查分析。但只要这种特殊数据没有对整体数据有剧烈的影响，它就不会影响我们对整体数据的分析。

2. 整体数据的变异

如果将个别数据的变异称为特殊情况，忽略不计，那么对于整体数据的变异，就需要格外被关注了，数据的变化规律背后往往是真正值得关注的特殊信息。例如，我们调查一个超市的营业额，一开始的数据是规律且稳定的，后期却出现了不小的涨幅或下降，数据发生明显的整体变异。这个时候，我们就可以利用发散思维去分析和调查，为什么出现了变异？

是政策支持引起的涨幅?还是特殊疫情等公共卫生引起的下降?虽然我们有目的、有预想地去调查,但是现实往往是瞬息万变的,采集到的数据也许与我们预想的背道而驰。但也正是因为调查数据的这种未知性与不确定性,数据分析才更加值得我们去探索。

(三)大量数据的内在规律

科学的数据分析往往需要大量数据的支撑。当数据达到一定的量,才更有说服力,预想结论也更加科学合理。大量的数据不仅可以分析粮食产量、营业额等这些数值型的领域,也完全可以对人文社科领域进行分析和预判,这也就是所谓的人工智能。

2016年,谷歌人工智能"阿尔法围棋"(AlphaGo)战胜围棋冠军李世石,引发了全世界对于"人机大战""人工智能"的高度关注。阿尔法围棋为什么可以赢?就是因为它有大量的数据作为支撑。围棋冠军也是在一场场的比赛中进行经验获取与技术提升,这可以看作人脑对于数据的储存分析。阿尔法围棋也是一样,它把围棋对战中的所有行为都看作一个数据并进行记录和分析,通过训练形成一个策略网络。在对战时,将棋盘上的局势作为输入信息,并对所有可行的落子位置生成一个概率分布,从而分析出最优结果。人类会受比赛状态的影响,但人工智能机器人不会,它只是在一次又一次地把数据录入并计算分析。

寻找大量数据的内在规律,就是像阿尔法围棋一样,以量取胜。把所有的数据规律和概率分布都考虑到,怎么会不赢呢?

第二节 数据的商业价值

本节重点讲述数据的加工和利用。从记录数据、分析数据、产出价值,到建设庞大的主题性数据库、打造数据运营和服务,再到用数据分析用户画像和商业前景。通过本节的学习,我们将对数据的作用有更深层次的认识,并且掌握一定加工数据的能力。

一、数据的搜集与价值转换

搜集数据和分析数据是发挥数据价值的前提。对数据从收集到价值转换这一过程,进行一个简单的认识和学习,是我们利用数据的第一步。

数据在哪里?吃饭、看书、听音乐都是数据。各大商业公司谷歌、亚马逊、Facebook、百度、阿里巴巴等均陷在其中而不能自拔。

中国领先的云计算方案和服务供应商浪潮集团在京发布基于全新技术架构的大数据处理平台——云海大数据一体机,面向产业界正式发布大数据整体战略,渗透到当今社会互联网、金融、电信等多个行业。大数据将带来"数字经济"的时代。IDC报告指出,截至2011年底,全球新增的数据量已达到了1.8万亿吉字节(GB),未来十年还将增长50倍,迅速积累的海量数据蕴含着重大的商业价值和社会价值,通过挖掘海量数据,公司的决策、运行会建立在更加科学的基础上,失误更少,效率更高。

第四届中国数据大赛的作品之一——《2022北京冬奥会是笔好"投资"吗?》就很好地利用了数据,分析利益价值的可行性。我们将以此为例,阐述如何从数据中提取价值。

(一)搜集大量的数据

要用数据,首先就要先有数据。数据从哪里来?如何搜集到大量的数据?商业的目的是利润，所以最重要的数据就是收入与支出。从各个方面记录影响收入与支出的数据，就是最有用的商业数据。所以，对于这则关于冬奥会利益价值的数据新闻，最必不可少的数据就是收入与支出数据。申办奥运会对于主办城市是不是一项"赔本的买卖"？我们需要看的是历年奥运会的收支账。

从局部看一场赛事的利益分析，就是赛事准备投入与回报的对比。所以对于奥运会赛事，我们需要搜集的数据有场馆建设、人力成本、服务支出等赛事投入数据与赞助商、门票等直接收入数据（见图1-4）。

图1-4　国家奥组委支出收入图

从长远看奥运会的利益分析，不应该只包括赛事本身的收支账。奥运村建设、环境治理、城市基础设施完善，这些要为奥运准备的环境与服务，也是奥运的支出账单。旅游知名度、场馆和基础设施后期利用、国内品牌的广告度，这也是奥运带来的隐形财富。

所以对于奥运会数据的搜集，其涵盖的部分不应只局限于一场赛事的经济投入。仅仅以目前收支来判断一个赛事或项目的利益可行性是不可取的，其带来的文化影响力等隐形收入的数据也具有很重要的参考价值。那么我们必须找到交通、环保、各大国货等社会每个方面的数据吗？当然不是。奥运会对一个国家社会的影响是方方面面的，可以说在多个领域的数据量都会受到奥运的影响。从时间纵向看，对于奥运经济，我们首先可以考虑的就是奥运场馆的后期利用性和基础设施的长久价值；从横向覆盖范围看，一场奥运会对于城市的交通、环保、服务业等很多方面或多或少都有影响，我们只要找到典型领域进行着重调查即可。多方面、全方位地去搜集数据，才可以达到一定的数据量和范围广度，利于对数据的分析与预测。

（二）学会清洗数据

当完成了搜集记录这一部分，我们会得到与主题相关的一系列大量的数据。接下来，就要对原始数据进行加工，让数据变得"有用"。数据分析首先要进行数据清洗，主要的过程就是去除无用数据，进行数据分组、连接数据和填补遗漏数据。

第一，去除无用数据。由于在搜集中我们希望数据量多且涵盖广，所以在进行数据整理时，往往会发现许多无用的或者说参考价值较弱的数据。这些数据可以在一开始的数据分析中被摒弃掉。比如对于"奥运会隐形财富"这一举例，可能前期我们收集了奥运会对于旅游业、房地产、基础工程等多个领域的影响数据,但房地产远远没有旅游业和基础设施这些领域受奥运会影响大,或者不够成为"奥运会遗产"的代表性支撑,数据充足的情况下,我们就可以对其进行删减。

第二,进行数据分组。数据被记录之后,仍然是相对分散的。我们可以把这些分散的数据进行简单的分组,把相同类型或相同单位的数据放在一起,形成一个个的数据小组。分组的标准依情况而定,时间、地区、三大产业都可以作为分组的基本依据。根据自己的调查需求把数据分组,也是初步完成了数据从零散到整体的整理。

第三,连接数据。在分组后,我们把相同类型或者关联性强的数据放在了一起,得到了一组一组的数据。我们可能简单地把总产值放在一组,把时间线放在一组,把地区分布放在一组。但是它们依然是简单分散的,并没有成为一个整体,这时候我们就可以进行合理的数据连接。比如我们把总产值、时间线和地区分布放在一起,进行数据连接,就可以得出季度、地区、占比等多种数据信息。把数据连接起来,就可以直观地看出事物之间的许多联系和有价值的信息,是数据分析很重要的一步。

第四,填补遗漏数据。在进行数据的加工分析中,我们可以找到无用的、参考价值不大的数据,同时可以发现遗漏了的需要数据支撑的部分。在搜集中,我们有目的性地寻找记录里的数据,基于的是我们的预判和推测。到了数据加工时,有可能发生一定的偏差,一些必要的数据可能并没有被采集。所以,填补遗漏的数据,在加工中进行必要数据的再次收集,可以让我们的数据分析更加全面完整。

(三)寻找数据规律

如何从大量的数据中得出规律?首先,看数据的整体和变化趋势。从整体多角度地看数据,往往可以得出一个整体现状或规律变化。仍以"奥运会经济"为例,可以看图1-5,图中是国家奥组委收入与支出的对比数据,用支出作为单位1。2000年奥组委收入支出的对比值为1∶1.16。2002年的对比值为1∶1.02。同样,后面的六个年份中,也是收入略高于支出。所以从这组数据来看,可以发现收入一直是略高于支出这个规律。

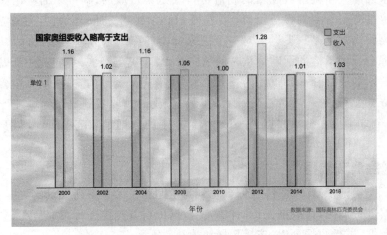

图1-5 国际奥委会收入与支出比

其次,看数据特殊的地方。我们可以分析最大值和最小值,或者变量大、具有特殊性、具有典型性的数据量。如图1-6所示,图中是各城市申办奥运会的预算数据,每格代表30亿美元,其中圆点代表最后申办成功的城市。这组数据就是把时间、城市、资金、是否成功等数据合成了一个整体。在这些数据中,我们可以发现历年各城市的预算数据是有很大差距的。2008年申办成功的城市北京以142.6亿美元远超多伦多、巴黎和伊斯坦布尔。2012年申办成功的城市伦敦以158亿美元高居榜首。同样,其他申办成功的城市,如索契、里约热内卢、平昌等也都是预算最高的城市。在十年来的六届奥运会中,除了2010年的温哥华奥运会,其他申办成功的城市都提出了最高预算。所以关注这些数据的最大值,我们可以发现申办成功的城市往往是预算最高的城市这个规律。

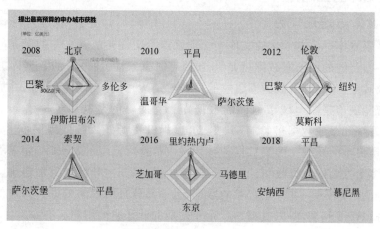

图1-6　各城市申办奥运会预算对比

（四）从规律发现价值

当我们找到了数据的规律,就很容易得出直接性的信息。例如,在图1-5中,我们可以得出国家奥组委收入是略高于支出的,在图1-6中,我们可以发现申办成功的城市往往是预算最高的城市。这些都是明显的、易得到的信息。但是,数据规律的价值肯定不止这些。当得到这组数据规律后,我们还可以思考许多问题。既然国家奥组委的收支不赔钱,那么到底是哪里在花钱？申办成功与经济预算关联密切,是许多城市放弃申办的主要原因吗？提出高预算的城市资金从哪里来？对这些问题的思考都可以让数据发挥更大的价值。

同样还有与奥运会相关的一则数据新闻,由财新数据新闻出品的《场馆们的后奥运时代》。这个作品就更加有针对性地选择了"奥运会场馆"这一切入点,来展现奥运会遗产这一主题。通过对各场馆开放度、日间/夜间人流量、比赛演出举办情况等数据的大量收集,对奥运场馆的后期利用进行分析和对比。这些对于人流量和活动等数据的收集,就非常准确地成为新闻的支撑,也让我们直观地看到这些数据所传达出的信息价值。比如某个地区的场馆活跃度普遍低,我们就可以思考是不是由于交通、开放度、地理位置等问题限制,然后去更好地改造和利用场馆。更加有可读性的是,新闻中还列举了许多生活中居民、学生和场馆间具体的事件,让我们直观感受到数据与生活现实的连接。

把数据连接起来,可以更容易发现数据的规律。把各组数据的规律连接起来,结合实际去发问和分析,就会看得更深、更全面。从一组数据中的规律找出限制所在或者优势所在,不仅对当前问题的分析解决有很大意义,甚至可以延伸出一个社会行业的发展完善。

二、建设数据仓库

类似于一个庞大的信息中心,建设一个有主题、有目的的动态数据仓库,是一个企业最大的商业财富。在之前的内容中,我们学习了对数据的简单处理,那么对于一个企业、一个行业而言,需要的是更加规模化的数据存储和数据分析。如何建设一个数据仓库?如何运营这个数据仓库?就是本小节要讲的内容。

(一)数据库的主题性

1.服务对象与建设目的

数据库可以看作一个电子化的文件夹。那么这个文件夹和子文件的设立一定是有主题性地服务于某一目的的。国家数据就是一个大范围的、全国性公开的数据库。对于这种国家数据公开或政务信息公开,数据库建立的目的就是达到数据信息的公开,并展现社会大趋势的发展。智慧城市是一个城市地区的数据库。它的目的是利用各种信息技术或创新概念,将城市的系统和服务数据进行打通、集成,以提升资源运用的效率,优化城市管理和服务,以及改善市民生活质量。国家数据和智慧城市都是大范围的数据库,涵盖了交通、金融、旅游、农业等多个方面的数据收集。而对于商业数据库,其主题性就更加明确。商业数据库的数据可以分为两部分,一部分是行业的数据,另一部分是用户的数据。商业的目的就是为用户提供服务以赚取利润,所以支撑一个企业发展的就是它的用户。

2.沃尔玛的数据库

以零售商沃尔玛为例。从成本准备方面,沃尔玛把商品价格、物流、贮藏等一系列工序数据化并科学地分布,包括员工工资、门店成本等。从销售营业方面,2004年,沃尔玛对历史交易记录这个庞大的数据库进行了观察,这个数据库不仅包括每一个顾客的购物清单以及消费额,还包括购物篮里的物品、购买时间,甚至购买当日的天气。在收集销售额、销售毛利和商品数的同时,沃尔玛还从各门店的顾客收据中,寻找连接性商品进行捆绑销售。沃尔玛的成功就在于最大目的地去了解成本和用户,并且根据数据库进行分析和调整。

国家数据库放的是全国各行业的产值和发展,智慧城市的数据库放的是城市建设与民生服务,沃尔玛的数据库放的是商品和用户。数据库的主题依照目的而确定,有主题性地搜集到一切相关数据,就是一个城市或一个企业的发展支撑。

(二)来源于市场事实的数据

来源于市场的数据往往隐藏着市场的信息和现状。针对市场数据的分析,最重要的两点就是警告风险和适应政策。风险是相对于市场环境的不确定性而言的,受众和竞争等原因都是导致市场变化的因素。政策是操控市场的一把手,能够利用数据适应政策对市场的操控,也是企业长期发展的重要原因。

1.警告风险

企业数据库是要应用于市场的,所以数据也要来源于市场事实。来源于市场事实的数据不仅维持日常运营或者创新方向,还可以预测和避免企业隐藏的风险和市场警告。

中国移动作为国内通信运营商的代表也在通过大数据分析进行业务的监控、预警和跟踪。中国移动互联网面向开发者推出的一站式数据分析服务,集成MM平台、计费平台、客服数据、终端信息、大网标签等核心信息助力开发者洞察用户、改善产品、提升盈利。如何通过数据了解并跟进客户服务满意度？仅仅根据客户定时缴费、致电客服次数、使用套餐和彩信彩铃等数据,很难得知客户的真正使用体验。如果我们可以得到客户的微博数据、社交媒体数据、社区评论数据,那么我们很可能得到不同的结果。也许客户所在地区的网络并不稳定,也许对套餐的设定感到很不满意,也许部分功能根本无法实现,可能用完这个套餐就准备暂停使用服务。这种客户流失预警,根据简单的缴费和致电根本无法被了解。客户不会认真地打电话告诉我们问题和原因,只会去选择更好的、体验感更高的服务。这也是中国移动开始创新的数据技术,就是打破仅有的通信数据,积极地去搜集更多的社交媒体数据,通过多种渠道尽可能地获取用户信息和使用反馈,及时做出调整与改善,以免造成客户的隐形流失。

2．适应政策

政府是最直接影响市场波动的控制力,对于市场的调控影响非常大。例如房地产业,中国人安居乐业的思想使买房几乎成为必备的生活条件。好像"炒房热""买房难"一直都在各大城市上演,那么房地产的市场真的是稳步上升吗？《2016年的中国楼市》这则数据新闻就从城市对比和政策影响的市场环境收集数据,展现了2016年中国楼市的市场变化(见图1-7)。可见政府通过地区保护、限购、交税水平、社会户口等多种方式影响房地产业市场的发展,所以在进行市场数据的搜集与分析时,需要把政策调控考虑进去。

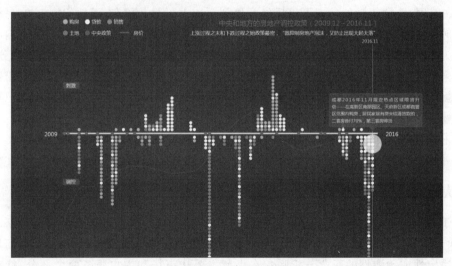

图1-7 中央和地方的房地产调控政策

（三）实时更新的动态仓库

数据仓库并不是把数据放进去就结束了。仓库有进货和出货,数据仓库也一样。随着时间的推移、市场的变化或者自身发展的创新和改变,数据库中的数据是不断流动的、更新的。"铁路12306"是我们熟悉的一个软件,高铁的迅速发展让我们的生活日新月异。那么关于高铁站、高铁线路等出行数据势必要进行动态地发展和改变。基于铁路12306网的数据,财新数据新闻中心的《你离高铁站有多远》就从高铁站分布、市中心距离、线路规划等数据进行了2017年高铁出行数据的汇总。但是交通在不断发展,新的站点、新的线路在不断的发展和建造,那么再拿当时的数据作为参考,很可能就会出现差错。不只是交通方面,各个行业每天都有新的变化、新的数据出现。建立一个可持续参考的数据库,一定需要跟上现实、跟上时代的变化和发展。不断地寻找新的数据,录入新的数据,淘汰过久的、无用的数据,这样才能形成的一个有出有入的动态仓库。

除了人为建设发展方面的数据仓库需要不断更新变化,自然环境研究数据库也是不断更新变化的。因为对自然环境的研究需要持续观察和记录。例如,对于全球变暖问题的研究,对于绿化覆盖率、沙化程度的研究,或者是对地震、海啸、泥石流等自然灾害的数据研究,都是处在一个动态的持续更新中。数据仓库不但要有一定的量,还要有一定的新,具有时效性才有更大的参考意义。动态数据仓库可以不断地增加新的数据,发挥持续性的价值。

(四)寻求特殊的规律

那些看起来毫无联系的数据,如何得出其中的规律与联系呢?许多超市常常把方便面与方便面碗组成套装卖,把牙刷和牙膏一起卖,这些都是常见的促销手段。那么,把啤酒与尿布放在一起促销?这个故事发生于20世纪90年代的美国沃尔玛连锁超市中,超市管理人员分析销售数据时发现了一个令人难以理解的现象:跟尿布一起购买最多的商品竟是啤酒!这种独特的销售现象引起了管理人员的注意,经过后续调查发现,这种现象出现在年轻的父亲身上。

经过大量实际调查和分析,揭示了一个隐藏在"尿布与啤酒"背后的美国人的一种行为模式:在美国,一些年轻的父亲下班后经常要到超市去买婴儿尿布,而他们中有30%～40%的人同时也为自己买一些啤酒。产生这一现象的原因是:美国的太太们常叮嘱她们的丈夫下班后为小孩买尿布,而丈夫在买尿布后又随手带回了自己喜欢的啤酒。经过数据分析,两个看起来毫无联系的商品,却可以进行合理的规划,并取得不错的收益。沃尔玛对于数据收集和挖掘的深度和广度是在零售商竞争中的一大利器。2008年出版的图书《啤酒与尿布》专门讲述了啤酒和尿布销售之间的联系和启示。

寻求特殊的规律,挖掘数据的深度,用发散思维去看到别人看不到的"数据",在不同的数据中寻找特殊的亮点,从而成就自己独特的竞争力,往往是从竞争中脱颖而出的根本。

三、从数据看商业价值

对于商业而言,最重要的就是自己的用户和未来的前景,那么数据就可以成为新时代的"算命大事"。在之前的内容中,我们已经学会对数据进行初步的发挥利用,那么如何通过数据进行决定性或预测性的商业分析呢?本小节主要从市场和用户服务两个部分,针对商业前景的数据分析进行介绍,了解超乎预料的"数据价值"。

(一)让数据评价市场环境

如何选择一个职业?如何选择一个创业方向?如何预测发展最好的行业领域?一个行业是热门领域还是虚假繁荣?是持续低迷还是前景广阔?对于市场环境的分析和预测,最准确客观的判断就是行业发展的历来数据及规律预测。

1. 谁发现了"共享经济"的市场

在一项由"一带一路"沿线20国青年参与的评选中,高铁、支付宝、共享单车和网购被称作中国"新四大发明"。下面就用数据评价一下共享经济的现状。几十年前,没有人听过"共享经济",共享经济是如何崛起的?谁乘上了共享经济的快车?

共享经济始于共享交通的出现。2010年滴滴打车和快的打车先后出现,标志着我国共享经济正式出现,之后在其他领域不断拓展。2014年,北大毕业生戴威、薛鼎、张巳丁、于信4名合伙人共同创立 ofo,致力于解决大学校园的出行问题。2015年5月,超过2000辆共享单车出现在北大校园。ofo 也走出北大,在其他七所首都高校成功推广,累计服务在校师生近90万次。此后 ofo 小黄车因为环保便捷被投资者及民众认可,接连融资成功,获投资金不断攀升,甚至进军海外,市场版图一扩再扩。2018年初,国内仅各类共享单车公司已达70余家,当时,有创业者说出"再不创业,都没有可用的颜色了"。

2. 共享单车的寒冬期

好景不长,共享单车度过了新鲜期,迎来一系列的市场挑战。2017年6月19日,悟空单车称:由于单车大量被盗,悟空单车从即日起停运。继悟空单车后,3Vbike 发布公告称:由于大量单车被盗,3Vbike 共享单车从2017年6月21日起停运,没有退押金的用户尽快申请退款。2017年8月10日,町町单车倒闭,大批用户押金、余额无法退款。2018年6月4日虎嗅网报道称,从 ofo、滴滴在职员工等多个独立信源获悉,ofo 总部大规模裁员属实,总部整体裁员比例达到50%,海外市场主管张严琪离职,整个海外部门解散。

3. 未来共享经济的市场

共享单车的寒冬让我们更加冷静地去看待"共享经济"。经历了一番颠簸的共享经济,目前市场环境究竟如何?中国新闻大赛作品《共享经济:昙花一现还是蓄力待发?》就用数据分析了这个问题。首先依旧是历史收益及市场发展的数据,从图1-8可以看出,2015—2018年共享经济仍然在拉动服务业的增长。图1-9显示,共享经济的市场交易份额仍在不断增长。虽然共享经济遇到了许多市场问题,发展势头不如一开始时迅猛,但并没有被市场淘汰。

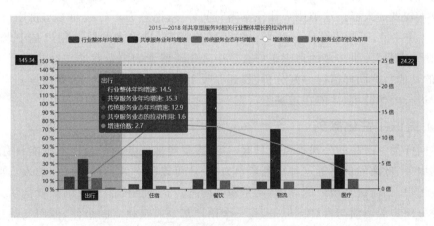

图1-8 2015—2018年共享型服务对相关行业整体增长的拉动作用

图1-9 2015—2017年共享经济市场交易额(亿元)

如今的共享经济已经实现了线上线下的互通。除了出行方面外,在人工智能、餐饮、租房酒店等多个方面,共享经济也在探索中发展。正如《共享经济:昙花一现还是蓄力待发?》中谈道:任何新生事物的发展都需要一个与社会磨合的过程,共享经济的出现不过短短十几年,相关政策需要制定,经营模式需要完善,不可能一口吃成胖子,共享经济虽有痛点,但市场庞大,发展潜力无穷。

(二)产品用户画像

商品生产出来,目的是要卖出去。谁会买我们的产品?谁在买我们的产品?购买频率如何?回头客有多少?这些都是产品用户的数据。分析谁会买我们的产品,这个就是分析目标受众。只有把产品放到目标受众群,才能获得更好的销量或交易度。这个是在产品售出前期,需要做的数据分析及预测。当有产品已经售出,我们就会获得购买者的数据。其中包括用户的年龄、职业、性别、收入、购买喜好、购买时间等一系列数据,这些数据都需要被记录分析。在大量数据的支撑下,我们才可以推测自己产品的用户特点,从而调整产品定位或优化广告投放。

以电商平台为例,拼多多是在微信生态下成长起来的社交电商平台,自2015年上线,短短几年时间,就从默默无闻的小应用跻身成为电商巨头。拼多多平台现已汇聚4.433亿年度活跃买家和360多万活跃商户,平台年交易额超过5574亿元。2018年7月,拼多多在美国纳斯达克证券交易所正式挂牌上市。

我们用拼多多的产品用户图像来分析其运营战略。①地域,拼多多主打三、四线及以下中低经济水平地区。三、四线及以下城市的用户占到了用户整体的60%,所以拼多多主打的并不是商品品质,而是商品的种类和价格优势;②性别,网购中女性占比较多,拼多多女性用户占比达到60%以上。这也是电商中女装区、日化区更加丰富精美,购物活动也常常在母亲节、妇女节这种时间点举办的原因;③用户收入,拼多多主打人群并不是高级精英,而是可支配收入较低的人群。这类用户往往空闲时间较多,愿意为了省钱而参与拼团、砍价等分享性活动;④年龄,不同于其他电商平台的年轻化用户,拼多多的核心用户是中老年用户,所以"省钱""实惠"等拼多多的理念正好合了中老年消费者的消费意愿。这是几个典型的方面,用户的其他数据同样值得好好分析,找到并吸引自己的目标受众,依靠对核心用户、黏度高的用户进行画像分析,才能在市场上占据一席之地。

(三)提供个性化服务

生产同样类型产品的公司不可能只有一家,提供类似服务的平台也不可能只有一个,靠着优异的服务、低廉的价格等这种特色竞争力,企业可以吸引到目标用户的加入。那么如何留住这些用户,如何提高用户的黏度,又是新的问题。企业的产品用户画像就是从数据上分析出大部分用户的习惯与喜好。但是,每一个用户都是一个独立的个体,他们又都互相不一样。要留住用户,就要努力满足每一个用户的不同需求,提供个性化服务。

每一个商家往往都是想尽办法地把产品卖出去。但是有一个品牌不一样,它有着几乎严苛的购买规则,但却不缺用户,这就是DR钻戒,它的经营之道区别于其他珠宝钻石品牌,每位男士凭身份证仅能定制一枚钻戒。DR严苛的购买规则还不止如此,除了求婚钻戒外的其他珠宝饰品只对已经购买过求婚钻戒的会员开放定制权限,且绑定信息必须与求婚钻戒的受赠人相同,倡导"一生只送一人"。DR主打的服务就是"专属"。除了凭身份证购买唯一的钻戒外,DR还提供了一系列"真爱协议""真爱空间"的打造,这些都是DR提供的专属服务。这些个性化专属服务的打造使DR与其他钻石品牌相比,拥有了特别的地方。用户会感觉,在这里我的产品是唯一的,是可以加入自己想法的,并且DR的"一生只送一人"战略也是提高用户黏度的重要举措。在以后的结婚纪念日、生日等特殊节日,用户会极大可能地继续选择DR的产品。这种运营措施不但达到了提高用户黏度的作用,也获得了很好的文化宣传作用,让用户"主动被捆绑"。

在提供基础款商品的同时,去寻求我们可以提供的个性化服务,更容易得到用户的长期光顾。顾客买走了商品,这个交易并没有结束,如何让顾客下次还来买,如何让顾客一直买,才是长远的发展目标。而让顾客感觉服务的独特性,是非常具有吸引力的一步。

第三节 大数据的行业应用

之前的内容从理论方面讲述了数据是什么,以及如何使用数据。经过近几年的发展,大数据技术已经慢慢地渗透到各个行业。不同行业的大数据应用进程的速度与行业的信息化水平、行业与消费者的距离、行业的数据拥有程度有着密切的关系。各行各业的信息日渐数据化,数据化管理、数据化服务越来越多地出现在各个领域中。那么,针对不同的行业,大数据究竟带来了什么明显的变化呢?本节针对医疗、营销、社交电商这三个典型行业,对数据带来的影响进行具体的对比和分析。通过数据对这三大行业的影响和改变,我们可以更实在、更具体地认识到数据带来的巨大变化。

一、改善医疗保健和公共卫生

民生的一大重点就是"病有所医",而目前医患关系恶化、医疗资源不足等各种难题能否通过数据来渡过难关呢?

(一)医疗资源分布不均

在中国,权威的医学专家、先进的医疗设备与最新的医学发展大都集中在经济较发达的城市。在中国城乡基础设施的改革中,医疗条件一直是最大的难题。医疗分配不均,城乡覆盖率差异大,如何让医疗资源下沉到乡是一个亟待解决的难题。

为什么医疗资源分布不均?不仅是医疗设备等硬件的成本问题,更加重要的是,缺乏优秀、专业的医学人才。如果说,医学的前沿进步和学术发展依赖于顶尖的教授与学者,那么医疗资源的分布则依靠的是奋斗在各地的专业医生。如何培养更多的医生?从医学生的生源问题出发,调查发现越来越多的学生不倾向于学医。即使有学生想成为一名"白衣天使",但是太多的现实问题让想要学医的人望而却步,最明显的问题就是医患关系,再加上医学学成难度较大,日后工作强度过大、待遇不够理想等原因,越来越多的医学人才在隐形流失。

(二)数字医疗的可行性

在许多患者的心中,老大夫往往比更多的新鲜技术可靠。这是因为医疗技术的提升需要大量临床实践的数据堆积和经验积累。具备一定资历的医生的大脑便是一个持续更新的动态数据库。每一种病症的表现方式,大多数人的患病原因,因人而异的治疗方法,都是一个个的数据经验。正是由于一个个病例、一次次治疗的数据堆积,才有利于医生更好地去处理各种情况。那么,如果我们把医生大脑中的数据经验总结提取成一个医学数据库,这个数据库就可以把所有的医疗数据进行科学量化和分析。例如,各种疾病的患病可能性、治疗成本,特殊疾病的治疗率等数据都可以成为基层医生或学生实习的重要参考。类似于网络推动的网课教育资源下沉,医疗资源的下沉也依赖于技术带来的工作效率提升与医疗教学普及。2018年,国家卫健委公开了《国家健康医疗大数据标准、安全和服务管理办法(试行)》,旨在对健康医疗大数据服务进行管理,以及对"互联网+医疗健康"的发展等方面进行引导。

利用大数据,我们可以得到什么?例如,个人电子病历。到目前为止,大数据最强大的应用就是电子医疗记录的收集。每一个病人都有自己的电子医疗记录,包括个人病史、家族病史、过敏症以及所有医疗检测结果等。这些记录通过安全的信息系统在不同的医疗机构之间共享。每一个医生都能够在系统中添加或变更记录,而无须再通过耗时的纸质工作来完成。这些记录同时也能帮助病人掌握自己的用药情况,同时也是医学研究的重要数据参考。电子病历可以成为每一个人的一份健康档案,这样不同医院的医生可以更加全面地了解病人的身体数据,从而得出更好的专门化治疗方案。

(三)人工智能的医学用途

在医疗人才紧缺的现在,人工智能有没有可能代替人力?阿尔法围棋可以学会围棋,那么我们有没有可能实现医疗的机器化?从理论上看,如果人工智能依据大量往期历史病例的经验,代替医生开方问诊,也可以达到准确的基本判断。如果人工智能代替医生做手术,机械手的精确度会不会更胜一筹?2020数字中国创新大赛——智慧医疗赛道暨第四届智慧医疗创新大赛面向智慧"战疫"与公卫信息化、医疗健康信息管理、互联网+医疗健康、5G物联网+智慧医院、大数据与人工智能应用等方向征集创新项目。大赛中孟超肝胆医院的参赛项目之一"新冠肺炎疫情防控机器人系统"展示了疫情下应用机器人在临床使用中能显著提高医疗服务质量与效率。在一定程度上,可以分担部分医学工作者的工作内容。在医院门诊部,科大讯飞的"晓医"在全国近100家医院"上岗",为患者提供预约挂号、问询服务、智能导诊、路径指引、报告查询等多种服务。让很多人感到痛苦和恐惧的胃镜检查,现在患者只需吞下一粒胶囊,胶囊在患者的胃里变成"机器人"进行螺旋式扫描,将图像实时传输至医生的计算机,可快速完成检查。也许让机器人成为真正的医生还有很远的路要走,但是随着人工智能的迅速发展,简单的接待、拍片、传递文件等工作有很大的实现可能性。

每一个行业面对新兴技术带来发展进步的同时,总会带来新的问题和弊端。影像型病例数据化难度大、伦理对人工智能进入医疗的排斥性、病人数据隐私如何保护等,都是医疗大数据化需要面对的问题。但我们相信,在人工智能的持续发展与医学数据库的不断丰富下,未来大数据下的医疗环境可以实现人机结合与数据化运营。到了那时,我们或许再也不需要日夜挂号,四处寻医问药,或许足不出户就可以享受医疗服务了。

二、监控市场营销和网络舆情

除了医疗这种基本的生活需要外,目前我们越来越喜欢网络带来的各种娱乐信息,以此作为消遣时间的方式。那么你知道吗,一部剧是如何火的?手机上随处可见的广告背后有什么数据支撑?连高校招生都在用数字营销?本小节就针对数据对网络营销的影响进行叙述。

随着数字生活空间的普及,全球的信息总量正呈现爆炸式增长。基于这个趋势之上的是大数据、云计算等新概念和新范式的广泛兴起,它们无疑正引领着新一轮的互联网风潮。经常在网上冲浪的朋友肯定对"水军""买热搜""营销人设"等词汇不陌生。我们总说,你看到的是市场营销想让你看到的。这些常见的营销手段就是依靠大数据来锁定目标受众,并对营销带来的网络舆情等受众反馈进行持续监控。

(一)影视剧的网络热度监控

2019年,爆款国产新剧《都挺好》成为网络热门话题,网友们乐此不疲地讨论着剧情,作为一部现实题材的电视剧,其话题性堪比2017年的爆款剧《欢乐颂》。判断一部影视剧是否"红",离不开对于网络热度参与度的数据分析。《都挺好》是如何掀起全民热议的呢?①剧情设定"矛盾"。"重男轻女""养老""苏大强"等剧中话题,成功戳到大量观众的生活痛点;②人物设定和剧情走向带来受众在社交媒体等平台的持续热议;③粉丝经济,各大官微和演员带来的宣传效应,如姚晨扮演主角"苏明玉",宣传电视剧的微博总会有大量粉丝转发评论;④搜集全网关于剧情或演员的讨论数据,如点赞、评论、转发、话题讨论度等,从而了解到市场受众对于本剧的反馈,来调整控制话题或改变宣传切入点,这就是通过数据对网络舆情进行控制。

(二)高校的招生营销

一个学校如何招到优秀的生源?除了学校本身实力的吸引力外,还需要给学校做好广告,让更多人知道这个学校,了解这个学校的优势和特点。目前,高考已经不是唯一的大考选择。越来越多大学生通过考研来填补高考的遗憾,寻求更好的学术职业发展。2019年考研报考人数达到290万人,较2018年的238万人,激增52万人,到了2020年考研报考人数再创历史新高,达到了341万人,成为近10余年增幅最大的一年。由此可以预见的是,未来几年,考研人数还会持续增加。中国科学技术大学每年都会通过全国各大高校线下巡讲、夏令营活动等方式吸引并招生全国理工类考研生。然而在新媒体的环境下,线下活动的宣传显得成本高、耗时长。于是中国科学技术大学和AdTime达成新媒体进行创新性合作,通过中国科学技术大学优秀大学生夏令营活动的市场营销,考量新媒体营销对大学招生带来的创新招生模式。首先确认目标用户——理工类211有考研意愿的学生。然后通过门户站点的大量信息曝光,网罗庞大用户群,将中国科大夏令营活动有效曝光;利用高黏性、高度吻合的教育类媒体迅速吸引核心受众,增强中国科大与受众间的互动性,提升活动参与率。活动投放共产生1862508次曝光,带来69098次点击,为夏令营活动带来了极大的曝光率。不限于实效营销与网络监控,一些品牌的美誉度营销、明星人设的维持等也都依赖于大数据的数据分析支撑。

三、连接社交媒体和电商平台

你喜欢网购吗?你的朋友圈里面有多少微商?我们都知道电商是数据发展的一大表现,那么如今"社交媒体+电商"的形式又有怎样的发展和进步呢?本节将讲述商家如何通过数据赚顾客的钱。

如果你网购了一双袜子,然后电商APP在接下来的几天会持续出现袜子推荐,这已经

新媒体数据分析

不再稀奇。但是若你跟朋友网络聊天谈到了袜子，打开电商 APP 出现了袜子广告，这就有点吓人了。当用于购物的电商平台遇到社交为主的社交媒体，就衍生出一种新的电子商务形式——社交电商平台。社交电商平台是基于人际网络社交来打造深层的商品交易。

传统的电商交易需要用户有购买需求，然后进入平台去搜索购买，购买结束则交易完成。这种网购交易就好像你需要做饭，然后去超市买菜，买完菜结束回家。而社交电商平台不一样，它仿佛打造了一个虚拟的购物商场，让你持续二十四小时待在里面。无论你是在聊天、看动态、刷视频、找资料等，你都可以看到朋友推荐的产品、商品广告软文、各种弹窗、各种活动。我们仿佛一直在一个商场里面逛街，你总会遇见一个心动的、想要的商品，从而产生交易行为。越来越多的电商平台去发展社交功能、好友聊天分享、朋友圈集赞活动等。每个人都在无形地为平台宣传，也在持续性地增加曝光度与新用户。融合了电商与社交，商品平台就更容易搜集到用户的社交生活、购买习惯、消费支出、商品倾向等数据，深层次地了解到用户类型，才可以投其所好精准定位。

社交电商因为运营效率较高、成本较低、容易获得用户数据等优势，吸引了一大批的人进入。经过前期的萌芽发展，2020 年可说是社交电商的春天，各种社交电商平台各显神通，云集、未来集市、蜜芽、全球自选、粉象生活、有品有鱼、每日成团、洋码头、大时代喜兔和悟空掌柜等一系列品牌蜂涌而出。其中，全球自选就是一个典型的集购物、社交、创业于一体的社交电商新零售创业平台，产品类目囊括美妆护肤、百货家居、母婴用品、服饰配件、数码家电和休闲零食等，主打的优势就是工厂与消费者的直接对接，去掉中间成本。粉象生活是目前业内领先的一站式电商导购优惠返佣平台，加深店家与消费者的社交联系，它是淘宝、京东、拼多多等第三方推广合作伙伴之一，汇集了饿了么、美团外卖、肯德基快餐、滴滴出行等 30 多个平台的优惠，由来自雅虎、阿里巴巴等历任高管团队创立运营，技术实力业内首屈一指。社交媒体与电商平台的互浸所带来的新用户引流与数据互通也可能成为各平台学习的典范。建立各大类型平台的合作，如社交与电商、学习与求职、自媒体与音乐等，在未来都有可能进行深度融合。那时候，也是到达了数据互通、共建、共赢的时代。

第二章

大数据应用场景与新媒体

在之前的学习中,我们了解到大数据的应用场景是十分广阔的,涵盖了医疗、电商、教育、娱乐、IT、金融、社交媒体等多个行业和领域,并且发挥着改革创新性的作用和影响。新媒体是相对于传统媒体而言的,可以说是互联网和大数据催生的新的媒体形态。那么在新媒体领域,大数据发挥着怎样的作用?大数据如何影响着新媒体的竞争和发展?

本章的第一节介绍的是新媒体最大的一个特点——把"话筒"给到每一个人,主要介绍的是新媒体的个人发声和如何发声的问题。让每个人意识到,在新媒体环境下,每个人都可以是"媒体人"。本章第二节将重点介绍大数据给传统媒体带来的冲击,大数据下的新媒体是如何出现的?传统媒体为何竞争不过新媒体?媒体界的人工智能有哪些?传统媒体将如何发展?针对新媒体对传统媒体的冲击和影响,我们将认识到新媒体的生机勃勃与传统媒体改革创新的必要性。本章第三节介绍传统媒体与新媒体的协同发展,也就是媒介融合——融媒体的出现。竞争只能两败俱伤,媒体行业的这两大形态也需要合作共赢。那么融媒体是什么?融媒体能带来什么?融媒体环境下,对媒体工作者有哪些新的要求和挑战?这些都是第三节要介绍的内容。

本章按照新媒体的发展历程讲述,从新媒体靠自己的优势迅速发展,到新媒体与传统媒体的竞争,最后达到融媒体这一共赢的发展方向。每一个新鲜事物的出现都会给行业带来冲击,但往往也带来了新的生命力。在大数据环境下,新媒体的出现也给媒体行业注入了新的活力。

第一节 把"话筒"给到每一个人

新媒体相对于传统媒体,其最大的特点是什么?那就是打破了传统媒体的壁垒,给了每个人发声的权利。不同于必须依附于政府组织、企业等大平台的后台支撑,新媒体环境下,每个人都有在媒体传播、表达信息的权利。本节介绍的就是在新媒体环境下,媒体平台带给个人的发声权,以及个人如何在新媒体领域更好地发出自己的声音这两个问题。

首先介绍的是平台和便利性,个人可以在哪些平台表达,个人发声能带来多大的影响。然后是关于如何寻找和运营自己的新媒体,如何找到自己的目标领域。是做好内容还是做好营销,为什么要垂直输出。这些问题都将在本节中进行介绍。

一、打破"媒体人"门槛

如果我们对老一辈人提问您的新闻信息从哪里来,往往会得到"新闻联播""人民日报""都市频道"等传统主流媒体这样的答案。如果我们对年轻朋友提问同样的问题,我们将得到五花八门的答案。个人关注的博主、刷到的热门视频、喜爱的公众号、经常浏览的网站等都是新闻信息的来源。大数据对于媒体行业的影响最明显的就是把信息传播的门槛降低,每个人都是这个时代的"媒体人"。

(一)媒体平台的多样性

1. 传统的媒体平台

在"通信靠吼"的时代,在没有文字的时代,信息的传播依赖于人与人之间的口口相传。每个地区、每个群体的信息都是十分闭塞的,并且无法仅依靠大脑记忆储存历史信息。中国古代劳动人民对于造纸术和印刷术的发明打破了这一僵局,开启了媒体发展的第一阶段。第一媒体开启了文字的记录,也就是发展到后期的报刊,主要利用纸张传播文字资料。在"开元盛世"时期,我国出现了最早的手写报纸、报状。在之后的很长时间内,从封建王朝的《京报》到近代出现的《万国公报》《申报》等,报纸大多服务于政治或具有一定规模和影响力的社会组织。第二媒体是声音的记录与传播。1877年,世界发明大王爱迪生创造了留声机。留声机与无线电技术的出现和发展促成了广播的出现,中国的第一座广播电台建于1923年1月,由美国的奥斯邦创办,属于中国无线电广播公司的广播台,首先在上海播出。在广播的时代,实现了传播迅速、功能多样、感染力强等重大媒体进步。第三媒体就是现在仍然十分普遍使用的电视影像。1958年,天津无线电子厂制造出了中国第一台黑白电视机,取名"北京",被人誉为"华夏第一屏"。同一年,电视台开始试播。电视的信息传播不同于文字和声音的传播形式那么单一,它融合了文字、声音、图像等多种元素,实现了通过画面来传递信息。

互联网的出现对媒体信息传播产生了翻天覆地的变化。大数据和互联网实现的"数字信息"促成了在传统报纸、广播、电视等传统媒体之外的新媒体。新媒体就是在网络媒体时代区别于传统媒体的一种新的媒体形态。新媒体依赖于移动互联网的信息技术和计算机、手机等数字终端设备实现数字信息的传播。如今的媒体平台也从传统的报社、广播台、电视台等专业的、专门的平台,进化成一个宽泛的、没有具体界限的概念。不仅限于今日头条这类专门化的新闻信息平台,社交软件、视频软件、电商平台等各个领域都在成为媒体信息的传播平台。

2. 新媒体平台的四大类型

新媒体平台以主流平台、社交型、问答型、视频型四大类型为主。

(1)主流平台是指专门的新媒体信息平台,如今日头条、百家号、大鱼号、企鹅号等。以今日头条为例,今日头条是依赖于移动互联网的专业新闻信息平台。它是一款基于数据挖掘的推荐引擎产品,为用户推荐有价值的、个性化的信息,即受众感兴趣的才是头条推荐的。特点是高精准推荐、流量巨大,属于新闻资讯类写作平台。

(2)社交型新媒体平台最明显的代表就是新浪微博、微信、QQ公众号等。以微信为例,微信作为目前的"超级APP",其分享量在网络上占70%~80%,公众号推文的"在看"、朋友圈分享、好友推荐等功能极大地利用社交形式提高了推文的曝光量和阅读量。通过对用户的文章点击率、阅读完整度、链接点击率等数据分析,进行文章推荐的筛选和针对性广告的推送。

(3)问答型新媒体平台的代表就是"知乎"。知乎的受众以高知识人群为主,主要分享的话题也是互联网、科技信息等,但目前知乎也越来越生活化。通过优质回答或优质科普文章,各种领域、各种风格的创作者都可以在知乎获得自己的受众。除了知乎,还有很多问答类型的媒体平台,如百度问答、悟空问答等。直接一对一的问答形式也是媒体个性化服务的一种表现。

(4)视频型。视频型新媒体分为直播、短视频和音频三大形式。直播平台以斗鱼、虎牙、花椒等为代表。短视频平台以抖音、西瓜视频、美拍等为代表。音频平台是广播的移动化数字发展衍生,以喜马拉雅FM、蜻蜓FM等为代表。以直播为例,不限于专业的直播达人,以分享游戏、美食、音乐等为职业。越来越多的政府、企业或学校等各大领域通过直播的方式进行主播带货、专业介绍、网课共享等多样化功能。新媒体平台的门槛低、成本小、影响力大等优点吸引了各行各业对新媒体这个工具的多样化使用。

(二)个人发声的便利

传统的新闻要进行一遍遍的筛选选题、各级审核、加工排版等才可以面向社会进行发布,而新媒体把信息传播的"话筒"给到了每一个人。在主流媒体之外的自媒体工作者们,在数字信息的条件支持下,每个人都有权利运营一个属于自己的"新闻中心"。

1. 每个人的发声权利

这是一个自媒体时代,每个人都可以发言,每个人都有自己的声音,关键是有多少人能听到你的声音,有多少人愿意听你的声音。在新媒体时代,最热门的一个词就是"流量"。抛开你的内容质量,抛开你的信息风格,新媒体最大的成功是引起关注,引发话题讨论度,形成自己的"流量"。主流媒体往往依据政府或有影响力的社会组织,所以它往往有早期受众或固定受众来支撑。但对于自媒体而言,你的文章或视频再好看,没有人发现它,那一切都是徒劳。自媒体依赖于流量的曝光与宣传,只有你的声音被听到,你的发声才有意义。所以这也造成了自媒体发声的鱼龙混杂,不同的见解、不同的想法有对有错甚至无法判断对错,这就需要每一个人都去判断铺天盖地的信息的真实性。

2. 个人发声维权的便捷

自媒体给予每一个人说话的权利,不仅限于表达见解或娱乐的功能,一定程度上也促进了个人维权的进步。2019年11月25日,在第20个"国际消除针对妇女暴力日"当天,知名仿妆博主宇芽通过微博公开了自己遭遇家暴的经历,并曝光一段被强行拖拽的监控录像。随后,宇芽在微博上直接艾特@沱沱的风魔教,控诉他对自己实施家暴多达五次,最严重的一次被打得失去意识。据新浪舆情通数据平台统计,11月28日至29日15时,"宇芽前男友被拘"事件全网相关信息量为5.30万条,其中微博信息量4.59万条。微博话题♯宇芽前男友被行拘♯获得5.4亿阅读量,4.1万次讨论,登上微博热搜榜第一。关键词云图中,"宇芽""前男友""陈某""被行拘"再次引起网友关注,其"拖拽""推搡""殴打"等"故意伤害"占据话题热点。核心传播人中,@央视新闻带动转发9391次,贡献较大;@头条新闻、@人民日报媒体官博与@平安重庆、@中国长安网、@中国反邪教等机构官博都助力了事件的传播。最终重庆警方对宇芽前男友采取行政拘留20天的处罚措施。宇芽也在11月27日向重庆市江北区人民法院申请人身安全保护令。经审查,依据认定的事实,已依法做出对宇芽的人身安全保护令。自媒体给了每一个人发声维权的平台,大数据下的话题热度分析也会更好地施加网络压力,促进维权。

二、找到市场领域

新媒体的进入门槛非常低,无论你是在校学生、商品小贩、企业老板都可以开通并运营自己的媒体账号,这也吸引了一大波本行的、外行的人进入新媒体领域。新媒体的热度由微信公众号兴起,目前已经开通的微信公众号有2000多万个。进入新媒体的门槛很低,但新媒体的"竞争门槛"非常高,在海量的新媒体平台和运营者中,要如何被看到呢?

(一)依据自身能力和需求

在校的学生可以用新媒体分享学习经验,楼下的早餐店可以用新媒体来打广告,越来越多的公司打造专门的新媒体运营部门。我们要明白自己为什么要做新媒体?我们具备哪些做新媒体的能力?我们想通过新媒体的运营得到什么?新媒体的需求大多分为两种,一种是为了扩大自身影响力,多是各种官微、官媒;二是寻求销量利益,多用于促进企业店铺的销售,或者自媒体人的广告粉丝收益。而新媒体需要的能力,除了基本的文案或视频创作能力外,更重要的是自己领域的专业能力。像官媒和店铺这种新媒体,其需求性往往十分明确,并且具有一定的后台团队运营能力和专业能力的支撑。那么,像自媒体这种有需要扩大自身影响力,又需要从粉丝获利的运营者们,如何判断自己的能力和需求呢?

以李佳琦为例,我们来分析一下。李佳琦是从"口红王子"开始的。在早期,他作为一个美妆主播,他具有的能力是什么?在大学毕业后,李佳琦机缘巧合下成为一名柜台彩妆师,所以他具备的能力是美妆甄选与市场销售。那么他的需求是什么?是通过自己的美妆推荐,吸引到喜欢美妆的女性客户,完成商户与直播粉丝的交易行为,从中获取直播影响力与经济收入。所以新媒体并不是头脑一热就可以进入,随便发点东西就能吸引大家的。把自媒体作为全职的媒体运营者们,首先要了解自己,明确知道自己的竞争力是什么,找到自己擅长的领域;其次,要依据实际寻求目标受众和经济来源。这样才可以长期地、稳步地运营好自己的平台,利用好互联网给每个人的机会。

(二)蹭到话题流量

蹭吃、蹭喝、蹭流量,听起来总觉得是一种贬义的行为。但是在自己新媒体的运营初期,很难迅速得到受众的关注,我们就不得不学会用蹭流量来增加自己的曝光度。蹭流量不是硬往上靠,而是时刻关注网络话题的热议点,找出自己新媒体平台可以切入讨论的部分。每一个能够成为热议的话题都是极具社会性的,往往可以引申出多种社会矛盾的讨论。

如何把一个话题变成多个话题?我们可以看一下在数据新闻大赛中的一则作品《夹缝中的土味视频——"小镇青年"的向往与反抗》。从表面上看,这个话题就是有一些农村小镇上的青年在拍土味风格的视频。那么他们拍土味视频火了,如何蹭到他们的流量呢?跟风拍一个土味风格的视频吗?当然不是。土味视频这个话题还可以引申出什么?如果你是服装博主,你可以探讨"小镇青年""精神小伙"的穿着,如为什么他们会痴迷于紧身裤、豆豆鞋的装扮,什么服装品牌最受"小镇青年"的青睐(见图2-1)。

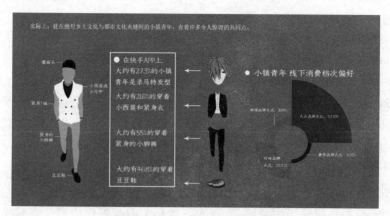

图2-1 "小镇青年"的服装偏好

如果你是感情博主,那么你可以讨论"小镇青年"演绎的土味剧情有没有现实支撑,为什么"小镇青年"的爱情观那么物质化;如果你是心理博主,你可以分析"小镇青年"为什么会拍这些自虐自黑的"土味视频",为什么还有这么多人看土味视频,这样一个话题就引申出了太多值得讨论的新问题。根据自己的领域和定位参与到热门话题的讨论中,带来的曝光量效果往往事半功倍。

三、内容为王

为什么有些内容被称为"标题党"?就是因为有些新媒体在"用心做营销,用脚做内容"。吸引受众一定是少不了话题营销、热词吸引等方式。但是,如果标题营销吸引住了受众的眼球,但看到内容却完全不符合预期,这样的行为可能造成偷鸡不成蚀把米的结果。我们的本意是吸引点击、扩大受众,但营销内容不符反而会带来信誉差、受众流失等后果。营销只是手段,用心做内容才是核心竞争力。那么如何成为优质内容的输出者呢?

(一)垂直内容输出

传统媒体往往分为军事、经济、民生等多种大类,针对一个领域进行新闻输出。新媒体也需要进行自己的主题定位,进行垂直化的内容输出。今天发美食,明天发音乐,后天写影评,这种随心所欲的像朋友圈一样的内容输出,并不能称为新媒体运营。

1. 为什么要做到"垂直"

为什么要做垂直内容?我们知道,一个视频火了,一篇文章成为爆款,就会吸引来大量的关注和流量。要想留住这一则视频或文章吸引来的观众,就需要持续性的同类型内容输出。例如,你用一则美食制作视频吸引来的粉丝,应该都是对美食感兴趣的网友。如果这些粉丝点进你的主页,看到了许多关于美食制作的视频,就有可能持续关注你,期待你的下次美食更新。反之,如果点进去看到零零碎碎繁杂的内容,也不知道下次更新什么内容,那么你被关注的可能性就会大幅降低。除了吸粉能力强外,垂直性博主往往也更容易引起受众信任。如果你是在一个专业进行持续性探索和分享,受众会感觉在这个专业你是具有可信度的。

2. 如何成为垂直博主

什么样的博主算是垂直性博主呢？

(1) 主页调性统一，风格鲜明，如动漫风、治愈系等。

(2) 分享内容有明显的核心领域，如家居、母婴类、彩妆类、美食探店等。

(3) 博主的人设鲜明，如情侣博主、海外留学博主等。

(4) 纯专注领域视频博主，具有一定专业性。

借鉴这些垂直性博主的主要特征，我们就可以根据自己的领域和特长，定位自己的人设特点，创作属于自己的垂直内容。

（二）个性化创新

现在的新媒体内容已经涵盖了社会生活的各个方面。无论是美妆护肤、生活技巧、科技通信、影视分析，只要你想得到的领域，就有人在做相关的新媒体内容。在这个新媒体已经渗透发展的情况下，要想直接从主题内容上实现创新，难度是很大的。那么怎样才可以更有辨识度呢？怎样才可以更容易被受众记住呢？要想在海量的同类型内容中脱颖而出，我们需要从细节进行个性化创新，比如找出一些专属于自己的外形标签，经常使用一些词汇或口头禅。总的来说，就是给自己打造一个有趣的人设，打造属于自己的记忆特点。

提起医生，我们的第一反应就是"白衣天使"端庄严肃的模样。许多医生在新媒体平台进行医学常识分享，往往就是非常书面化的病情分析和科学建议。如果不是有特定需要，我们一般不会去每天看这类视频。但是，"丁香医生"就以一个不那么"正经"的形象走入了网友的眼中。"丁香医生"是怎样进行个性化设计的呢？官方给的定位是专业、好玩、有态度。"丁香医生"最大的不同就是好玩。为了展示专业性，很多医学博主都是穿着清一色的白大褂，跟现实医生一样十分严肃端庄的陈述。这样的视频风格严肃专业，但是并不能吸引到太多喜欢在网上寻求娱乐和吐槽的网友。"丁香医生"的创新就是把医学知识变得有趣和好玩。通过对明星、网络热词等调侃，巧妙地传达出医学知识。把专业知识趣味化，把科普变得通俗、易懂又好玩，就是一种与其他科普博主的区别性。

四、新媒体经济

除了一些官媒，大多数的企业新媒体或自媒体都带有商业性质，也就是盈利。那么新媒体的利益来源是什么呢？如何才能既留住粉丝，又能赚到钱？

（一）新媒体植入式广告

近年来，传统媒体的广告效应日渐低迷。许多广告主开始运用新媒体广告，其中植入式广告就是其中一种广告方式。无论是视频、小说、游戏、文章，都可以成为植入式广告的载体。依赖于目前新媒体的庞大用户群，依据新媒体进行广告投放已经成为重要的宣传手段。而对于自媒体工作者，进行软文或视频中的广告植入，也是重要的经济来源。

与传统广告相比，植入性广告显得不死板，它通过一些巧妙的方式与文章、视频进行结合，让受众在看文章、视频的同时接收到广告信息。同时，植入性广告带来的效益也十分可观。影视剧《破冰行动》就是一个成功的例子，一部"缉毒"题材剧，侦查、追捕、审问等环节是《破冰行动》中常常出现的情景。商谈要事、对接线索等生活场景下，品牌方乐虎的出现毫无违和感。当深夜审问已然精疲力竭了，提神又醒脑的乐虎广告出现，主演一句"我喝这个就行,还能提提神",让产品功能的展现更为完整。品牌植入和剧情内容的高度契合,不但完美融入了广告,也吸引了受众的一波夸奖。网友在弹幕等网络互动空间的二次创作也在无形地增加品牌商的曝光度。对于自媒体而言,具有一定粉丝量的博主或主播,在进行一些植入广告或推广时,由于粉丝的黏度和信任度,也会很有效地提升销量和美誉度。

但是值得关注的是,植入式广告如果植入生硬,或者出现过于频繁,很容易引起受众反感。无论是对于影视剧等大媒体平台,还是对于个人自媒体的影响,都是十分严重的。对于品牌商的广告效果,也可能产生适得其反的作用。因为不管是文章还是视频,广告的插入都会影响作者的内容创作,有的广告加的过于生硬,很容易引起观感不适。观众对不恰当植入式广告所产生的逆反情绪,也很有可能影响到观众对于作品本身的评价,产生消极负面的作用。那么如何做到像《破冰行动》中的乐虎一样,做成引起观众喜欢和讨论的植入呢?第一,巧妙隐藏。有些品牌植入生怕观众看不到,以十分刻意突兀的形式出现在作品中,非常容易引起观众的反感。每一部影视作品等媒体产品,最重要的仍然是内容的价值和可读性。广告的出现不应该以降低内容质量为代价。所以适当地把植入的广告"隐藏"起来,用一种"润物细无声"的方式让观众记住是较合适的。第二,连接广告与作品。《破冰行动》的成功就是广告与作品的融入方式非常巧妙,让观众都忍不住称赞。不要让广告成为作品的负担,在合适的情节下巧妙地利用好广告,也许会使内容更加出彩。

(二)粉丝经济

粉丝经济是大众传媒的产物,大数据的到来又把粉丝经济推向一个高潮。大数据给粉丝经济带来了什么?那就是粉丝经济的大众化。提起粉丝经济,我们的第一反应就是明星、名人。但在大数据时代,自媒体的迅速发展下,每个博主都有自己的粉丝群体与黏度用户。不限于影视领域的娱乐明星们,每一个在自己领域有内容、有可看度的自媒体人目前都成为粉丝经济的受益人。

自媒体对于粉丝经济的直接获利分为两种形式。一种是销售的交易行为,通过对粉丝的数据了解和分析,进行适当的商品销售。把产品融入自己的内容创作中,进行产品的推荐和试用,从而吸引粉丝的购买。另一种是粉丝的单项打赏,无论是文章还是视频直播等内容,各媒体平台通常都具有打赏功能。其中以直播为主要代表,许多人进入直播领域,看到的就是直播的暴利性。当主播达到一定的流量,通过粉丝的刷礼物、办卡等活动,一场直播获得的收益是十分可观的。6月13日晚,五五购物节——上海芒果HUB潮酷直播粉丝节在徐家汇THE BOXX圆满举行。活动期间,吸引线下1000余名粉丝积极报名,线上累计观看人数超40万人次,帮助25个品牌、102件单品合计创造19947件的销量。另外,作为各平台618电商平台大促前的预热活动,本次活动的流量和销量也将在618活动实现转化,持续为品牌赋能。

粉丝经济模式是指商家或个人利用"粉丝"所关注的人物或者品牌(IP),针对性地做出关于满足这一受众需求的服务模式,以促使"粉丝"群体进行消费,从中获得利益。通过对粉丝经济的有效运营,对粉丝的消费行为、经济水平、购买特点进行数据化分析,从而选择合适的商品和推荐方式,可以很好地促进自媒体销售的获利和优化。对粉丝的点赞时间、评论内容、礼物榜单、办卡等数据的分析,主播可以对播出内容和形式进行调整与优化,来提高粉丝的喜爱度和付费观看的意愿。

五、精准营销

精准营销就是目标受众与节目受众有重合,与博主的粉丝有重合,确定可以让最有可能成为新客户的一类人群看到自己的广告。

(一)给目标用户加标签

传统的营销数据依据客户关系管理系统中的客户信息、广告效果、展览等一些线下活动的效果,所获得的客户信息是有限的,只限于已经与我们产生互动行为的客户信息。那么大数据带来了什么新数据？使用网站的数据、地理位置的数据、邮件数据、社交媒体数据等。即使是没有与我们有过历史交易的活动数据,我们也可以对用户在其他平台和活动的数据进行分析,从而确认目标用户属性。

精准营销的重要一步就是细分客户群,给目标用户加标签。利用大数据技术能在收集的海量非结构化信息中快速筛选出有价值的信息,对客户行为模式与客户价值进行准确判断与分析,使我们有可能甚至深入了解"每一个人",而不只是通过"目标人群"来进行客户洞察和提供营销策略。以一场直播为例,哪些用户是时间充裕,观看场次多的；哪些用户是评论点赞,参与度高的；哪些用户下单次数多；哪些用户倾向于送礼物办卡。目标用户不能只是宽泛的,认为爱看直播的网友都是我的受众。每一个粉丝以及每一个有可能成为新粉的用户数据,都应该进行细化分析。吸引观看时间充裕的用户来获取当场热度；吸引会产生消费行为的用户提升平台交易量。不同标签的用户更容易让我们明确地知道自己目前的用户群是如何构成的,进而如何发展和扩大。

(二)广告投放的针对性

了解到了自己的用户在哪里,之后就是如何让用户看到的问题。如何利用大数据进行广告效益的最大化呢？通过用户上网痕迹、APP使用习惯、手机上网的设备识别码和号码,包括年龄、性别、大致的住址、平时使用手机的习惯、浏览的内容这些用户信息,我们可以进行用户活动的数据分析,让网络广告在合适的时间,通过合适的载体,以合适的方式投给合适的人。

大数据下用户信息的涵盖范围也促进了不同平台的合作共赢。最明显的就是电商＋短视频的合作方式。5月27日,快手与京东签署战略合作协议,以618购物节为起点做供应链方面的深入合作——京东将自营商品库完整开放给快手,双方共建优质商品池,快手主播可以在其中选品销售。活跃于快手平台上的内容作者很多是农民或是围绕消费品生产加工的工厂主或零售个体户,而拼多多的主打受众也是中低收入的消费者。所以拼多多在快手打广告,最容易打到自己的受众。比如"谷歌广告联盟"将谷歌广告客户网的广告展示在其站点,利用"谷歌分析"追踪访问者的足迹。每一个页面出现的按钮、链接、广告形式、版面分布等,都是在后台数据的一遍遍测试下得出的最优结果,从而把广告打到最有可能关注它的受众眼前。

我们常常遇到的网购过一次保温杯之后,各种网页和APP都是保温杯的软文或广告链接。这种大数据推送可能看起来就有些傻,很容易被用户发现这种刻意营销。但是如果我们做到,让用户感到贴心的广告投放,就会有很好的广告效果。比如某个新手妈妈想要在京东找一些母婴书籍,但是刚好有兴趣的那本书缺货。然后发现京东页面有到货提醒的按钮,于是就填上了自己的个人信息和联系方式。在商品补货之后,系统在发给这位妈妈书籍到货的提醒信息之外,如果再投放几个新手妈妈必用的母婴用品广告,很有可能就吸引到用户的点击,实现额外的交易订单。

六、过度繁荣与激烈竞争

越来越多的人去回忆纸质书籍,去订阅纸质杂志,试图在碎片化信息覆盖的移动端外,尝试思考与深度理解。新媒体的兴起带来了太多有用的、无用的信息。无论是不是与我们有关,这个世界所发生的一切都在以最快的速度到达你的手机、计算机,到达你的眼前。我们每天浏览了上百条信息,但是可以记住的寥寥无几。太多的人在发声,太多的评论在发表,我们被告诉、被灌输一条一条的观点,却来不及花时间思考。

太多的人源源不断地进入新媒体,带来了行业的飞速发展。互联网和移动增值作为新媒体最重要的两个领域,在 2007 年得到了快速发展。2007 年互联网市场规模超过 400 亿元,并保持超过 40% 的年均增长速度,各细分市场如网络游戏、B2B、网络教育、搜索引擎是当前盈利的主流,占 59% 的市场比例。2007 年移动增值市场规模达到 733 亿元,同比增长 23%。2006 年移动互联网规模不到 70 亿元,2007 年达到 111 亿元,同比增长超过 70%,市场格局也发生变化,腾讯、三讯门户和空中网占领先地位。此外,在发展迅速的新媒体市场中,还有一类户外电子屏广告市场,2007 年这块市场规模达到 41.8 亿元,同比增长 91%。根据 CNNIC 的统计,2009 年我国网络视频网民规模达到 2.4 亿人,同比增加 3844 万人。

在这样的环境下,不仅是创作者们之间的输出压力和流量竞争,目前各大门户和各家数字媒体平台都极力地在推广自己的自媒体,以各种各样的方式吸引创客和流量。这种表面的繁荣与竞争,最容易产生的就是内容质量下降与知识产权问题。优质的内容需要时间需要创作,不是每时每刻都可以持续输出的。但是受众的信息焦虑需要不断的填充。想留住受众,就需要持续的内容输出和互动反馈。在海量数据资源,大量信息输出的压力下,创作者很有可能牺牲作品质量来维持受众黏度,达到及时互动,满足受众的参与感。数据时代还带来了数据的公开与共享。大量的数据信息被不断传播再加工,对于一些视频、文案或者创意,难免出现阻止搬运、仿造等侵权行为,甚至连准确判断谁是原创都很困难。

各大媒体平台为了解决这一问题,也在积极推动保护原创、追求原创等活动。要想从根本上解决这一问题,不能只依赖于创作者的自觉性,更重要的是需要制度的保障。运用技术的、制度的手段规范创作者,规范行业竞争,才能改善目前过度竞争、过度繁荣的状况。

第二节　打破传统媒体的安逸

传统媒体时代新闻来自哪里?来自记者的奔波调查,一条新闻的出现往往是费时又紧缺的。新媒体时代的新闻来自哪里?全网都是新闻资源。根据对网络的数据抓取分析,世界各地的新闻通过移动端迅速传播。人们每天获取成千上万条的信息,传统媒体已经跟不上人们对信息的需求,新媒体带来的丰富性、时效性引发了越来越多的关注。大数据为什么可以打破传统媒体的权威?大数据下的传统媒体应如何"再次翻新"?

一、人工智能的横空出世

婴儿如何学会认识一个物品？是父母一遍遍地告诉他这是什么，那是什么。人类之所以成为高级生物，得益于我们会通过一遍遍的重复学习进行发明和创造。人工智能也是依赖于发明者重复性的数据录入进行学习，使计算机来模拟人的某些思维过程和智能行为。那么在媒体领域，人工智能可以做什么呢？人工智能即将替代什么呢？

（一）智能小编

美通社曾经报道过，美国一家出版机构将出版季度财报机械化。在与人工智能合作的季度财报之前，人工报告每月只能产生几百篇，同时还有数千报告需要完成。由于人工智能的加入，出版机构该方面的报告完成数量增长了12倍，这是新媒体小编远远不能完成的工作量。新闻信息重要的文字输出也能被机器代替吗？

腾讯的Dream Writer、新华社的"快笔小新"、今日头条的xiaomingbot，越来越多的互联网公司或媒体平台开始运用智能小编写稿。通过对事件数据的抓取和分析，进行一定的逻辑分析，智能小编可以更加客观、高效率地完成信息转换。而对于文字信息的后期校对、图文排版等工作，智能小编也体现出极大的优越性。不限于对硬性新闻的编辑，智能小编在段子、诗歌等需要创造力的领域也大显神通。2019年，与中国青年出版总社合作并授权出版了第一部由人工智能"微软小冰"与200位人类诗人联合创作的诗集《花是绿水的沉默》。自2017年5月至今，"小冰"已协助超过500万名诗歌爱好者创作诗歌，部分作品刊发在文学刊物上。智能小编的创造力和思维能力正在不断的数据积累中进步。

智能小编如此智能，还需要真人小编吗？当然需要。机器写稿的原理是大量的数据学习和分析，在财经、体育等稿件简单、注重数据信息的频道具有很大优势。但是它不具备人工采编工作者的创造力与能动性。对于创意、艺术类、新闻评论等领域，AI往往难以进入。在智能小编的冲击下，也敦促着人工采编工作者去挖掘产出更有深度、更有可读性、更具价值的内容输出。

（二）AI主播

1. 主播的高压

提起《新闻联播》的主播们，我们的印象大都是专业而又严肃的。他们是国内顶尖的播音主持，每天准时在七点钟，把全球各地的新闻准确无误地播报出来。但是在这份准确无误背后，不仅是对主播专业素养的考验，也是对每位主播心理素质的考验。每一次的播音都是直播，每一件国内外的新闻大事都容不得一个字的错差，这导致主播们每天都生活在高压的工作状态下。

鲁豫在访谈节目中，曾经采访过一位《新闻联播》的前主播——杨柳。1989年，杨柳在原北京广播学院播音系毕业后，被分配到中央电视台工作，同年6月，他首次亮相《新闻联播》。随着事业的发展，杨柳面对的压力越来越大，晚上经常会因为工作压力而无法入睡。在2015年，杨柳做了一个决定——离开央视，结束了八年多的央视主持生涯。在节目中，杨柳谈道："1996年秋天的时候，有一次和邢质斌老师一块儿直播，就是那次很不正常，不知道为什么。在导播通过耳机通知还有一分钟准备、倒计时的时候，我心中开始生出杂念，突然就有点儿恐惧,等片头一响,整个人都要崩溃了。后来我就找了一个心理医生去咨询,他说你这种现象,就是长期的一个精神压力,工作状态形成了一种反压力。但是这种恐惧是让我刻骨铭心的,就是生怕说出一些非节目内容的东西。"主播工作是一次性的,不许出错的,但人总有不同的状态,工作的高压给主播带来的精神压力是无法避免的。

2. AI 主播的不断进化

大数据对于人工智能的发展也渗透到了主播领域。搜狗与新华社联合推出全球首个 AI 合成主播——新小浩(见图 2-2),首次亮相于 2018 年 11 月 7 日第五届世界互联网大会。利用搜狗的语音合成、唇形合成、表情合成及深度学习等技术,实现对真人主播的"克隆"。

图 2-2　AI 主播"新小浩"

在"新小浩"的首次亮相后,第二代 AI 合成主播出现。搜狗与新华社联合推出全球首个 AI 合成女主播——新小萌,实现了除语音、唇动外,面部表情的更新。2019 年 2 月 19 日,搜狗公司与新华社新媒体中心联合发布了首个站立式 AI 合成主播,新的 AI 合成主播从过去的"坐着播新闻"升级成结合肢体动作的"站立式播报",标志着"搜狗分身"技术再次取得突破。2019 年 6 月,新华社、俄罗斯塔斯社和搜狗公司联合推出了全球首个俄语 AI 合成主播,该主播在未来将被应用于塔斯社的新闻报道中。到这时,已经实现了第四代 AI 合成主播的更新进步。之后,AI 主播还在不断地完善发展,从唇动到表情到动作到语言能力,一代一代的 AI 主播被创造出来,在新闻、法官、气象播报等多个职位进行试播。

3. AI 主播与真人主播的合作

为什么我们要不断地创造 AI 主播?

第一,随时工作,没有状态问题。AI 受控于计算机的设定和运行,没有真人主播的压力状态等影响工作的情况。分担真人主播工作的同时,提高了媒体工作的输出效率。

第二,程序化输出,出错率小。依赖于计算机的程序运行,只要准确地录入原始指令数据,就可以无差错地实现语音播报、面部表情、肢体动作等拟人行为。这对于一些固定化的、纯播报类型的新闻节目是十分适用的。

第三,可变性强,学习能力快。基于少量音视频数据即可快速、低成本生成主播形象,只需输入文本即可生成 AI 合成主播播报的实时音视频流,主播的表情、唇动保持自然一致,基本与真人无异。第四代 AI 主播已经实现了多语言、多场景的学习能力和适应能力。

AI 合成主播多种功能的日渐发展在很大程度地影响着媒体播音主持行业的未来。但是真人主播的创造力、应急能力等能动性目前仍不是 AI 主播可以完全替代的,并且由于技术的不完善，AI主播也不能百分百地保障质量和现场效果。2019年11月26日，由36氪举办的"2019WISE新经济之王大会"在北京国际会议中心举行。此次大会由真人主持人和AI合成主播雅妮合作完成了整场大会的主持。真人与科技的合作将是未来主播行业的发展趋势。

二、新媒体挑战权威

新闻媒体的出现往往依托于政府、企业等具有一定影响力的后台支撑。在新媒体时代下，每一个人都是新闻信息的产出者，打破了早期传统媒体的信息垄断。那么在新媒体的日渐繁荣下，传统媒体的权威是否被削弱呢？

（一）传统媒体不再"铁饭碗"

在互联网大数据出现之前，依据于中央、各省市区党委机关报和中央、各省市区广播电台、电视台，以及其他一些大报、大台往往是新闻工作者想要的工作平台。而为什么目前越来越多的人去选择市场的挑战，去选择新媒体的工作平台呢？调研数据结果也显示，64.46%的媒体人认为传统媒体人才流失严重或相当严重；47.95%的媒体人认为所在媒体采编队伍一般稳定；51.2%的媒体人认为所供职传统媒体非常缺乏优秀人才。为什么曾经"铁饭碗"的机构人才不断流失？

首先，是机遇。2020年4月28日，中国互联网络信息中心（CNNIC）发布第45次《中国互联网络发展状况统计报告》，报告显示，截至2020年3月，我国网民规模达9.04亿人，互联网普及率达64.5%；我国手机网民规模达8.97亿人，我国网民使用手机上网的比例达99.7%。互联网带来的新媒体也如雨后春笋般生长起来。利用大数据新媒体而成功的自媒体让许多人看到了新媒体的红利，而作为有一定媒体素养的传媒工作者们急切地想要在新媒体需求新的机遇和发展。与新媒体日渐饱和的市场相对的是传统媒体一波接一波的离职潮。

其次，是薪酬。在新媒体出现之前，各大传统报社或电视台占据着广阔的媒体市场。在当时，一个在党报机关或者地方电视台工作的媒体人，不仅可以享受工作的稳定和福利，工资水平在社会中也是中上等的。而现在除北上广深一线发达城市的部分媒体人收入相对稍高外，传统媒体人的月平均收入在5000元以下的居多。与此相对的是，新媒体领域带来的市场经济，讲究的是谁更被市场认可，谁的回报就越高。所以既拥有媒体素养和个人才华，又有市场数据分析能力的新媒体人获得的薪资回报是十分可观的。

最后，是理想。随着社会劳动力的年轻化，80后、90后逐渐成为劳动力市场的主力军。对于传统媒体，曾经核心的竞争力是传统的新闻追求和内容标准，每一个进入新闻媒体行业的工作者都有着为社会发声的使命感与责任感。但在互联网影响下成长的新一代媒体人，他们更多的、追求多样的传播方式，以及自由的语言表达和更加宽松的工作氛围。这是传统媒体所无法给予的，但是新媒体却可以很好地做到。新媒体公司追求的是"新"，接受新奇的想法，接受多样的传播形式，对年轻的媒体人有很强的吸引力。

（二）自媒体不断分割用户市场

传统媒体往往影响力大、起主导作用、能够代表或左右舆论方向。无论是报刊的发行还是电视的收视率，都是人民群众非常重要的信息来源。但随着互联网用户的急剧增长和自媒体的遍地开花,每天去订阅报刊、收看电视台新闻的人以中老年人为主,年轻的网友更多讨论的是,这个网文说了什么,那个视频在拍什么。

自媒体领域覆盖全面。无论是政治经济,还是生活百科,都可以从自媒体平台获取内容资讯。

自媒体交互性强。不同于之前的新闻信息"你说我听"的形式。每一个自媒体的观众都可以参与到内容的创作和评价中,与作者交流的门槛大幅降低。

自媒体具有专业性。如斜杠人才就是横跨多个领域、涉足度较广的人才,博主自身的定位也往往依据于自身的专业素养。同时具备媒体能力和自身专业特色的新媒体更容易获取受众喜欢和信任。

自媒体是市场催生的产物,它的活跃度和吸引力在不断地占据用户市场。优秀的自媒体内容带来的认可度和社会影响也成为舆论不可忽视的力量。我们常说的"大V"所形成的粉丝效应和号召力往往在互联网平台获取大量关注和流量。相对的是,由于传统媒体制作成本高、输出速度慢等原因,在市场的竞争中远远不如新媒体具有生命力,并且随着传统媒体用户的逐渐老龄化,用户也在不断地流失。

第三节 推动媒体融合

在市场竞争中,传统媒体的生命力不如新媒体活跃,而新媒体的"新"也给自己带来了发展的阻碍和限制。本节介绍媒体融合,即新媒体和传统媒体的合作共赢,以及融媒体环境下媒体人需要面临的挑战和进步。

一、传统媒体与新媒体的结合

在大数据环境下,新媒体和传统媒体渐渐都认识到自己的短板和不足,合作共赢比持续竞争能更好地带来行业发展。传统媒体积极翻新,跟上大数据时代;新媒体也需要更权威的平台和更优质的内容。所以两者的结合成为媒体行业的大势所趋,各地的融媒体平台积极建设发展。

(一)传统媒体的积极翻新

1. 传统媒体为何受制

在新媒体的冲击下,传统媒体究竟有哪些不足?新媒体的"新"主要体现在传播方式和用户交互上。新媒体利用互联网,在手机、计算机等移动客户端,在各种网页、软件等平台进行碎片化信息的持续性输出。而传统媒体的报刊、广播、电视等往往依赖于实体的载体,并且需要长期或固定的时间去获取信息。在生活节奏越来越快的现在,能够给新闻腾出大块时间的人越来越少,新媒体的碎片化阅读更加顺应了受众需求。

新媒体的另一大特色就是交互性极强。传统媒体更多的传播形式是"我来播你来听",是一种直接性的信息传达。用户只可以了解到这一资讯,但是没有很好的空间去表达和参与。目前网民的年轻化使得更多的用户想去说、想去评论,而新媒体满足了用户日渐强化的表达欲。新媒体表达的是,用户可以参与到事件的评论,可以影响到新闻的舆论发展,甚至用户可以对产出内容进行直接的、线上的交流和建议。

由于新媒体对年轻化、生活节奏快的用户的吸引力,传统媒体渐渐失去了往日的影响力。

2. 传统媒体如何翻新

在新媒体的冲击下,传统媒体面临的人才流失、竞争力下降等问题,直接造成了多家传统报社停刊、电视端收视下降等影响。越来越多的传统媒体意识到,新媒体已经成为传媒发展的大趋势,抵制只会被时代慢慢淘汰,顺应新的发展才是生存之道。传统媒体相较于新媒体,真的没有竞争优势吗?首先,传统媒体的内容资源仍然是最核心的竞争力。对于一些重大事件的跟踪报道,调查新闻的深度广度,是新媒体无法企及的。做好深度内容,提升信息质量,仍然是传统媒体的立足之本。

其次,是团队结构。传统媒体往往是实业起家,一个报社或者电视台的公司结构和人员配置都是十分科学丰富的。相比于新媒体的运营,传统媒体具有更专业的工作团队作为支撑,无论在技术、宣传、内容生产等各方面都有一定的基础,有追踪一些大新闻的资源和成本,可以很好地跟进。新媒体的输出内容受制于结构,很难在深度内容和大事报道上替代传统媒体。

越来越多的传统媒体开设了自己的公众号、进驻视频平台等。人民日报的官微聚集用户7200多万人,特色话题引起全民转发,被称为"中国第一媒体微博"。2006年,中央电视台整合资源,构建新媒体业务发展平台,试图建立一个以图文为基础、视频为核心、互动为特色的国家重点新闻网站。通过对新技术的运用,不断改造传统媒体的产品形态,以此来适应用户的读取习惯,创新移动端、多样性的传播方式,把更有深度的内容让受众看到。羊城晚报报业集团总编辑黄斌说,新技术通过对传统平面媒体内容的二次演绎,给用户带来了不同的体验。

(二) 融媒体平台的发展

传统媒体需要新媒体的互动性和多样性,新媒体也需要传统媒体的品牌和深度。传统媒体和新媒体的竞争促进了融媒体平台的出现(见图2-3)。

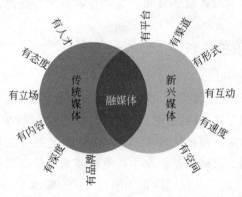

图2-3 传统媒体与新媒体的交集——融媒体(来源:百度图片)

融媒体的理念就是"扬优",把传统媒体和新媒体的优点结合起来,促进新媒体的成熟发展和传统媒体的创新改革。融媒体不是一个独立的实体媒体,而是一个把广播、电视、互联网的优势互为整合,互为利用,使其功能、手段、价值得以全面提升的一种运作模式,是一种实实在在的科学方法。

如何建立融合?首先,是资源的共享。传统媒体的技术、设备、团队结构等与新媒体的数据技术、网络人才等需要进行资源的共享与合作。其次,是宣传的共享。传统媒体的品牌效应与新媒体的传播手段、网民用户等需要互补合作,实现最广泛、最有效的宣传效应。最后,是利益的共赢。传统媒体带来的社会效应,新媒体的粉丝经济,从物质利益到社会效益,实现各方面的利益共赢。

在推进媒体融合发展方面,人民日报社实现了用户的全方位覆盖、传播的全天候延伸和服务的多领域拓展,用户总计已扩展到3亿人,人民日报微博、人民日报微信公众号、人民日报客户端等。人民日报加快媒体融合的举措,标志着人民日报社在加快推动媒体融合发展方面迈出了新的步伐。

与此同时,各省级、市级、县级及各大高校、各地区的媒体平台也开始进行媒体融合,合作发展。单一的报纸、电视台等媒体形式已经无法依靠个体力量占据市场资源,涵盖了多平台、多领域、多种传播形式的融媒体日渐成为媒体发展的未来趋势。

二、全媒体记者

融媒体的发展也使传统的媒体工作者们不能再局限于把编辑、拍摄、排版等其中一项工作做精,越来越多的媒体需要综合素质的全媒体记者。全媒体记者是指具备突破传统媒体界限的思维与能力,并适应融合媒体岗位的流通与互动,集采、写、摄、录、编、网络技能运用及现代设备操作等多种能力于一身的人才。

(一)新媒体带来的新技能

1. 文案技能

不同于传统记者写稿的程式化和专业化,新媒体环境下的记者需要适应多种环境的文案技能。除记录事实的专业能力外,标题的新颖和吸引力,内容的有趣和可读性,语言风格的适当网络化,都是新媒体时代对文字能力的新要求。

2. 对视频的感觉

在传统的内容输出分工上,摄影摄像与文字记者是各司其职的。但是随着新闻可视化的发展,相比于干巴巴的文字,结合视频的新闻才更让受众身临其境。不限于实景视频,一些简单的后期或动画制作也需要传统记者学习,适应可视化新闻发展的方向。

3. 一个人就是一篇新闻

有时候自媒体的内容输出从选题、资料搜集、采访报道、拍摄后期、编辑校对到最终的平台发布都可以由一个人完成。传统媒体的分工往往界限明确,每个人做好自己的专业,最后合作输出内容。但也正是因此带来人力、物力投入多、成本高和时效性不够强,学习新媒体的"一个人就是一篇新闻",每个媒体人可以掌握多种技能,就可以更灵活、更有效、更迅速地进行内容的制作输出。

(二)思维方式的转变

1. 数据分析思维

用数据分析把用户画像具体化,不要笼统地把受众定位成中年人、男性、金融行业等这种大范围的、不明确的分类。通过对用户社交媒体、信息浏览类型、话题参与类型等多种数据的记录分析,对每一个选题、每一篇内容的受众反馈进行合理地预测。依照用户需求,有目的地进行策划和内容输出,并且及时根据单篇图文的点击率、阅读量、转发量等数据,不断调整内容输出形式,寻找运营规律。

2. 服务意识

传统的信息输出是发生了什么,媒体就记录什么、播报什么。在新媒体时代的用户更想要的是"只看我想看的"。在不丢失新闻对于事实传播的专业素养外,建立对受众的服务意识。及时了解受众需求和喜好,顺应话题中心或大众观念,进行内容的选题和策划,输出更多受众想看到的内容。

第三章 数据分析与决策的关系

如何做好一个决策？是依据经验，还是依据多数人的观点？大数据告诉我们，要用好数据分析。本章将介绍利用数据分析做决策，即数据决策。用数据信息来支撑决策，用数据分析来得出结论。

像传统的决策一样，数据决策也需要从提出问题到解决问题，从提出需求到满足需求。所以本章第一节仍然是从提出问题作为一个决策的开始，介绍了问题与需求是什么，决策的特性包括什么，如何确立自己的决策侧重点？从这些问题中，认识到决策初始的问题和特性是做好一个决策的开始。本章第二节主要介绍在利用数据来决策的阶段，如何用好数据信息，如何进行数据分析，如何利用数据进行合理判断和预测。本章第三节介绍专业的数据人才、数据团队是什么，以及如何与决策者做好连接，如何培养专业的数据人才，如何让数据团队服务于决策者，如何做好个人生活中的数据决策。

从企业到个人，从专业的数据人才到自己的数据思维，从战略性的重大决策到日常的每一个小决定，都需要我们利用数据分析做出最恰当的决策。

第一节 提出问题

决策的出现是为了做出改变，变得更好，所以一个决策的开始是认清目前的问题和需求，进而针对性地进行分析和解决。本节首先介绍的就是如何认清问题和需求，如何判断目前决策的基础特性，如何在决策前确定侧重点这三大问题。

一、问题与需求

我们为什么需要做出决策？往往只有两个原因，一个是出现了问题亟待解决，一个是我们想要变得更好，得到更多。每一个决策开始分析和制定的第一步，就是明确自己的问题所在和所要需求。

什么叫作问题呢？比如一个公司，由于人员不断增加，旧的办公地点已经无法容纳新员工。那么，寻找一个新的办公环境就是一个问题。一旦出现了问题，就需要决策者来改变。重要的是，决策者认为这个算是问题吗？面对同样的情况，有的人认为是需要解决的问题，有的人却认为是一般现象。如何确认是不是问题？就需要用到数据化的理论分析，比如问题带来的困扰程度、带来的经济损失、团队成员的满意度等，寻找可能影响到的方方面面的数据，将解决还是放任这两种情况的数据进行对比，就可以更好地判断这是不是一个值得解决的问题。

什么是需求呢？需求就是，目前状态合理运行，但是我们可以寻求更好。比如一个店铺，每天的销售额和成本相抵，可以获得一定的利润。但是我们想要更多的销售额、更高的利润，这个就是需求。对于需求而言，更要确认是否需要决策的改变。因为平台本身已经在有效运营，不恰当的决策很有可能投入成本大于所获效益，甚至有可能造成适得其反的效果，打破原有的运营平衡状态。那么怎样判断能否满足更高的需求呢？同样需要我们对目前的运营数据进行收集，还有市场同样情况下，其他平台或企业进行的整改效果数据。只有足够了解自己的平台，也对市场变化进行一定的数据了解，才可以寻求合理的、可实现度高的需求。

就好像在准备奔跑之前，确认自己的目的地。确认这个目的地对于自己会不会太远，不可能到达；会不会太短，不值得开始。在合理的分析之后，才能更好地去分配自己的体力，控制自己的速度，把握自己的身体状态变化，保证自己最终可以完成这个运动目标。确定问题和需求是否值得做出决策，是开始决策的第一步。为了一个毫无意义的目标进行数据分析和各种计划的制定是毫无意义的。开始就没有明确的决策目标，那么很有可能做出无效的甚至错误的决策。

二、决策的特性

在做一个决策之前，我们还需要了解到决策的特性，包括决策的重要性，决策能带来的影响力，做出决策所用时间的紧迫性，如何征集团队成员的意见，如何做出最终决策等。

（一）决策的重要性

一个决策的重要性取决于这个决策的影响力。影响力的衡量标准是多样的、综合的，有影响时间的长短，也有影响领域的广度、影响的深度等。

按决策的重要性可以把决策分为战略决策和战术决策。战略决策是指与确定组织发展方向和长远目标有关的重大问题的决策，具有全局性、长期性与战略性，解决的是"干什么"的问题。比如，一群年轻人准备创业，决定创业领域就是一个战略性的角色。比如是进军餐饮还是投入互联网？这个决策的后果直接影响到整个公司和每个人长期的职业方向和工作领域。这样影响时间长、程度深、范围广的决策就是战略性决策。

战术决策是指为完成战略决策所规定的目标而制定的组织在未来一段较短的时间内的具体行动方案，解决的是"如何做"的问题。比如，为了接到的一个设计项目，公司确定团队人员，制定设计思路，进行工作分配的行为，就仅仅是为了完成项目这个暂时性的问题。在项目结束之后，这个决策的影响也会结束，这种影响暂时短期活动的决策就是战术性决策。

（二）时间的紧迫性

以一个小的问题为例，一个团队，每天大家都在一起吃饭、工作。如果由于天气原因，团队中多数人员出现了流感性病毒，并且在不断地传染再扩大。对这样的问题做决策，时间就是十分紧迫的。如果问题不解决,就会以很快地速度影响到更多人的工作状态和身体健康。如何在问题突发时,做出迅速合理的决策?在有限的时间下,决策层要讨论:有哪些办公区域可以进行临时隔离?哪些工作可以在家进行线上讨论?如果要给假,是否带薪?办公区域如何配备消毒设备?这一系列问题都需要在时间限制下进行合理反应,并且在决策之后,依据事实情况决策是否需要调整,多久之后可以恢复正常工作状态,都是需要考虑的问题。

每一个决策或多或少都有时间的限制。从成本的角度来看,往往耗时越长,投入的成本越高。无论是对决策时间的要求,还是对回报收益周期的要求,都让我们在做决策时需要考虑时间这个因素。

(三)团队人员

中国的传统文化讲究人多力量大,独木难成林。那么做决策,一群人是不是比一个人更有优势呢?在创意测试中的结论是:团队决策要差于个人决策。主要原因是:团队活跃成员会影响某些成员忘记或者抑制他们自己的主意,或者一些团队成员担心其他成员说三道四,自认为自己的主意要差一些而不发表意见。

每一个决策的制定都需要一个最终的决策者,但也需要考虑到团队成员的方方面面。如果一个互联网公司面对一个网页设计的项目时,仅依靠利益分析来决定要不要接是不够合理的。美工需要考虑自身能力能否满足客户的美化度需求;市场需要考虑这个项目的收益是否合理;前端设计师需要考虑网页重要功能的可实现度有多高。这一系列的问题并不是决策者一个人可以考虑到的,团队每个部门、每个成员的工作能力和想法都是判断可行性的影响因素。

一个好的决策者要合理鼓励团队成员提出诉求和建议,并整合整个团队的数据能力,最后从整体上做出科学的、团队满意度高的决策。

三、决策模型

决策模型是数学上的概念。仅仅依靠决策者的个人能力和直觉判断,很难得出最优的决策。决策模型就是把决策进行数据化分析,一般形式是

$$v = f(a_i, s_j)$$

式中:v 为价值目标;a_i 为可控的决策因素;s_j 为不可控的决策因素。每个决策都有不同的侧重点,有的追求经济效益,有的追求整体满意度。不同的决策倾向所制定出的最终决策也是不一样的。

(一)利益最大化

利益最大化的决策就是以实现更高的经济利益或企业效益作为出发点,用最少的投入获得最大的收益。当以这条标准进行决策时,考虑得最多的就是决策的回报率。

(二)效果论

一个成功的管理人员去获得决策制定过程中所涉及的每个人的愿景,寻求的解决方案尽量得到多个参与方的认可,获得较高的满意度,可以说这种过程是基于所期望的后果的过程。效果论的决策往往可能不如利益最大化的决策带来的显性收益大,但是对于团队的和谐和日后市场合作是十分重要的。

(三)拒绝选择性知觉

无论是侧重于哪个方向的决策,都要拒绝选择性知觉。从广义上来讲,我们每个人都或多或少有这种感知行为,因为在我们"看事情"的时候基于我们自己的理解和参考。也可以理解为我们如何将感知类的信息通过喜好程度进行分类和理解,即选择性感知从某种程度上来说是一种偏见,因为我们用自己的方式来理解信息。心理学家认为这个过程实际上是自动的,也就是说是潜意识的。每一个人都会不自觉地从自己的眼睛作为出发点,做不到绝对意义上的客观公正。

对于决策而言,最应该避免的就是无法控制的选择性知觉。依据于数据的决策就可以很好地避免这一点。以数据分析为出发点的决策避免了每个人"我认为""我觉得""应该是"等个人主观意识,从数据出发判断可行性和回报率是最客观的判断方法。

第二节 利用数据信息得出正确的结论

在了解到自己的问题和需求之后,如何利用数据信息来解决问题、满足需求,这是数据决策最重要的一步。本节要介绍的就是如何利用数据信息,包括大数据平台的重要性、数据隐藏的信息价值、数据的动态决策等。从收集挖掘大量的数据信息,到学会分析数据得出信息,到最后决策的后期优化和调整,利用好数据服务于决策的整个过程,认识到数据的决策价值就是本节将学到的内容。

一、建设大数据平台

在利用数据之前,首先要有数据,并且是达到一定量的数据。只要有了一定量的数据,就可以进行有效的数据分析。每一个大公司都是天然的大数据平台,大量的用户和运营信息是公司决策最好的参考数据。那么不同于从一开始就认识到数据价值的大公司,传统行业环境下的企业也可以一步步建立自己的数据平台,从而利用数据完成二次翻新。

(一)天然的大数据公司

数据来自哪里?从谷歌、亚马逊、Facebook 到阿里、百度、腾讯,都因为庞大的注册用户和运营信息,成为天然的大数据公司。在发展的过程中积累数据,在数据的基础上进一步发展,是许多公司能够日益做大、做强的原因。

例如,亚马逊不仅对用户的购买时间、付款方式、商品种类这些显而易见的数据进行记录,而且对每个用户在网站的所有行为,进行观察记录。甚至细化到用户在每个页面的停留时间,是否点击详情按钮、搜索关键词,是否浏览评论等细微的数据。这种对数据的高度敏感和重视,以及对数据深度的挖掘,使得亚马逊的智能推荐能非常符合用户意愿。

准确定义"大数据"概念的科技公司非谷歌莫属。根据搜索研究机构的数据,仅 1 个月的时间,谷歌处理的搜索词条数量就高达 122 亿条。谷歌的体量和规模使它拥有比其他大多数企业更多的应用途径。谷歌不仅存储了搜索结果中出现的网络连接,还储存了用户搜索关键词的行为,它能够精准地记录下人们进行搜索行为的时间、内容和方式,坐拥人们在谷歌网站进行搜索及经过其网络时所产生的大量机器数据。这些数据能够让谷歌优化广告排序,并将搜索流量转化为盈利模式。人们的行为会在互联网上留下痕迹和路径,谷歌能预测其意图。这种抓取、存储并分析海量人机数据再进行预测的能力,就是数据驱动产品。

eBay 于 2006 年成立了大数据分析平台。为准确分析用户购物行为,eBay 定义了超过 500 种类型的数据。在平台上,将结构化数据和非结构化数据结合在一起,通过分析促进业务创新和利润增长。在互联网广告的投入上,eBay 通过购买网页搜索关键字,将潜在客户引入网站。

通过过滤用户归属地、发推位置和相关关键词,Twitter 建立了一系列定制化的客户数据流。比如,通过过滤电影片名、位置和情绪标签,可以知道洛杉矶、纽约和伦敦等城市最受欢迎的电影是哪些。而根据用户发布的个人行为描述,甚至能搜索到在加拿大滑雪的日本游客。从这个视角看,Twitter 兴趣图谱的效率优于 Facebook 的社交图谱。这些社交网站真正的价值可能在于数据本身。Twitter 自己并不经营每一款数据产品,但它把数据授权给了像 DataSift 这样的数据服务公司,数据服务公司利用 Twitter 社交数据,做出了各种应用,从社交监测到医疗应用,甚至可以追踪流感疫情暴发。

(二)传统产业利用数据翻新

不限于互联网发展下的各大拥有庞大数据库的公司,许多传统产业也可以通过对互联网大数据的应用进行创新。目前工业、农业、家电、服装等多个领域产业都开始打造属于自己的数字化运营和用户数据库。

1. 老家电长虹的智能化

早在 2012 年,长虹即意识到智能战略对企业发展的重要性,比其他同类企业更早地涉足数据和人工智能研发领域。2013 年,长虹与百分点合作,建立大数据平台,全面采集和整合用户数据,并建立了业内首个电视收视率分析系统。该系统比以往的市场调查要精准和实时得多,有助于长虹高附加值的内容服务和市场营销推广。2014 年年末,长虹成立家电行业首个大数据中心,并设置首席数据官职务(CDO)。大数据平台也为长虹的互联网转型带来了更多的空间。2015 年,长虹启动用户标签管理系统,深入洞察用户行为、偏好、产品诉求等各方面特征。用户标签系统与 400 客服中心对接后,售后人员可提前了解用户购买产品、偏好等各方面信息,延保服务销量增加了 80%。2017 年 5 月,中国移动公司携手互联网公司、IT 和家电企业、创业公司,发起成立数字家庭合作联盟,加强资源整合和优势互补,共建开放共享、合作共赢数字家庭新生态,已有长虹等覆盖智能家居、家电、安防监控、芯片领域的 33 家合作伙伴加盟。基于大数据平台和已有的用户数据,长虹开始发展庞大的智慧家庭生态圈,包括智慧社区、智慧医疗、智慧娱乐等。

2. 贵州农业的大数据探索

2017 年 9 月 4 日,贵州省农业大数据专家委员会成立大会暨第一次咨询会在京举行。专家学者重点探索了农业方面对大数据技术的应用,利用大数据对传统农业进行升级改造,使其成为农业现代化建设和农业供给侧结构性改革的动力。对于农业而言,传统农业过度依赖于农民经验和自然发展,对作物生长数据、农产农销的交易数据等各种农业数据,在之前并没有进行精准化记录和分析。那么在大数据技术加持下的农业生产,就要逐步建立农业生产智能化、农产品销售网络化、农业监管科学化等现代化农业运营结构,解决"生产难、销售难、监管难"的农业痛点。

传统产业与云计算、物联网、移动互联网、人工智能、机器人等高新技术的融合，以及有意识地建立自己的数据库和数据平台，都在促进传统产业在大数据环境下的产业创新和竞争力提升。构建属于自己的大数据平台是进行长期发展竞争的生命力来源。无论是日常运营还是转型改革，在足够了解自己的用户，进行合理的测试和模拟后，基于数据信息做出决策往往更经得起市场的检验。

二、用数据支撑决策

如何避免拍脑袋决策？最好的方法就是用数据去决策。大量搜集用户数据、产品数据、运营数据等，往往就能从这些数据中找到最科学的销售方式、发展方向或竞争力。依靠于人脑的经验判断和自我感觉与来源于现实市场的真实数据信息是无法相比的。那么该如何有效地用数据决策呢？需要我们面对大量的、复杂的数据时，有取舍能力和分析能力。

（一）核心数据的生产力

要想利用数据进行决策，首先要解决的就是如何获得最有价值的数据。在庞大的数据量中，能发挥最大参考价值、最大效用的数据，称为核心数据。数据的精细度和深度往往与数据的价值成正比，在决策中重点关心核心数据的收集和分析，往往可以带来极大的生产力。

在20世纪90年代，美国几乎每个有信用承担能力的家庭都有信用卡，但没有任何一家银行去认真分析过用户之间的个体利润率差异。这是Capital One的前身Signet当时面对的市场环境。其实，20%保持较高欠款余额和持续缴纳利息的用户才是信用卡中心真正的利润贡献者客户，他们通常贡献了行业125%的利润。而大部分按期还款的用户对于银行来说，是单纯导致亏损的客户。Capital One正是用差异化的定价策略，抓住了"利润贡献者"客户，并利用边测试、边学习的策略发现优质用户的分层，从而对竞争对手形成了强力冲击。

数据化生存的核心信念就是，数据将成为业务发展的主要驱动力，而决策层驱动成为数据决策力建设的重要特征。在庞大的用户群中，找到核心用户，也就是重要利润来源的用户进行重点分析，就可以更高效率、低成本地进行科学、有利的决策。

（二）合理估算与预测

1. 导航是如何预测路况的

手机导航是依据什么推荐路线的呢？手机导航通过GPS模块、导航软件、GSM通信模块相互分工，配合完成路况预测。

（1）GPS模块完成对GPS卫星的搜索跟踪和定位速度等数据采集工作。

（2）导航软件地图功能用GPS模块得到位置信息，不停地刷新电子地图，从而使我们在地图上的位置不停地运动变化。

（3）导航软件路径引导计算功能，根据我们的需要，规划出一条到达目的地的行走路线，然后引导我们向目的地行走。

（4）GSM通信模块完成手机的通信功能，并根据手机功能对采集来的GPS数据进行处理，上传到指定网站。

用生活化的语言来说，就是GPS对用户位置数据信息进行采集，并通过软件根据对每条道路的车流量分析、道路限速、高峰期人流量等数据积累进行合理的道路预测，进而为用

第三章
数据分析与决策的关系

户推荐一条相对通畅便捷的路线。导航的工作就是依赖于对各种定位数据、实时勘测道路数据、人流量、车流量等数据的记录和分析。

2. 及时止损

历史数据的一大重要意义就是预判未来。传统的预测往往依赖于权威人士的知觉判断,对发展方向进行探索式的调整。这种人为的预测往往充满不确定性。如果有了数据的支撑,通过对历史数据的发展变化规律进行研究,就可以大大降低这种预测的不确定性。

数据可以帮助我们认清事情发展的程度,认清获得和损失。什么叫损失?在没有得到相应的或者理想的收获前提下,我们所付出的时间、精力、金钱等一系列元素都是我们的损失。那么为什么说数据可以让我们及时止损呢?举一个生活中的小例子,喜欢打麻将的人不在少数,我们打麻将时,往往会用几块钱或者十几块钱作为一局麻将的游戏奖励。从感觉判断,几块钱到十几块钱并不多,但不乏有人一直输、一直打,最后输掉几百块钱,给自己带来较大的金钱损失。也正是因为看起来只有几块、十几块钱,给人一种成本不高的心理,才会吸引我们不断地想赢回来,导致最后造成较大损失。如果我们有数据分析的能力,就会在输掉几局之后,果断提前结束,因为我们看到了小成本累积的代价,清晰地认识到了下一局是否能赢跟输了多少局没有关系,及时止损是数据预测的一个重要方面。数据预测不但是发现机会,也是发现问题,及时止损有时比努力翻盘更加重要。

3. 预测商机

与避免问题恶化相对的是,数据也往往可以为我们预测到机遇和商机。2017 年,伊利利用大数据平台,对各社交网站、新闻网站、电商平台、专业论坛等数据源进行大数据分析发现,一种水果突然声名鹊起,微博上讲它,论坛上说它,一时成为水果界的"网红"。这就是当下依然流行的百香果。百香果集多种水果的香味于一体,果香浓郁,口味独特。但是推出百香果口味的乳酸菌酸奶能否得到消费者的青睐,这是未知的。

经过测试,百香果与活性乳酸菌饮品相融能够释放出奇妙的味蕾体验。通过大数据分析,并结合消费者测试的数据,伊利坚定了对百香果口味的市场信心,最终于 2018 年初推出了百香果口味的每益添活性乳酸菌饮品。在上市前,伊利利用大数据手段,为百香果口味的目标消费人群画像。分析显示,年轻一代追求个性、追求新鲜的"个性自由侠"将是重要的消费群体。果不其然,产品一经上市,首先在年轻人群中流行开来,接着向更大的消费者群体辐射,最终形成风靡之势。百香果口味的推出大幅提振了每益添在市场上的表现。新品上市至今,每益添销售额实现了两位数的增长,百香果也因此成为伊利酸奶事业部的"英雄口味"。

LinkedIn 的高管团队利用科学决策做出了一项关键的业务决策,即让用户资料出现在搜索结果中。以往情况下,只有付费用户才可以看到自己网络中所有人的完整资料。可见性的规则很复杂,LinkedIn 希望简化它们,但使用的方法不能损害公司营收。这里面的赌注是巨大的。LinkedIn 提出的可见性模式是对非付费用户的每月用量进行限制,超出用量即停止服务。该公司的决策科学家模拟了这一改动带来的影响,他们利用历史行为数据来预测营收和用户黏性可能受到的影响。分析结果表明,公司可以做出这一决策。

结果,新模式不仅对公司业务产生了积极影响,也令数百万用户拍手称赞,不仅如此,它还消除了产品开发过程中的一大难题。有些人对用量限制发出抱怨,但这部分人正是 LinkedIn 认为应该付费的用户。

利用数据进行风险规避和商机预测,是大数据预测功能的表现。通过一定量的数据积累,进行有效的数据清洗和规律探寻,对于商业市场预测、风险评估和行业发展等各种方面,都可以使企业有一个更科学、长远的眼光。

(三) 借助专业的第三方

如果一个传统产业想要实现自己的数据化管理运营,从现在开始进行数据的收集整理,学习专业的数据分析,那么所要花费的时间、精力等成本是巨大的。在社会对于数据技术的急切需求下,越来越多的专业大数据平台可以集中数据、挖掘数据价值,为电商零售、广告营销、制造成本等多个方面提供专业的数据分析。

德国宝马汽车公司的大数据基础建设包括:决策管理、内容分析、规划与预测、发现与探索、商业智能、预测分析、数据和内容管理、流计算、数据仓储、信息集成和治理等大数据核心基础模块。宝马汽车在构建软硬件基础设施时,大量借助于第三方供应商。比如,在硬件设施上,宝马长期借助于亚马逊的 AWS 云计算平台。2016 年 4 月,宝马又与微软合作,希望借助微软 Azure 云计算平台以及微软数据库和机器学习功能,为宝马用户提供路况、导航等应用,提高用户体验。而在汽车设计环节,宝马借助于预测分析软件,将对大数据的分析从原来的数月缩短到数天,从而迅速检测和定位潜在问题,最终加速了研发的进程。

在国内,越来越多的数据人才也开始构建提供公共服务的大数据分析平台,其中以"魔镜"为先行者和主要代表。"魔镜"不止可以选出世界上最美的女人,还可以提供更多的各个方面的数据信息。大数据魔镜是由苏州国云数据科技有限公司研发的一款报表工具,是国内首个大数据可视化分析平台,提供全行业大数据解决方案,已超过一万家企业在使用;是中国最大的视觉效果库,超过 500 多种可视化效果。在大数据和云计算背景下,魔镜革新了传统 BI 和数据分析,旨在挖掘企业的数据价值,实现人人都轻松使用大数据,在技术上和产品定位上处于国内领先水平,已帮助上万家企业和用户挖掘数据价值,口碑良好,被业内赞誉为大数据可视化分析第一品牌。

企业积累的各种来自内部和外部的数据,比如网站数据、销售数据、ERP 数据、财务数据、社会化数据、MySQL 数据库等,都可将其整合在大数据魔镜进行实时分析,支持商业决策,抢占市场先机,实现智能化数据分析和数据价值体系的构建。通过魔镜的权限管理,企业可以瞬间搭建淘宝级别的企业数据价值挖掘体系,增强团队协作能力。企业只需要安排一个管理员来分配不同角色的权限,不同角色的人员通过权限管理功能所进行的分析权限和数据权限都可自行进行配置,实现数据化管理体系。在这样的一个体系中,运营决策者可以全面监控整个企业的数据情况,IT 人员可以从烦琐的数据收集整理中解脱出来,分析师可以升级去做更深层次的挖掘工作,而业务人员也可以利用实时数据精准决策(见图 3-1)。

组建自己的数据团队,搭建一个新的数据平台,远远没有利用好专业的第三方平台简单有效。通过对合作平台的大数据资源利用,或者对类似于"魔镜"的专业数据平台进行利用,可以有效地减少压力,及时补上数据分析这一短板,获得更专业的数据决策建议和支撑。

图 3-1 "魔镜"的功能实现

三、动态的决策

从提出问题需求到一步步的数据分析挖掘,到最终制定出决策的那一刻,数据决策的工作结束了吗?并没有。与建立企业动态的数据库相似,数据决策也是动态的决策,需要我们根据对试点数据的观察记录,以及决策前后的数据对比,对决策进行持续的优化与更新。

(一)实时监测数据

1. 模拟试点的必要性

对于任何一个决策,在实践前,我们都不能确定它是完全正确、不会出错的,数据决策也是如此。在决策正式实施开始,选择合理的平台或地点进行模拟试点,可以让我们更好地预估决策效果的可行性。理论是需要实践支撑的,也许我们在数据分析层面的所有过程都是顺利实现的,但在试点中难免发现新的问题和考虑不全面的地方,这时就可以进行及时的补救或者完善。

比如在多种用户数据和市场数据支撑下,我们决定在某一视频平台投放广告,进行市场营销。那么我们首先可以选择消息页的广告版面进行试点,通过对试点数据的收集来更加直观地了解这一广告投放决策的可行性。其中包括页面的点击率、阅读率、新用户的增长率、付费用户的增长率等,来检验到底这个平台的用户会不会对我们的产品感兴趣,能不能实现利益增长。

2. 检测预期的实现程度

在决策实施后,对各种数据变化进行实时监测,并与决策实施前进行对比分析,我们可以直观地了解到预期的实现程度,并且对未来能够达到的最终效果进行合理预测。我们预期获得的关注有多少,实际的关注是多少,预期能够带来的社会效应有多大,实际的社会效应是多大,以及预期能够带来的利益转换、品牌美誉度等方面,都可以与实际数据进行分析比对。这不但有利于了解自身的数据分析能力的现实作用,也可以为以后积累更多的实战经验。

(二)优化决策

动态的决策是不固定的、可以实时进行改动调整的。对于决策前后的数据分析和对比是进行决策优化的重要参考。在决策实施后,哪种传播方式获取的受众接受度最高,哪种用户的利益转化度最大,在哪个平台获取的关注度、话题量最强。对数据变化进行实时监测和分析,在条件允许的情况下,我们可以调整优化决策,抛弃无效的成本投入,创造最大的效益回报。

第三节　连接数据团队与决策者

行业发展最重要的驱动力是人才。在大数据迅速发展的环境下,数据人才成了各行各业急需的人才缺口。那么如何在初期系统地培养出专业的数据人才?如何让数据团队更好地服务于决策?本节主要介绍高校数据人才培养的利弊、科学数据团队的构建以及决策者与数据团队的配合等。部分内容还提到了个人生活中能够用到的数据决策,包括高考、减肥等方面。

一、培养专业的数据人才

在大数据时代,许多企业都看到了数据发展的红利,积极寻求数据决策、科学化、智能化、数据化的发展,但是能够利用各种计算机技术和知识,收集、整理海量数据并加以存储,为支撑相关决策和行为做好数据准备,能够支撑这些数据技术、数据思维的数据人才却供不应求。

近两年大数据与云计算应用得到了快速发展,产生了超千亿级的市场规模,据麦肯锡出具的一份详细分析报告显示,2019年,大数据或者数据工作者的岗位需求将激增。我国预计两年内大数据的人才缺口将达到200万~300万人,制造、医疗、金融、交通等行业,信息化SaaS软件、大数据、人工智能等技术方向都产生了大量人才需求。

(一) 高校数据人才的培养

1. 大数据专业的普及化

2014年4月26日,清华大学成立了"数据科学研究院"。作为国内首批培养数据科学人才为主要工作任务的研究院,清华大学希望培养更多有跨界意识和跨界实践的人才。2016年2月16日,教育部发布《关于公布2015年度普通高等学校本科专业备案和审批结果的通知》(教高函〔2016〕2号),公布"2015年度普通高等学校本科专业备案和审批结果"的"新增审批本科专业名单"有新专业"数据科学与大数据技术"。课程教学体系涵盖了大数据的发现、处理、运算、应用等核心理论与技术,旨在培养社会急需的具备大数据处理及分析能力的高级复合型人才。由此开启了高等教育对于数据人才的专业化培养。2016年2月,北京大学、对外经济贸易大学、中南大学也成功申请到"数据科学与大数据技术"本科新专业。

2017年3月,第二批32所高校获批。至此,共有35所高校正在筹备"数据科学与大数据技术"专业,该专业学制为四年,授予工学学位或理学学位。杭州电子科技大学与阿里云于2017年达成战略合作意向,此次杭电阿里云大数据学院的成立标志着双方在产学研合作领域新的里程碑,也是"浙江省名校＋名企"大数据人才培养模式的创新。目前全国各类高校、高职院校已陆续开始围绕大数据专业建设展开研究并申报大数据专业,积极进行数据人才的培养和输出。

2. 高校培养的限制性

虽然已经有高校开始进行大数据学科建设，但是在全国范围内还有很多大学无法开设大数据相关课程培养大数据分析人才。这当中存在很多困难因素。即使获批了专业，优秀的师资队伍和课程体系也不容易建成。为什么大数据人才的培养这么难？

第一，学生学习难度大。课程教学体系涵盖了大数据的发现、处理、运算、应用等核心理论与技术，包括大数据存储与管理、大数据挖掘、机器学习、人工智能基础、Python程序设计、统计学习、神经网络与深度学习方法、多媒体信息处理、数据可视化技术、智能计算技术等专业技能的培养。即使是理工科出身的学生，也需要进行大量的新技术学习和实践，学习难度较大。

第二，高校专业师资水平跟不上。大数据人才多在互联网、数据中心、数据科学研究等实践平台进行工作，高校师资中精通数据技术的人才稀少。即使能请来专业的数据人才，也存在实践和教学的壁垒问题。

第三，实践机会稀缺。大数据作为实践性很强的科目，真正能够学到能力的环节是实践环节，由于资源配置资金高、可以合作的数据公司不多等，使高校的大数据教育更多趋于理论。

加上可借鉴经验不足、建设学科成本高、建设时间短等各种问题，高校的大数据教育仍然需要进一步的探索和完善。

（二）数据人才的发展前景

在寻找发展前景之前，我们需要了解的是大数据人才的核心能力是什么。

第一，数据的储存管理。要先进行大量数据的分析并获取价值，首先就要有存储大量数据的能力和平台。存储对于大数据所需的大量信息至关重要。但更重要的是，需要有一种方式将所有数据集中到某种形成/管理结构中，以产生洞察力。

第二，数据的清洗。因为数据来源于移动网络、物联网、社交媒体等各种地方，每天增长的数据量是巨大的，持续的储存不但带来很大的工作压力，也不利于核心数据的收集。在未来的几年中，将有效清理的数据视为是一种可接受的大数据系统与真正出色的数据系统之间的竞争优势。

第三，数据可视化。受众往往对大量繁杂的数据没有敏感性，也没有接收的欲望。通过图表、图形或者一系列的美化加工，把数据变得精简，变得具有可读性就是数据可视化需要完成的任务。数据信息可视化有利于受众更直观地看到数据表达的内容。

那么掌握了这些数据技术的人才可以做什么？大数据的应用已经渗透到了工业、农业、电商信息服务业、娱乐业等多种方面，数据分析、云计算等数据决策被越来越多的企业应用，人工智能和数据科学的研发也在不断地发展。不限于专业的互联网公司或者大数据分析平台，越来越多的公司开始有意识地打造自己的数据库和数据团队。

高精尖的数据科学或人工智能的研究需要更专业、更优质的数据人才，门槛更高。大多基本掌握数据技术的人才适合进入的平台就是各个公司的数据团队。由于大数据所创造的价值非常大，也将让企业更愿意为相关的人才付出更高的薪资。目前，具备一年工作经验的从业者月薪已经达到15000元人民币左右。具备3~5年经验的从业者年薪已经达到

30万～50万元。所以在商业市场方面,利用数据技术辅助企业决策和运营成为一个热门的发展方向。其中包括利用数据技术完成辅助企业日常运营数据分析、制定战略化决策或建立自己的数据库等。

(三)打造专业数据团队

战略性的数据决策不是一两个人能够完成的,它需要专业数据团队去分析挖掘大量的数据资源,并进行有效整合。而一个企业的数据团队越来越成为影响其发展的重要因素。

比如,Airbnb创始人非常具有前瞻性,在公司成立初期就着手筹建自己的专业数据团队,吸引了最早期的专业数据人才加入,并通过数据驱动不断学习和迭代产品。Airbnb的首席数据科学家Riley Newman的文章中谈道:"在Airbnb,倾听客人和主人的声音是我们的企业文化。早期的时候我们团队去拜访社区成员,了解如何让我们的产品更好地满足他们的需求,现在依然是这样,只是用户规模不断扩大,我们和大家的链接无处不在。所以数据成为我们的盟友。我们用统计数据来了解个人的经验,汇总这些经验,以确定整个社会的发展趋势,这些趋势告知我们该从哪里来驱动业务决策。随着时间的推移,我们其他部门的同事认识到,数据团队代表的是所有用户的声音,这让数据科学在Airbnb的结构中占据重要的地位。"

专业的数据团队往往能从数据中倾听到用户的声音,辅助企业更好地走进用户。那么一支优秀数据团队需要什么?

第一,需要用户了解自己的现状和诉求。对一个传统企业来说,第一件事就是挖掘自己企业的数据并进行管理,了解自己数据资源的情况。然后要思考,企业想通过数据团队得到什么,是降低成本还是了解用户,或是实施战略性决策。用户的诉求是干涉数据团队建设的根本性因素。打造一支数据科学团队困难重重,而且代价高昂。如何满足自己的数据需求?可以利用外部咨询团队,他们会利用应用程序界面来获取数据、建立模型、实现自动化操作,并提供关键性的分析报告。但如果无法找到完美契合自身需求的第三方平台,如果花费成本建立自己的专属数据团队能加速业务发展,创造出最大价值,那么也是值得的。

第二,需要数据的挖掘能力。简单的、浮于表面的数据往往是人们都可以看到的。数据团队的价值就在于挖掘更深层次和更精细的数据。比如一个电商平台的数据团队要挖掘用户数据,不但要了解基本的用户年龄、学历水平、性别、地区、历史购买时间、购买品类、消费金额、购买渠道等容易获得的个人信息性交易性数据,还要想办法深入用户的社交媒体、网站浏览、视频平台等用户信息,比如通过点赞数、关注时长、评论数、参与度等用户喜欢的广告营销方式,通过分享量、好友互动情况、社交产生的销量、用户的直播消费金额等数据来确定要不要建设平台的社交功能等。一个好的数据团队不应该只是数据的管理者,更应该是数据的挖掘者,看到其他人忽视的、有价值的数据。

第三,需要数据的转化能力。数据团队中应该具有能够连接企业与数据团队的工作者。大量的数据本身是没有作用的,结合企业的成本、收益、影响力等发展企业,才可以让数据转化成企业的生产力和竞争力。哪些数据是无用的?哪些数据是最核心的?如何建立数据间的连接?如何发现数据的内在规律?只有结合平台的发展状态,这些问题才会有答案。打造数据团队的目的就是利用数据分析和数据决策产生更好的效益,实现更好的发展。

二、连接数据团队与决策者

在打造了专业的数据团队之后,如何发挥数据团队的最大价值?如何让数据团队与决策者达到最优的合作?这需要的不仅是数据团队的专业性,更需要找好数据团队在公司的定位,连接好数据团队与决策者,让数据团队服务于企业决策。

(一)让数据工作者深入各个部门

数据团队在公司结构中是一个什么形式的存在?放在公司架构中的哪个位置最合适?这对团队本身未来的工作形式,对其他部门以及对公司的整体运营来说,都是非常重要的。

把数据团队作为一个独立的部门,有利于团队工作的针对性和人员的互相沟通,也更容易吸引到数据人才的加入。但是这样做的弊端也是非常明显的,就是无法与其他部门进行有效沟通和合作。数据工作本来就是服务于公司的各部分运营的,需要对方方面面的数据都进行管理和分析,把数据团队独立出去,就很难实现数据团队对公司各方面的了解和把控。

所以我们需要的是,让数据工作者深入各个部门。数据团队的各个成员以一种"数据指导"的形式分工,对每个部门的数据进行深度了解,将数据分析深入部门各项目的运营之中。但是需要注意的是,也不能打散数据团队的团队性,通过对各部门数据信息的汇总,进行最优的、最大满意度、最大效率的数据决策。让数据团队深入了解各部门,才能够整体把握大方向,才能最大限度地发挥数据团队的作用。不然数据团队再厉害,不了解企业运营、与企业沟通不深入,那也毫无作用。

数据决策力要求基于应用来跨部门整合组织内部的智力链,形成"虚拟团队",并与业务团队保持有效沟通。以 Airbnb 为典型案例,比如当开发数据项目时,Airbnb 采用的是多部门合作机制,这让数据团队在整个组织架构下有了新的呈现方式。正因如此,Airbnb 对团队架构进行了改组,将中心化模型逐步改为混合式模型,所有的数据科学家在 Airbnb 初期隶属数据团队依然遵从中心模型,将数据团队再划分为几个小型团队,不同团队和工程、设计、产品经理、市场联系,各自建立紧密关系。这种变革加速了数据文化在公司的传播,同时也让数据科学家从传统的数据统计收集者转向主动发现问题的合作者。这样一来,不同部门的数据团队才可以很好地去观察业务的方方面面,建立一套像神经网络式的结构,来帮助 Airbnb 不同部门彼此学习。Airbnb 如今的数据底层很稳定,工具功能强大,而且数据仓库构建清晰、可依靠。未来更大目标是要将数据的批次分析提升为数据的实时分析,建立一套更强健有力的数据库异常侦查系统,更深入地去了解网络影响,增强对房东、房客配比和个性化需求的理解。

(二)数据团队与决策者互相成就

数据科学家和决策者应该建立更加紧密的合作关系。决策者应该做到什么?首先,是管理。判断哪些业务需要数据团队的支撑,哪些工作最需要数据团队的加入,如果数据团队的人员是有限的,就需要把数据人才用在"刀刃"上。对于每项业务和项目有一个基本的判断,合理地分配数据团队的成员工作,创造最大的收益和员工满意度。其次,是沟通。给予数据团队尊重,给予数据尊重。在具体工作中,数据团队与决策者产生分歧是常见的事情。由于经验判断或者各种原因,对于同一问题的判断可能各有不同,这时候就需要进行双方的沟通。决策者更是一个团队的领导者，把每个人的建议整合，才能得出最优结果。最后，是大局观。决策者是最终为结果负责的人，在做决定前，一定要进行全方位的思考，考虑到问题的方方面面。针对数据团队提出的多样的数据信息，划分轻重的层次，进行信息的整合，考虑实践中可能出现的特殊情况，做出最优的、最有把握的决策。

那么数据团队需要做到什么？首先，是专业。数据挖掘、清洗和分析的专业能力是直接影响到数据价值的。而数据信息作为决策者的重要参考，必须做到准确科学全面。其次，是建议。如果说决策者并没有很强的数据能力或数据思维，那么就需要数据团队以数据信息作为论据，进行合理的建议和提醒。最后，是服务意识。数据团队是决策的服务者，只能提供科学的数据参考，而不是最后的决策者。不同于数据团队一切以数据为准的观念，决策者很有可能还要考虑许多其他因素。数据团队需要做的就是尽可能地把有用的数据信息传达给决策者。

决策者是数据团队的管理者和服务对象，数据团队是决策者的"智囊军师"，不论是针对性问题的决策，还是长期的战略性规划决策，都需要双方的相辅相成，互相沟通，做出最优的数据决策。

三、每个人都是数据决策者

只有专业的数据团队和决策者才可以做数据决策吗？不限于企业发展的重大决策，每个人的生活中都充满着数据决策的身影。让员工学会企业决策就是不限于高层的重大决策，整个公司业务都在数据决策下进行；让每个人学会数据决策，在自己的生活中，也能做好每一个决策的时刻。

（一）让每个员工学会数据决策

数据决策力是一种新的综合能力，要达到综合运用的境界，不是只有少数领导者或者数据团队能够理解和运用就够了的，而是将这种能力赋予全体员工，发挥机构能力。Linkedin总结了数据分析的三大原则：第一是简单，任何人都能够看明白、看懂；第二是迅速，数据分析越快其接受度越高；第三是规模化，所有员工都能够用数据分析做决策。

企业的发展依赖于高层决策的战略性规划，但也依赖于每个员工、每个项目的效益和进展。让员工学会数据决策，减少了经验主义和权威思想。只要有合理的数据支撑，每一个员工都有发声的权利，就可以更好地保持员工的积极性和活跃度，这样才更容易在经验老化的思想外，寻找到更多创意巧妙的新点子。

让员工学会数据决策，能够塑造更加积极的企业文化。对于大大小小的业务和工作，如果每个员工都可以做到从数据出发，具有一定的数据分析能力和数据思维，那么整个公司都会养成一种用数据作为论据的工作态度和企业氛围，吸引到更多的数据思维工作者。

看一个企业是否有活力和生命力，就要看企业的员工。如果每个员工都具备从事实出发挖掘分析数据、有理有据判断的能力，都具备勇于表达、勇于创新的工作态度，那么整个企业一定会朝气蓬勃地发展进步。

（二）个人生活的数据决策

如果说，我不是企业高管，也不是公司老板，就自己生活中琐碎的事，还需要这么麻烦地去收集数据、分析数据才能做决定吗？在我们每个人的生活中，每个决定看起来并不会带来

第三章 数据分析与决策的关系

特别好或者特别坏的影响,但是总会有几个重要的决策点,如高考志愿填报;也有一些潜移默化、日积月累会产生明显影响的事情,如减肥。

1. 高考志愿的填报

高考之后,如何报志愿?我们需要的数据有什么?分数数据,包括个人分数、省级排名、批次线分数、目标院校往年平均分、提档线、各专业分数差等。学校数据,包括学校综合排名、专业培养的投资、师资配置数据、近年就业率、考研率、社会认可度等。城市数据,包括城市级别、经济水平、地理位置、专业就业方向、平均工资、社会福利等。除了这些数据外,还有很多会影响我们选择学校专业的各种大大小小的数据。

报志愿就是在做一个最优的数据决策。把这些学校、专业、城市等各方面的数据找出来,是我们在做数据收集和数据挖掘。报志愿是注重学校选择还是专业选择?或者倾向城市选择?这是我们在给数据分层次,找出自己的核心数据,发挥最大的参考价值。在我们进行一系列的数据扬弃和分析对比后,我们得出的一个最大限度满足自我意愿的学校和专业,就是做出了我们的最终决策。

2. 科学减肥

应该如何科学减肥?首先我们要了解减肥的原理。当人体的摄入能量和消耗能量达到平衡时,即为能量守恒。当一个人摄入5000大卡,消耗2000大卡,节余3000大卡除以9,就是增加的脂肪重量。当一个人摄入3000大卡,消耗5000大卡,体内提供2000大卡除以9,就是减去的脂肪重量。那么如何做到减重?就是要达到能量的负平衡。

用数据决策的方式来量化减肥这件事。摄入数据,正常情况下三餐的食物类型、卡路里占比、加餐零食等的摄入频次、时间等,减肥情况下不可以吃的食物有哪些?必须吃的食物是否可以找到替代性低卡食物?总体可以减少多少的能量摄入、时间的改变、身体健康数据是否被影响等。消耗数据,身体自然代谢率,一周的运动频次、具体时间、主要运动类型、各类型占比时长、有氧运动占比等。在了解到摄入数据和消耗数据后,根据个人时间和喜好进行食物类型选择、能量摄入三餐分配、运动计划设定等减肥规划,进行合理科学的能量控制,就是一种减肥的数据决策。

可见,在生活中,我们有意无意地在运用数据决策这种决策方式。养成数据思维和数据决策的判断习惯,有利于我们在大大小小的问题或选择中,更加清晰地分析自己的需求和现有条件,做出最大程度让自己满意的决策结果。

第四章 大数据+新媒体运营

在第二章的学习中,我们已经对大数据在媒体行业的应用有了基本的了解,认识到了大数据对于媒体领域带了革新性的变化。本章将重点介绍大数据在新媒体运营方面所发挥的价值和作用。

本章的第一节对数据思维进行了简单的论述,讲述了数据思维与传统思维的不同,数据思维的特点,以及什么是不预设立场。第二、三、四节选取了目前热门的新媒体平台,依次对微信、微博、抖音的新媒体数据化运营方法进行介绍。对于这些新兴的或者典型平台的数据化运营分析,可以让我们举一反三地认识到各大新媒体平台数据化运营的技巧和方法。第五节介绍新媒体数据分析的报告,把数据化运营的数据和结论,用更加条理性直观的综合报告进行呈现,可以更加全面客观地来了解到运营情况。

第一节 用数据思维代替经验判断

新媒体的出现和发展依赖于数据带来的客观分析,包括市场、受众、内容等都需要数据化地分析运营。想要利用数据进行运营,想要把数据用到新媒体工作中来,首先我们要做到思维的转变,用数据思维代替经验判断。那么什么是数据思维?如何养成数据思维?就是我们在第一节要介绍的内容。

一、什么是数据思维

(一)传统思维如何思考

传统思维的思考模式是什么?因果分析,因为有了 A,所以才会产生 B,A 是 B 的原因,B 是 A 的结果。结果预设,类似于科学实验,如果我们满足了 A、B、C 三个条件,那么就可以得到 D 的预期结果。同样,A、B、C 是条件,D 是结果。

传统思维最明显的局限性就是不够全面,从 A 的原因到 B 的结果,这是一个死胡同,没有进行发散性、创新性的大胆思考与假设,得出的结论往往深度和广度不够。另外就是过度依赖人脑,传统思维非常依赖于经验人士的判断或专业人士的计算分析,这样的依赖非常容易造成思维的固化和权威的僵化,不利于新想法的活跃和发展。

（二）数据思维的独特性

数据思维的核心是利用数据解决问题，透过现象，发现造成这个现象的背后的数据。如果我们想改变现象，通过数据的调整，达到我们想要的结果。利用数据解决问题的核心是要深度了解需求，了解真正要解决什么样的问题，发现问题背后的深层次原因是什么。在解决问题的过程中，我们使用数据的方法，通常可以叫量化的方法。把一切看起来不能用数字表达的问题，量化成可以用数据表达的形式。

相比于传统思维，数据思维最根本的不同就是打破了传统思维的固化思考模式。打破因果论，不是只有 A 才是 B 的原因，有可能 A1、A2、A3 都发挥了或大或小的作用，没有哪一个原因是结果的充要条件。打破决定论，并不是有了 A、B、C，就会产出 D 的结果。数据思维讲究数据的概率，依据于对 A、B、C 相关数据的分析，有多大的概率可以产出 D 的结果。利用海量数据，不限于人脑的经验判断或专业技能，从计算机网络的海量数据找答案。计算机对于繁杂工作的代替也可以很大程度地降低成本、提升效率。这些就是数据思维与传统思维明显的差异。

（三）数据思维能带来什么

我们知道，数据思维的核心就是以数据为主做出分析和判断。那么依托于数据的思维方式，究竟能带来什么？

数据思维最重要的表现就是打破现象的蒙蔽，用数据带来新的思考方向。以买房为例，房子在中国人的传统观念中代表着家庭、底气和归宿，许多人奋斗一生就是为了拥有一套属于自己的房子。如果用传统思维来考虑买房，我们会想到什么？也许是自己要结婚定居，也许是要工作方便，也许是孩子需要学区房，也许是想投资赚钱，又或者是给儿子未来结婚准备等，这都是我们用传统感性思维考虑到的问题。我们买不买房，或者买什么样的房子，更多的依赖于"我们想不想买"这个个人的主观购房意愿。那么，如果我们用数据思维来考虑买房这件事，又有什么变化呢？首先，我们需要了解自己的数据，也就是自己的现状和需求，其中包括工资水平、贷款能力、社会保障、工作需要、孩子上学、养老情况等。然后，还需要分析房地产市场数据，包括房价浮动、购房补贴、交通条件对比、投资回报率等。数据思维更多的是让我们知道"这个房子值不值得买"，在经过一系列的数据对比分析后，我们往往能够更加准确地明确自己的需求，也对买房子的条件和房子的市场有了一个更全面的了解，从而帮助我们更加理智地选到适合自己的房子。

数据思维可以带来的就是打破人脑的固有思想，用数据作为主要的判断支撑，抛开现象，打开思考方向。用数据看问题，而不是用人的眼睛看问题，就更容易找到深层次的根本原因。

二、说事实而不说观点

事实有真假，观点无对错。但是数据思维最需要做到的就是，说事实而不说观点，用数据事实代替人的主观想法。

（一）改掉"我认为"

在面对一个事实或现象时，我们总会不自觉地进行主观猜测和判断。比如在看到一个年轻小伙子没有给老人让座时，出于自己的道德优越感，我们很容易想当然地认为"年轻人没素质"。但很有可能是由于年轻人生病了不舒服、身体有残障等原因。出于第一反应的"我认为"就堵死了其他思考方向,造成了"一棍子打死"的局面。用真实的数据去评判,而不是我们的主观反应,改掉"我认为",改掉第一反应的绝对性,是塑造数据思维的第一步。

(二)看到客观事实

我们的眼睛总在看表面现象,而不看事实,也总只看我们想看到的,而不看全面。眼睛是造成局限思考的一大原因,但是如果我们能用客观的"眼睛"看现象,眼睛也可以成为看到客观事实的有力工具。如何看到客观事实?首先要避免的是,不要只看你想看的,当对某一事件有了第一印象、第一观点时,我们总会不自觉地去看那些可以支撑我们观点的事实,来达到"我果然是对的"这种心理预期。要想做到客观,首先就要抛去自己的主观想法、抛去自己的偏见和观点去看事实,然后就是要看的全面,想的全面。比如我们观察一个学生,不要只看他在成绩上的数值,他在课堂的举手次数、回答次数,他主动参与劳动的次数、积极参加课外活动的表现等,也是评判的数据参考。不要局限于一个现象,多去观察到更多的细节,才能有更全面的发现和评价。

三、不预设立场

预设立场也可以称为我们的偏见,比如我们认为处女座是洁癖,所以在遇见一个处女座的人时,就不断地寻找"他果然是洁癖"的证据,而对其他不利于自己预设的明显证据视而不见。它会左右我们的思维,让我们遇到问题时常常来不及思考,模式就先行了。那么如何打破这种不自觉的预设立场呢?

(一)减少经验判断

预设立场往往有一个认为自己对的信念在,并且企图也说服别人认可自己是对的。因为这个结果是基于自己的经验和能力判断的,所以努力地去证明自己的正确,就是对自己经验能力的认可。要做到不预设立场,就必须打破自己经验判断的优越感。每一件事、每一个人都不是完全相同的,所以不预设立场就需要做到具体问题具体分析,不要拿历史的经验来影响自己对这一现象的判断。但做到完全的避免经验判断,也是很难的,因为这往往是潜移默化的,有时候如果直接问起来,你甚至会否认自己下过这样一个预判,也就更无从说起承认自己去证明这个预判。这就需要我们时刻提醒自己:所有的事情应该都是基于客观事实而不是经验判断。

(二)基于试点数据预判

怎样的预判不算是经验判断?当一个企业决定是否推出新品或者改革时,不可或缺的就是进行试点。比如企业要推出一个新口味的冰淇淋,那企业肯定不能一下子就决定让它跟着传统口味一起生产售卖。首先企业需要找一些门店和客户进行试点,在试点过程中收集数据,如各门店的销量、新口味的占比、多少成人买、多少小孩买、不同地区的数据差异等。通过对试点数据的搜集,企业可以基于这样的数据对于未来正式发行后的目标人群和销量进行一个预估。数据不只是让我们更好地认清现状,还有一大功能就是让我们发现规律,进行合理预判。基于试点数据的预判往往比基于个人主观的预判更加具有客观性和参考价值。

四、演绎而不是归纳

数据是不断累加和变化的,数据思维中的一大特点就是不停止对数据的搜集分析,不归纳得出最终结论。在传统思维中,我们常常在一定时间或一定量采样后,就进行最终结果的判断。这就是从个别到一般的归纳,我们通过对个别的观察,得出对一般规律的判断。比如我养的一只猫 A 喜欢吃鱼,邻居家的一只猫 B 喜欢吃鱼,猫 C 喜欢吃鱼,猫 D 喜欢吃鱼,所以我们就可以归纳得出结论:猫喜欢吃鱼。

那么数据思维是什么样的呢?数据思维运用的是演绎的逻辑思维,也就是从一般到个别,我们首先对事物的本质和共性有一个基本判断,并将其作为前提,然后在这个前提的基础上,对个别实物进行数据分析,进而揭示共性和个性的关系。把一般规律运用到特殊的个别现象中去,也让我们更深刻地认识了特殊现象。仍然以猫吃鱼的案例来说,演绎的过程是我们知道猫喜欢吃鱼,把这个基本的传统判断作为前提,然后从一般到个别,猫 A 喜欢吃鱼,猫 B 喜欢吃鱼。如果在演绎的过程中,我们发现猫 C 不喜欢吃鱼这一特殊现象,那么也就出现了值得进一步研究认识的特殊现象,也是我们需要重点关注的特殊数据。

第二节 微信的数据化运营策略

微信已成为全民级移动通信工具。根据腾讯 2018 年一季报数据,微信及 Wechat 合并 MAU 达到 10.4 亿用户,超过 2017 年底我国 7.53 亿的手机网民规模,微信已实现对国内移动互联网用户的大面积覆盖。2017 年微信登录人数已达 9.02 亿,较 2016 年增长 17%,日均发送微信次数为 380 亿,微信已成为国内最大的移动流量平台之一。

如图 4-1 所示,自 2012 年上线以来,微信公众号的数量得到了迅速的增长,2017 年已超过 2000 万个,且这一突破得到了微信官方的证实。在经历了多年的高速增长之后,2017 年微信公众号数量的增长率下降到 18.2%,一方面体现了大量自媒体平台的推出给予了内容创作者更多的渠道选择,另一方面更体现了全民创作的浪潮和趋势渐已成型。越来越多的企业或个人尝试进行公众号注册和运营,跟上新媒体的热潮。那么如何科学地、数据化地运

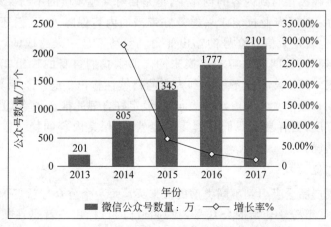

图 4-1 2013—2017 年中国微信公众号数量及增速

营好一个公众号就是本节要介绍的内容。

一、公众号的定位

如何确立自己的公众号定位？我们可以从官方和非官方进行简单的分类，不同的公众号类型决定着公众号的定位。

（一）官方公众号

官方公众号多以政府部门、企业、学校或社会组织为主，那么官方公众号如何定位的呢？官媒的运营依赖于原有产品或品牌，通过官方公众号的设立，进行产品的营销或者品牌的推广。所以从产品定位，从品牌定位，就获得了许多起步的优势。首先，产品或品牌本身具有一定的粉丝量和知名度，更有利于前期的粉丝吸引和营销推广。其次，有利于发展社交电商经济，开发线上服务平台，适应产品的线上发展。最后，有利于打出品牌效应，增长产品的用户和影响力。比如"南方航空"公众号提供线上信息查询，预定南航国内、国际机票产品，了解最新机票价格涨幅，参与线上里程兑奖等活动，体验便捷的一站式商旅服务。依据于本身的航空产业，公众号可以迅速吸引南航乘客的关注和参与，不但高效率进行了公众号的运营推广，也促进了南航品牌的竞争力和影响力。

（二）非官方公众号

如果是非官方的公众号，定位就具有更大的自由度和宽泛性，更多考虑的就是自身与受众的关系。科学定位自身能力与目标定位是公众号长期运营的基本前提。

1. 从自身定位

每个运营公众号的个人和团队，首先需要了解的就是自身的能力和特色，从自身定位找到自己的专业特长和兴趣方向，更有益于持续的内容输出。

（1）个人专业。比如一个网络与新媒体专业的学生，对于视频剪辑有过一定的课程学习，如果去运营一个后期技巧分享类型的公众号，肯定就比完全没有学过视频剪辑的人更加具有竞争力和专业性。结合自己的学习专业或工作领域对公众号进行定位，更容易提升公众号的竞争力。

另外，就是兴趣爱好，比如篮球、音乐、舞蹈、漫画等方面。从自己的兴趣爱好出发，不但可以有更饱满的兴趣去参与到内容的创作中，也是在对兴趣领域的不断探索和学习。

（2）输出能力。除了专业技能或兴趣爱好带来的内容保障外，我们还应该认真考量自己的新媒体平台，也就是微信公众号的输出能力。罗马不是一天建成的，10万+的爆文背后都是持续的、定期的、长期的内容输出换来的。那么我们自身的输出能力能做到何种程度？多久能够完成一篇推文？能不能做到内容的持续性输出？会不会后期不知道写什么？有多少时间可以用来做推文？考虑好这些问题，设定好合理的推送频率，了解目标领域可探索的内容深度和广度，更有易于我们在真正的运营时，保持内容的稳步输出，避免"三天打鱼，两天晒网"的情况。

2. 从受众定位

市场里的不同产品会吸引到不同类型的人来买。每一个公众号就好像市场里的一个产品，所以对于一个从零粉丝开始的公众号，找到自己的目标用户就是在找到自己的产品市场。受众要有一定的量，不要选择一些本身关注者就少的领域。比如你选择做吉他公众号就比做钢琴公众号具有更大的原始受众群。受众定位要清晰,尽量细化自己的目标受众类型。比如对于女性情感的公众号,目标受众是成年女性,而母婴公众号的受众就是怀孕或者有宝宝的年轻妈妈。

从受众定位,不但要考虑自己的个人能力和输出能力,还需要迎合受众的喜好和兴趣。这样才更容易提升涨粉效率和扩大影响力。

3. 从竞争对手定位

公众号是要放到新媒体市场上进行竞争的。那么有多少同类型的公众号存在呢?发展程度如何?我们的个性化竞争力在哪里?考虑这些问题,就是从竞争对手定位。不论是哪个领域,总有已经运营了很久、吸引了一定量粉丝、做得很好的公众号存在。那么针对同一类型的公众号,没有经验和时长的优势,寻找差异、寻找个性化就成了提高竞争力的重要手段。比如同样是生活科普公众号,有更多专业的、权威的科普号存在,那么我们就可以从角度更有趣、方法门槛更低、表达更容易让每个人理解等方面,寻找自己的特色竞争力。

不要拿自己的弱势和别人的优势竞争,找到自己的特色竞争力,并进行不断地强化,塑造自己的人设和品牌。

二、公众号的初始化

在公众号的运营初期,需要对公众号整体结构、互动和早期宣传进行简单设置。整体结构方面主要是菜单的设置和分析,依据自己的内容进行专题化菜单的设立。自动回复是公众号与用户的第一次直接互动,需要针对受众类型,选择好语言和风格。早期宣传要选好合适的平台,以完成早期的圈粉和吸引力。

(一)菜单页面

在公众号中,我们可以对自己的菜单栏进行设计,把自己的内容专题化,也让自己的公众号结构更加清晰明了。在早期内容不多的情况下,我们可以去追求简单、直观的菜单设置,设定两三个专题,进行简单的内容分类就可以,不要超过自己的运营能力。在发展中,我们可以不断地增加新的内容和新的菜单,使公众号更加丰富起来。

以公众号"华科青年"为例,菜单的设置就比较丰富多彩。"华科青年"共分为青年思想、疫情防控、有志青年三个主菜单,其中"青年思想"下设子菜单:主题教育、五四表彰、青马工程、社会实践、青年大学习五个版块,"有志青年"下设子菜单:宝藏研究所、文心走笔、美食测评、阿志有话说四个版块。

我们挑选几个子菜单具体介绍一下,点击子菜单"青年大学习"可以链接到青年大学习网上主题团课的合集内容,包含每一季的内容和各地学习活动参与情况。作为大学生必备的网上团课,设置这一菜单链接,可以更方便用户的学习使用。点击子菜单"社会实践"后跳转到所有社会实践专题的历史内容,主要是对于华北科技学院大学生实践团队的历来活动记录。点击子菜单"文心走笔"链接到的是专题最新单篇图文内容,可以进行直接阅读和点赞评论,链接内容随着专题内容的输出会实时更新。

做好一个菜单不仅限于初期基于个人经验判断的设计,菜单的点击率、阅读数等后期数据更能让我们客观了解到受众对各菜单的参与度反馈,也是我们进行菜单设置和取舍的重要参考。以"华科青年"在2020年7月20至8月18日的菜单点击次数进行数据分析。

如图 4-2 所示,在菜单后台数据中,我们可以了解到最近 30 天菜单的点击次数、点击人数、人均点击次数等数据。从图中可以看出,"华科青年"菜单中,7 月 20 号至 8 月 5 号,各菜单都具有小起伏的波动,但是点击次数无特别明显的差距。

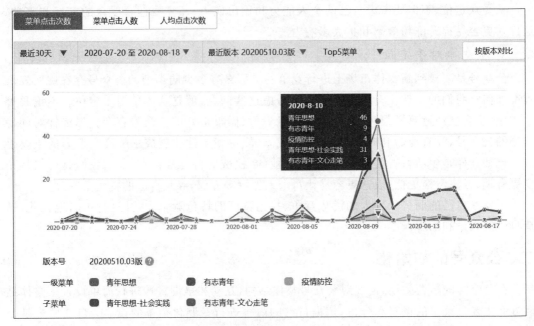

图 4-2 "华科青年"菜单点击次数

主菜单"青年思想"和子菜单"社会实践"在 8 月 9 号点击率明显增高,"青年思想"菜单达到了 46 次的点击次数,"社会实践"达到 31 次的点击次数,"有志青年"也略有涨幅,达到 9 次的点击次数。在 8 月 9 号之后,"青年思想"和"社会实践"菜单点击率仍相对较高,但是略有起伏,并在 8 月 16 日点击次数迅速下降。我们可以依据菜单点击数据的变化,回归图文内容,分析数据增长和下降原因,是特殊活动的举行,还是某一单篇图文的高关注。了解到菜单的数据变化原因,进行侧重运营或合理调整,提升用户的点击率。

(二)自动回复

在公众号运营页面,我们可以对自动回复语进行设置,包括被关注后的自动回复和关键词自动回复。被关注后的自动回复相当于公众号面对新粉丝进行的一个自我介绍。比如关注"华科青年",后台的自动回复是:"叮咚叮咚,又一枚有趣的人类关注了华科青年。共青团华北科技学院委员会官方微信平台,每天推送时间:22:00/天、每次 2~3 条消息。欢迎大家戳下方功能栏查询各种团学动向,让我们静静关注着,期待每个 22:00 的到来。"这段"自我介绍"明确介绍了公众号的内容领域和主要功能,就是提供各种团学动向和活动信息;告知更新时间,让受众对内容的输出时间点和频次有一定的了解,也有利于提醒受众在这个时间来看公众号的新内容;展现个人风格,通过幽默诙谐或者严谨专业的各种语言风格的自动回复,让用户对于公众号的基本风格有了基本了解。

关键词的自动回复更多的是用来增加互动,提高用户参与度。比如公众号可以根据自己的需求设置:回复图书名,获得相应图书资源;回复"加入我们",获取招聘信息或者投稿须知;回复文章关键字,获取特定文章信息弹出等。这些设置可以有效提高用户的体验感和参与感,方便用户快速得到想要的内容。公众号也可以通过对用户回复时间统计、关键词回复频次、内容点击量、阅读量等数据检验各种内容的用户欢迎度,对自己的历史输出内容有更好的了解。

(三)早期宣传

从经济角度,早期宣传可分为不付费宣传和付费宣传。

(1)不付费宣传主要包括呼吁亲朋好友对内容的关注转发,在线上与其他公众号的合作共赢,从微信群引流、建群裂变、加其他人的群来宣传公众号。从朋友圈引流包括朋友之间互推、朋友圈分享公众号文章等方式。在每篇内容的开篇或者最后做固定的引导图文,包括名片、二维码、链接等形式,引导阅读受众的关注,把读者转换为粉丝。

从社交平台引流,一般为 QQ、脉脉、陌陌等垂直类 APP,通过交流混熟引流或送福利的方式为公众号引流;或者建立自己的粉丝福利群,进行内容或产品的福利发送,吸引更多粉丝进行宣传拉人。

互推引流通过建立同类型公众号的文章内容互推,不但可以获得用户流量共享,还可以减轻内容输出的压力。

从自媒体引流,除微信公众号外,在今日头条、一点资讯、搜狐号、百家号、大鱼号、知乎、简书、网站专栏、博客等平台进行评论宣传或内容输出,吸引用户关注。

(2)付费宣传包括官方渠道和各种私下或第三方渠道的广告投放。广点通是官方渠道的广告投放,可选 CPM 和 CPA 等模式,通过朋友圈进行投放,与搜索引擎竞价广告一样,按点击付费,缺点是审核慢,每天只审核一次,广告类型比较单一,如淘宝类无法投放且单价在逐步升高,优点是量比较大,相对较安全。如图 4-3 所示为公众号"哈喽 Python"在朋友圈出现的广告,就很容易吸引到微信用户的注意,从而涨粉。

图 4-3 "哈喽 Python"的朋友圈广告

私下渠道指的是通过QQ群、贴吧、线下活动或者朋友推荐等方式,与媒体主私下商谈,进行付费的告宣传。这种渠道一般按媒体主粉丝量付费,优点是过程快,不会有太多限制,缺点是无法把握媒体主的宣传质量,且私下寻找难度大,安全性没保障。

三、留住核心用户

在进行一段时间的运营和宣传之后,公众号会有自己的粉丝和用户群。如何留住自己的用户就成了公众号发展的一个重要问题。要想留住用户,首先要足够了解自己的用户,需要从性别、年龄、地域等方面对用户进行分析和画像,并且对常读用户进行重点分析,依据受众类型进行调整和优化。

(一)用户画像

像每一个产品一样,公众号最需要了解的也是自己的用户粉丝们。为什么要对自己的公众号受众进行画像呢?在商业中,我们经常看到这样一种现象:做一个产品,期望目标用户能涵盖所有人,男人、女人、老人、小孩、专家、小白、文青……通常这样的产品会走向消亡。公众号也是一样,如果想让自己的公众号达到"上到九十九,下到刚会走"这样夸张性的涵盖面,也是不大可能的。找准自己的目标用户,进行垂直领域的持续挖掘输出,才是生存之道。所以尽可能的地足够了解自己的受众,变得尤为重要。下面仍以"华科青年"的用户数据进行用户数据分析。

1.性别分布

如图4-4所示,"华科青年的"男性用户总数为6943人,女性用户总数为5655人,男性占比略高于女性。可能是由于该公众号的主要用户为学校学生,作为理工类学校,校内人数男生略高于女生,所以公众号用户也呈现出这样较小的性别占比差距。

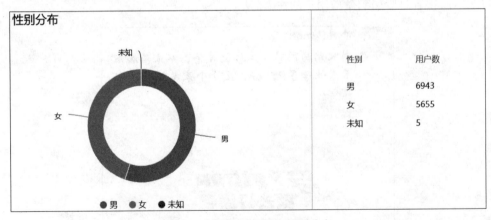

图4-4 "华科青年"用户性别分布

2.年龄分布

如图4-5所示,其中18~25岁的用户占据绝对优势,达到9769人。其次是26~35岁年龄段位居第二,达到1342人。随着年龄段的增长,用户数呈递减趋势。"华科青年"目标用户是大学师生,提供的也是共青团的内容输出,所以在年龄方面,也非常符合名称中的"青年"二字,青年人是用户的主力军。

年龄分布

年龄	用户数
18岁到25岁	9769
26岁到35岁	1342
46岁到60岁	721
36岁到45岁	610
18岁以下	66
60岁以上	50
未知	45

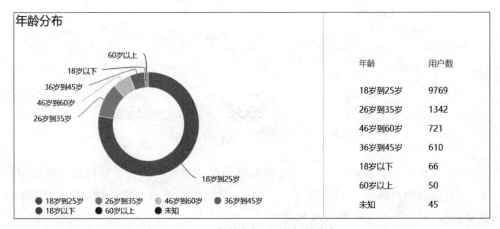

图 4-5 “华科青年”用户年龄分布

3. 地域分布

如图 4-6 所示，对于用户的地域信息，河北省以用户数 1922 人次和 15.85％的最高占比位居第一。其次是北京市和山西省，北京市用户数 1067 人次，占比 8.80％；山西省用户数 975 人次，占比 8.04％。其余各省份的用户分布相对较为分散。学校的地理位置位于河北省廊坊市，是造成河北省用户数第一的原因之一。学校学生来自于各个省份，也造成了各省份均有用户分布的特点。

地域	用户数	占比
河北省	1922	15.85%
北京市	1067	8.80%
山西省	975	8.04%
山东省	701	5.78%
安徽省	566	4.67%
河南省	497	4.10%
内蒙古	467	3.85%

1/5 › 跳转

图 4-6 “华科青年”用户省级分布

除了以上具有典型代表性的性别、年龄、地域这类用户数据，用户画像还需要更多深入的、细化的用户数据，如用户的社交媒体、网站、阅读习惯等数据，来对目标用户进行更清晰的画像，更针对性的输出。还有更多用户与公众号的互动性动态数据，包括用户消息、阅读历史话题、阅读时间、图文点赞分享次数、活动参与度等，这些数据是用户与公众号的直接交互性数据，具有更明确、更高的参考价值。公众号内容输出的服务对象就是用户，所以最大可能地去了解自己的受众信息，更有益于增加用户黏性和维持长期运营。

（二）保持老用户黏度

除了对整体用户的分析外，每个产品或者企业往往会对会员用户进行重点分析。那么，在公众号中，会员用户就是常读用户。常读用户黏度高，是图文内容长期阅读量的贡献者，并且在常读用户身上更容易实现效益转换，也就是最有可能为内容付费的用户。

常读用户的主要指标是常读用户月新增、常读用户数和常读用户比例三大部分。在图 4-7 中可以看到，7 月，“华科青年”公众号的常读用户呈下降趋势，减少了 277 位常读用户，出现了老用户的流失。

在利用各种方式吸引新用户时，我们也不能忽视常读用户的需求。老用户会不会对一些涨粉营销产生反感？内容质量能不能达到老用户要求？与新用户的流动性强相对的是，常读用户往往是黏性更强，贡献价值最高的群体，也是我们运营的核心竞争力。把新用户变

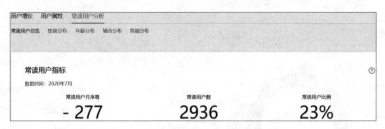

图 4-7 "华科青年"常读用户指标

成常读用户,也是扩大公众号影响力,塑造品牌效应的必要途径。那么如何留住常读用户?

第一,给常读用户画像,对常读用户进行额外的数据分析和用户画像,进一步了解常读用户受众类型,满足常读用户的需求和喜好。

第二,用内容留住常读用户,在营销之外,更多的时间精力用到内容的深度挖掘上,让老用户感受到公众号图文质量的进步。

第三,适当开展老用户福利等一系列增加黏性的活动,让常读用户感受到自己的"特殊性",从而进行持续性的关注宣传。

四、利用后台数据对公众号运营进行优化

在进行了公众号的定位和初始化设置后,就到了实际的运营操作和内容输出。架构设计、互动设计、广告宣传等都只是锦上添花,公众化的竞争讲究的仍旧是"内容为王",仅仅依靠早期的个人才华和受众定位是无法完全确保受众一定喜爱的。那么如何了解受众?如何找到受众最喜欢的内容和形式?就需要通过对公众号后台数据的汇总分析,更好地优化自己的内容输出和运营方式。

(一) 图文基础指标

我们在公众号发布的每一篇图文,在后台都会获得相应的单篇图文基础数据,包括阅读量、阅读渠道、阅读时间、各分享方式占比、点赞数等各种数据。通过对单篇图文的数据分析,可以有针对性地对本次更新内容质量和影响力,有一个具体的了解。

图 4-8 是华科青年公众号 2020 年 7 月 24 日—8 月 14 日发表图文的单篇数据信息,点击详情页可以获取单篇图文的具体数据。

阅读数据包括点击次数、阅读次数、阅读完整度、阅读渠道、阅读时间、阅读时长等数据,通过阅读数据,公众号运营者可以了解到图文的有效送达次数,以及本篇图文的曝光度和关注数。

点赞数据包括点赞次数、点赞时间、点赞占比等数据,反映了受众对内容质量的反馈。

分享数据包括分享次数、分享渠道占比、分享时间等数据,可以了解到内容带来的粉丝宣传效应。

除了这些基本数据,单篇爆文或冷文还可以了解收集更加精细化的数据,对每篇图文质量和受众反馈进行数据分析,进而调整优化内容,提高用户参与度。

(二) 图文整体运营数据

通过对单篇图文的数据分析,我们可以了解到针对这一内容的用户反馈,但要把握整体

内容标题	时间	阅读次数	分享次数	阅读后关注人数	送达阅读率	阅读完成率	操作
"三下乡""西部计划""研究生支教团"的同学们看过来!	2020-08-14	304	4	0	2.39%	46.95%	详情
2020年"挑战杯"|王红霞:"人人都是创业者"	2020-08-03	231	9	0	1.34%	46.29%	详情
第十二届"挑战杯"|余瑾:"别人可以,我们也可以。"	2020-08-03	86	1	1	0.56%	59.72%	详情
2020年"挑战杯"|王红霞:"每个人都是创业者"	2020-08-01	151	6	0	1.11%	61.34%	详情
暑期"三下乡"社会实践培训小课堂开课啦!调研设计、报告等怎么做?我们从头说起	2020-07-31	204	0	0	1.59%	100%	详情
2020年"挑战杯"|李昀:"年轻即拼搏"	2020-07-28	372	9	0	2.80%	81.94%	详情
2020年"挑战杯"|陈立霞:为居民健康而努力,是我们安全人的责任	2020-07-26	858	14	1	6.30%	63.66%	详情
第十二届"挑战杯"|王延凯:青春、挑战、创新	2020-07-24	282	22	0	1.48%	69.80%	详情
2020年"挑战杯"大学生创业计划竞赛校级比赛参赛指南	2020-07-24	78	0	0	0.58%	30.30%	详情

图4-8 "华科青年"单篇图文数据

公众号的运营质量和发展趋势,就需要从整体着眼,以周为单位,或者以月为单位,分析公众号近期整体的曝光量和影响力,包括公众号整体的内容送达率、打开率、阅读量、分享次数、点赞数等数据的累积和变化。下面以月为单位的阅读数据对"华科青年"公众号进行整体的数据分析。

从图4-9中可以看到,在近30天内,阅读次数和阅读人数都有较大程度的起伏,并且整体呈下降趋势。阅读人数一直低于阅读次数,说明图文内容有被同一用户多次观看,图文内容有一定的质量或相关活动带来了用户参与。阅读人数和阅读次数的起伏都较大,不能达到稳定的输出和曝光,可能是图文质量有差异化,或者冷门相关专题内容需要进行创新或删减。在7月22日,出现了近30天的最高阅读人数和阅读次数,而在8月3日至8月11日,持续了一段时间的较低阅读量,可以对相应时间的内容输出进行原因分析,产出更多用户喜爱度高的内容和话题。整体的阅读数据处于下降趋势,需要对用户黏度变低或者用户流失进行原因分析,并及时推出新的营销方式加大曝光,吸引新用户的关注。

图4-10是"华科青年"近30天的整体用户阅读渠道占比数据,可以发现,公众号会话仍然占据最大比重,达到5241次,说明大部分阅读量依赖于粉丝对于订阅号消息的阅读查看。其次是聊天会话,达到572次,但与之对应的是朋友圈271次,与聊天会话有较大差距。图文内容能够带来一定的粉丝好友分享,但是局限于个人会话分享,朋友圈等公开性分享占比较小,可以提升图文的互动性或者内容的共鸣,促进微信好友间的分享传播曝光。最后最少的是"朋友在看",共37次,说明图文内容带来的点赞率并不高,可以通过提升内容质量,或者开展福利活动,吸引粉丝点击在看,提高在"看一看"页面的宣传效应。

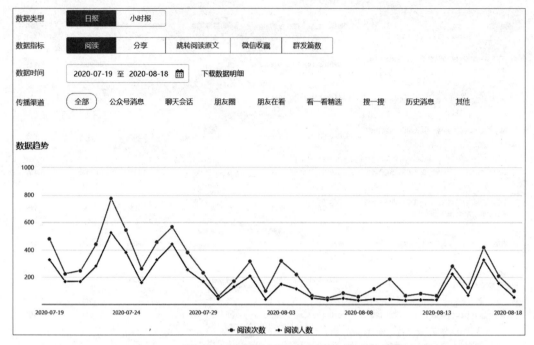

图 4-9 "华科青年"整体阅读数据

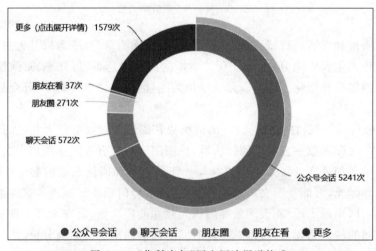

图 4-10 "华科青年"用户阅读渠道构成

除了阅读数据外,还有许多整体性数据值得参考,包括分享转发次数、点赞在看次数等。通过分析公众号在一定时间范围内的数据变化,可以更好地了解近期的内容质量和运营状态,从整体方向进行公众号的专题调整、宣传策略改善等结构优化。

(三)图文标题质量

好的标题是成功的一半,为了提高点击率和曝光量,越来越多的作者愿意在标题上多花心思和时间。好的标题确实会很大程度地影响到一篇图文的单篇数据。

那么如何利用标题获取更高的阅读量?第一,用心做标题内容。在用户收到文章内容的链接时,首先看到的就是标题、封面图和导语部分,如果说我们把标题部分的内容做到十分精致,那么用户自然就会有一种"内容应该质量也很高"的心理预期,更有可能打开图文进行阅读。第二,考虑受众。不但做内容时要从受众出发,在标题这种小细节上,也需要符合自己受众的类型和风格。受众是活泼爱上网冲浪,还是追求专业知识。我们看到许多做得很好的公众号,几乎每篇内容都能带来10万+的阅读量,反过来看他们的标题,往往也十分符合粉丝的风格特质。第三,制造吸引力话题。我们常说的"标题党"就是标题非常吸引人,引发了大量点击,但是内容却与标题不够相称甚至大相径庭的一些图文推送。"标题党"的可借鉴之处就是能靠标题短短的几个字,制造话题热点,迅速引起用户的好奇心和阅读兴趣。

在我们的公众号内容输出中,也总会出现高分作品和冷门内容,那么从图文标题角度出发,针对热文和冷文进行分类的数据归纳和分析,就可以让我们了解到标题质量对阅读量的影响,并且探索出自己受众最喜欢的标题类型和风格。

(四)图文涨粉效率

粉丝数据的变化也是公众号整体分析的一大参考。通过对新粉数据、涨粉图文、活动等进行数据分析,可以更好地了解公众号的运营情况和受众变化。涨粉数据主要包括以下几个方面。

涨粉人数:当天发布内容的吸粉力,或者活动的参与度和影响力,对涨粉图文和活动进行重点分析,包括发布时间、话题形式等多个方面。

涨粉形式:也就是新粉的来源,是朋友圈好友分享,还是投放的广告链接,寻找最有效的宣传方式。

新粉画像:包括地区、年龄、性别等数据,对新粉进行着重了解,更加精准地打到目标用户,增加新粉黏度;新粉取关率:能否用内容留住新粉?由于特定活动或广告带来的新粉,有多少能转化为内容粉丝?

相比其他花里胡哨的宣传和活动,靠内容吸引带来的粉丝才是最精准、最有价值的粉丝。那么如何利用图文涨粉?核心当然是做好图文内容,什么样的内容最容易吸粉?首先,是吸引力。通过朋友圈、看一看、第三方平台等方式,每天进行的文章分享数不胜数,那么什么样的文章才会获得陌生网友的点击呢?就需要我们的标题、话题有足够的吸引力和独特性,能够瞬间吸引读者的目光。只有文章被点开,才有获得阅读量获得新粉的可能。然后,就是垂直持续输出。靠一篇文章、一个文案或者一张图片吸引来新的粉丝关注,那么如何留住这些粉丝?重要的就是垂直性输出、持续性输出。如果只依托一篇爆文吸引来了大量关注,但是后期的内容质量和输出频率跟不上,那就无法把抱着"看两眼"心态的粉丝留住。只有持续输出粉丝想要的内容,让粉丝有一种"我发现了一个宝藏"的惊喜和满足感,才能留住粉丝,并且利用粉丝的主动宣传继续吸粉。

(五)第三方分析工具推荐

1. 新媒体管家

微信公众号平台带有统计版块的用户分析栏,可以直接进行地区、性别、年龄等用户数据的浏览和下载导出。除此之外,许多专业第三方数据分析平台,使用起来也十分方便(见图4-11)。

图 4-11　新媒体管家网页页面

2. 壹伴

壹伴助手插件是一款运行在浏览器上的公众号运营管理插件,可直接搭载在公众号后使用,无须跳转到第三方编辑器就可以使用壹伴快速完成微信文章的一键排版,畅享千款样式素材,还可以用它修图、配图表情包、找素材、批量回复消息、采集文章、采集图片和视频等。不仅如此,它还有强大的数据功能,一键导出图文详细数据、粉丝增长数据、用户留言等,还能实时查看阅读增长小时报、用户增长小时报等共计 65 项运营功能(见图 4-12)。

图 4-12　壹伴网页页面

3. 粉丝圈

粉丝圈是目前国内最大的微信社区。运营至今,粉丝圈汇聚了百万圈子,互动了亿万粉丝,每天累计活跃用户数百万。粉丝圈专业版已上线,特色是连接用户,集成全功能营销插件,是一款与微信无缝整合的深度可定制化社区解决方案。利用它,用户可以搭建自己的粉丝社区,进行多方面的交流互动,从而了解粉丝需求,保证粉丝黏性(见图 4-13)。

图 4-13　粉丝圈网页页面

第三节　微博的数据化运营策略

目前提起微博,大众默认的就是具有庞大用户和影响力的新浪微博。2009 年 8 月新浪推出"新浪微博"内测版,成为门户网站中第一家提供微博服务的网站。此外微博还包括腾讯微博、网易微博、搜狐微博等。但如若没有特别说明,微博就是指新浪微博。2014 年 3 月 27 日晚间,在中国微博领域一枝独秀的新浪微博宣布改名为"微博",并推出了新的 LOGO 标识,新浪色彩逐步淡化。2018 年 8 月 8 日,微博获金运奖年度最佳效果运营奖。

微博以使用方式简单、内容涵盖丰富等优点成为社交媒体的典型代表。微博现在的影响力不限于简单的娱乐和分享,企业的销售与影响力、学术专业资源的交流、社会实践的网络舆论力量也依赖于微博平台进行发展。

据 2016 年微博发布的第三季度财报中显示,截至 2016 年 9 月 30 日,微博月活跃人数已达到 2.97 亿人,较 2015 年同期相比增长 34%;其中,9 月移动端用户在微博月活跃人数总量中的占比为 89%;9 月的日活跃用户达到 1.32 亿人,较去年同期增长 32%,如图 4-14 所示。

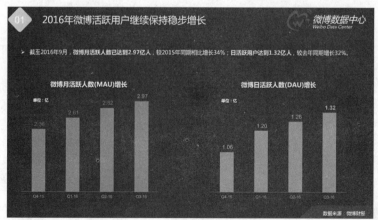

图 4-14　微博活跃用户人数

一、微博设定目的

微博上每个人都是发布者,没有了传统媒体的"守门人",而且发布微博的门槛很低,只需要140个字就可以。但如何成为微博大V?如何运营一个有价值、有影响力的微博?下面结合微博进行介绍。

(一)官方微博

官方微博代表政府、企业或学校等组织的微博,以政府部门或企业本身为出发点,在提交相关材料后就可以获得官方认证加V。官方微博设立的两大目的是销售和宣传,依据后台实体领域的支撑,进行内容的宣传和形象的塑造,创造有利的经济效益和社会效益。

(二)自媒体微博

如果是以个人名义申请的微博,想要通过内容输出获得影响力和收益,成为有一定影响力的博主,就需要以受众出发,结合自己的能力和特点,找准自己在微博上的定位。在思考回报和获利之前,最应该明确的是:我能为受众带来什么?是娱乐分享,还是资讯传播?是想要通过社交电商获取粉丝经济,还是想要获得发声的影响力和认可度?在微博运营的开始,确定好自己的需求,找准自己的微博定位,是从零运营一个微博的开始。

二、选择垂直领域

在做好微博定位之后,就需要对自己的领域进行选择了。如何选好自己的垂直领域?首先要对微博平台的用户进行分析,然后依据自身能力和微博市场确定目标领域,最后持续性输出优质内容。

(一)微博的用户图像

要想获得微博用户的市场和受众,必须要了解的就是:哪些人在用微博?微博平台核心用户的属性是什么?2016年微博数据中心,从性别、学历、地域等多个典型属性,对微博用户进行了统计和分类。

1. 性别与学历

基于图4-15,可以进行微博用户性别和学历的数据分析。在微博的用户中,男性用户占

图4-15 微博用户性别分布与学历水平

比 55.5%，略高于女性用户。从性别看，微博用户并没有特别明显的性别差异分化，这也体现出微博内容类型占比也没有特别的性别属性限制。在学历方面，高等学历占据绝大优势，占比 77.8%，远高于中等学历和初等学历。微博的主力用户多为受过高等教育的高知识人群，对中初等学历人群的吸引力并不强。

2. 年龄与地域

图 4-16 中显示，微博的用户年龄在 23～30 岁的用户占比最高，占比 38.7%，其次是 18～22 岁年龄范围，占比 30.1%。微博整体用户偏向于年轻化，结合学历方面的数据，用户高等学历占比 77.8%，我们可以了解到青年高知人群是微博用户的主力军。其中从性别角度对于 11～30 岁的用户活跃度分析显示，21 岁为节点，21 岁前女性用户活跃度高于男性用户，21 岁后男性用户活跃度高于女性用户。可以推测，在微博用户中，女性学生和男性工作人群的活跃度是较高的。

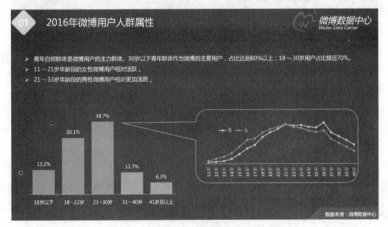

图 4-16　微博用户年龄分布及活跃度

在地域方面，图 4-17 对于用户的城市等级和省份占比进行了统计。根据微博用户高等学历占比高的数据，我们很有可能认为微博用户大多分布在一线、二线等发达城市。但数据显示，用户占比最高的是 4 线及以下城市，占比 30%，其次是三线城市 26%，二线城市 25%，一线城市用户仅占 16%，最后是 2% 的港、澳、台地区和海外用户。在省份用户数据中，占比较大的是首都、长三角、珠三角等经济发达地区，西北地区、少数民族地区，用户占比较小。

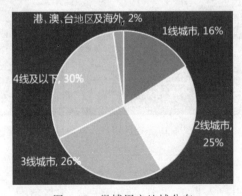

图 4-17　微博用户地域分布

3. 核心用户

谁愿意为平台付费？往往是核心用户与高黏度用户。除了对整体用户进行分析和统计，对微博会员用户进行分析会让我们了解更加全面。而会员用户与活跃度高的用户往往有很高的的重合率。谁最有可能成为我们的付费用户？是那些愿意为信息买单、为平台买单的会员用户。如图4-18所示，会员用户无论是单月登录超过十五天的占比，还是单日人均发博量，都远高于月活用户。

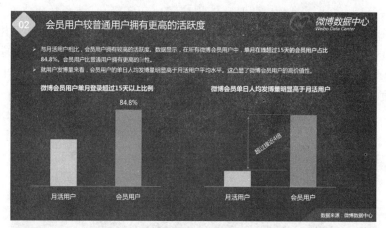

图4-18　会员用户与月活用户的活跃度

在图4-19中可以得知，微博的会员用户女性占比61.9%，与男性会员用户对比有明显差距。这与整体用户男性高于女性的数据形成了差异。在地域方面，广东省和北京市是会员用户的主要地区，总占比18.6%。在学历方面，高等学历的会员用户仍然占据绝对优势，占比78.1%，并且相较于整体用户的学历数据，会员用户中初等学历占比更少，只有5.4%。在年龄方面，18～30岁的青年群体仍是会员用户的主力军，总占比达到了80%。

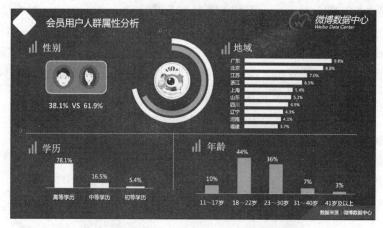

图4-19　会员用户人群属性

4. 综合画像

根据对2016年微博用户人群的性别、学历、年龄、地区等具体化统计分析，可以推测：

微博的主力用户是有高等教育背景的高知人群,并且以经济发达地区的年轻人为主。但是微博用户也在进行城市下沉,二、三线及以下城市的年轻人是微博用户中不可忽视的群体。了解到了微博整体用户的属性,有利于我们针对性地去选择自己的领域和运营形式。比如高等学历的高占比要求微博运营者要具有一定的知识水平和专业能力。用户密度在经济发达的地区更高,提醒运营者们多关注发达城市的新闻信息。会员用户中女性占比较高,我们可以更倾向于考虑女性粉丝经济。

(二)确定目标领域

在了解到微博的用户画像后,我们还需要对微博用户的关注点进行分析,从而找到微博的热点市场。之后还需要对自身能力有准确的定位,才能保证目标领域确定的合理性。

1. 微博用户关注什么

在之前的微博用户画像中,我们已经了解到了哪些人在用微博,哪些人活跃度最高,哪些人有更高的付费意愿。那么在这之后,我们还需要了解的数据就是微博用户关注什么?哪些领域最容易"火"?如图4-20所示,微博平台涵盖了娱乐、影视、教育、母婴、体育等多个领域的优质博主和内容输出。想要吸引大量的粉丝和关注度,就需要从热门领域下手。热门领域往往是竞争力最大的地方,但也是最容易博取关注的地方。

图4-20 微博热门领域词云(来源:微博-微报告)

选好一个热门领域,就可以在很大程度上减少发展周期和运营成本,并且可较为迅速地获得收益或影响力。以较火的美妆领域为例,美妆领域的优点:第一,受众明确。美妆领域有非常明确的受众,就是以爱化妆、爱美的女性为主。确定好领域,也在迅速地帮我们确定受众类型,帮助我们更有针对性地输出内容和吸粉。第二,变现能力强。美妆博主除了获得粉丝的影响力外,实现物质收入的途径也有很多。比如,直播带货的中间收益和礼物打赏,推荐美妆产品的广告费等。大部分的美妆博主也在做社交电商,作为厂商和粉丝的中间人获得收益。

所以,如果我们有条件去运营一个关注度高的热门领域,就比冷门领域更容易获得涨粉和发展。并且热门领域已经出现了许多的优质博主,通过学习他们的内容构建和输出方式,可以获得本领域许多的直接经验,减少自己探索的时间和成本。

2. 自身能力与特色

选择自己的微博领域不但要看什么在微博中最受关注,也要看自己的能力能够胜任哪一个领域。如果只是看到这个火,我就做这个,看到那个有利可图,又决定做那个,是无法做到长期有效运营的。如何判断自己的新媒体工作能力?我们可以从以下两个方面进行自我审视。

（1）专业能力。微博上的许多红人往往是结合了自己专业特色来发展内容的。美妆再火，我们对此一窍不通，需要从零探索，那可能反而耗时耗力，也不能保证运营效果。微博用户的受教育水平高、年轻化等特点提醒我们不要糊弄内容。用户对于内容的专业评判，也是自我影响力和能否打造品牌效应的重要因素。比如一个受过专业摄影教育的博主就比模仿网图随便拍拍的博主更有吸引力。专业能力的高低，对于能否产生优质内容有决定性的影响。无论是娱乐性的摄影分享博主，还是会直接影响身体健康的母婴生活博主，专业度更高、内容更加优质的博主在吸引黏性粉丝上有更强的竞争力。

如果要选择一个领域进行内容输出，最好还是对所选领域具有一定的专业了解，这样产出的内容更能受到用户的认可和喜爱。

（2）运营能力。我们都知道，要想"火"，光有实力也不行。在新媒体竞争领域，营销和包装是仅次于内容的竞争力。在选择一个领域之前，我们要了解自己的运营能力，也就是新媒体技术的掌握。每一个领域对于运营能力的要求和侧重也都是不一样的。①文案，好的标题和文案是内容成功的一半。如果你想做一个情感博主，你是否有讲好故事、引起共鸣的文字能力？②视频，视频在理论上远比文字输出更容易引起关注的。如果你要做一个美食教学博主，除了做好美食，你是否具有拍摄制作并剪辑出精炼完整内容的能力？你有多少人力可以投入运营？可以负担多久更新一次的内容输出频率？有没有数据人才去分析受众反馈？这些运营的时间、精力、人力、物力的成本都是需要考虑的内容。

运营一个微博是需要长期的、持续性的内容输出，才可以换来粉丝的稳步增长。如果选择没有能力保证输出质量和内容的领域，就很有可能半途而废。

（三）垂直输出内容

如果你是一个从零起步的"草根"博主，最需要做到的就是细分垂直化。

微博、头条、抖音等各大平台都在扶持垂直创作者们，从2013年开始，微博的运营重点开始从头部大V转向垂直领域大V，为了扶持专注领域内容博主，微博推出了垂直领域认证博主，只要满足条件，就可以申请。为什么一直强调要做垂直内容？垂直内容有什么好处？2017年7月29日，新浪微博副总裁曹增辉在混沌大学讲了一次课，曹增辉介绍，目前为止，微博一共有55个垂直领域，如摄影、搞笑、美食、萌宠、游戏、时尚、美妆、舞蹈等。现在垂直领域阅读量第一的是动漫。

那么我们就从"动漫"这一领域，谈一谈"垂直输出"的好处。

第一，用户群集中。这是垂直领域的最大优势。每一个垂直博主的粉丝群体都可以打造自己的粉丝社区。这样的粉丝社区带来的就是用户的黏度较高，在动漫圈，粉丝对博主有特定的称呼——"大大"，并且会积极参与到转发评论等线上宣传和一系列线下签售见面会等活动，粉丝数可能仅在数千至数万不等，但忠诚度极高。

第二，作品优质。以一个小的切入点，一步一步地进行深入探索，所产出的内容更加优质，具有竞争力。如果你什么都想做，既创作母婴，还创作科技，还创作教育，没有人知道你到底属于哪个领域，你在哪个领域做得比较好。动漫创作者也分为漫画家、cosplay演员、周边产出等多个细化的领域。比如一个漫画家，微博持续更新优质的画作和剧情，随着时间的推移，创作能力和画工会日渐突出，不但留住了原始用户，口碑和品牌效应也会持续变好。

第三，提升收益。在一个领域做到最好往往比每个领域都了解一点更加有用。大V漫画作者——"伟大的安妮"账号拥有者陈安妮曾对刺猬公社表示，热门时期仅靠四五个人的工作室，其广告营销业务的年流水就能达数百万元。在垂直领域做到一定影响力后，黏性粉丝的付费或IP版权的变卖等都是非常可观的收入方式。

那么如何做到垂直输出内容呢？

第一，留在一个领域。确定了领域之后，就坚持去做内容。不要因为看到这周没有新粉，阅读量没有明显增长，就质疑或者更换领域。在运营前期，由于专业的有限性或者新媒体营销的不够到位，总会有比较冷清的一段时间。但是运营的本身也是一个学习的过程。例如李子柒在早期的时候，她也是把镜头拍摄无数遍，把食材处理好多次，才能达到内容效果。不要因为一时冷门就放弃，每一个草根创作者都是从零到有的。

第二，不断丰富一个领域。做垂直内容，总会担心一直发会不会没人看啊？会不会没什么可发的了？会不会显得很无趣？类似于学术研究的越研究越精，越研究越细，垂直领域的探索空间也一样远远超出我们的想象。如果一个健身博主一开始每天坚持发健身方法、健身注意事项，吸引了不少对健身感兴趣的朋友们。之后，可以探索健身课程、运动推荐装备和健身饮食食谱等一系列的垂直内容。在一个领域中，不断把每一个细节都做专业、做精准。那么，不但可以保证内容的新鲜，还可以赢取受众的黏度。

三、时效与节奏

在微博上，最常见的就是抢热点、蹭流量、蹭话题。这并不是让我们像营销号一样，与内容毫无关系也要硬带话题，以流量为唯一标准。拼抢第一热点是要我们时刻关注时事动态和热点话题，乘上每一个话题流量的东风。

信息之所以有价值是因为它的时效性强。对于微博来讲，你在2008年讨论北京奥运会和在现在讨论，结果是天差地别的。微博信息的时效性更是确认到分秒的。要获取最多的讨论和流量就要成为第一个信息发声者。

那么如何拿到第一热点？

第一，依靠人脉与资源拿到原始信息。依托自己媒体行业的现有资源或者一些调查手段，尽可能地去争取第一手新闻。在事件发生的最快时间了解信息，并且迅速成稿。狗仔偷拍往往是令人反感的一种行为。但是，不得不承认的是，在微博上许多的爆炸性话题都是来源于狗仔的曝光。当然我们并不提倡通过跟踪偷拍他人等违法行为获取第一热点。我们强调的是，在法律道德的大框架下，积极努力地通过各种方式成为"第一个发声的人"。

第二，做不了第一个，就做创造"第一个"。没有后台的人脉或者资源支撑或者由于人力物力成本的限制，我们很难拿到第一手信息。那么当这个热点已经被报道，我们如何创造新的流量？一个信息的出现会引起海量的博主推送，那么如何做到脱颖而出呢？需要我们寻找到巧妙的切入点，发出让受众耳目一新的观点和态度。在热点已经不再"热"的情况下，对信息进行二次翻新，有时候也可以达到吸引新的一番讨论与流量的效果。

如何用数据评价是否能称为"热点"？努力拼抢的第一手信息是否值得？信息的二次翻新有没有成功？这些都需要对单篇热点图文进行数据的量化分析。其中包括点击率、阅读率、点赞数、评论数、带动的话题讨论度等多种受众反馈数据。点击率可以反映你的话题是不是新的；阅读率可以反映内容的可读性；点赞数表明有多少人认可了你的内容。还有评论数话题讨论度、投票参与度等一系列针对这一热点单篇图文的数据量都可以具体地认识到这篇文章到底算不算是"热点"。

四、策划与角度

除了自己的内容输出能力外,我们还需要对自己的微博进行策划,包括对内容的专题化设置,策划活动与粉丝互动,找到更吸引眼球的角度切入等。依据内容为王的实力,再加上合理地运营和策划,会使我们的微博更有条理地输出,并且提高粉丝黏度,从而吸引更多的关注。

(一)专题化操作,促进传播效果

把零散的内容专题化。在很多长期运营的博主微博中,我们不难发现,许多博主都有自己的专属话题,并进行持续更新。类似于"每日早安打卡""今日热点"这些话题,就是微博的专题化操作。为什么要把内容专题化?

(1)丰富内容。多个专题的持续或穿插输出,使受众感受到微博内容的多样化。

(2)提高条理。专题化是对垂直领域的进一步细分,不同的版块和话题可以使微博整体看起来整齐分明。

(3)增强用户参与度与黏性。同一专题的持续内容输出可以让受众每天有一种期待感。

如何验证一个专题的成功与否?把同一专题的内容看作一个小组,进行专题间的小组对比,进行图文内容的整体分析。通过不同专题的阅读量对比、点赞数对比、评论参与度、话题总讨论人数等多个方面的数据对比,可以更好地判断受众对不同话题的喜爱度,进而创新或删减。

(4)从专题分析中寻找规律。哪些话题更能激起用户的参与度?投票类型还是问答互动?这些可以从话题的受众反馈中获取新的参考信息,便于以后设定话题的形式或风格。

(二)活动策划,线上线下连接

在微博上,我们常常看到许多线上抽奖、投票等活动,也有许多线下见面会、签售等活动吸引粉丝参与。通过线上、线下活动的开展,可以更好地与粉丝进行互动,提高粉丝黏度和参与度。

如何策划一场有效的活动?微博活动分为线上、线下两种。线上活动多为抽奖、投票等,这种活动参与门槛低,一般会吸引大众网友参与,是吸粉的好方法。如何评价一场线上活动的价值?最明显的判断方式就是数据的变化。首先是活动的数据。整个活动的参与度包括转发量、评论量、点赞数、投票人数等。然后是微博数据在活动前后的对比。涨粉人数和时间段、活动前后图文阅读量点赞数的变化、活动前后私信数量等数据对比,可以明显地看到线上活动在短期时间内的效用。

线下活动是增加用户黏度的有效方式。由于有时间、交通等成本,线下活动的参与者多为黏度较高的粉丝,在线下活动进行针对核心受众的签售、真人互动、游戏等福利派发,更有利于留住黏性用户。对线下活动的参与数据进行分析,如多少粉丝愿意参与线下活动、活动的规模和持续时长、活动高潮的时间段等。换算活动的成本数据与回报数据,可以更好地判断线下活动开展的必要性。

（三）结合热点，选好话题

跟上热点话题。在微博的热搜榜中，每天以分钟为单位实时更新着极具流量的话题引发许多网友的关注和讨论。微博热搜的热度主要由阅读次数、讨论次数、原创人数为主要参考数据。如何利用好热点话题的流量？如何打造属于自己的话题？

（1）话题要满足全民参与。要想话题的讨论度高，就要做到每个网友都可以参与进去。一些来源于现实生活的话题，类似于"过年最不希望被问到的问题""你最不能接受的食物"这种就更容易引起全民讨论。在新浪热搜的话题中，阅读次数与讨论次数能够破亿的都是不依赖粉丝而依赖大众的话题。

（2）话题要吸引受众眼球。勾起受众的好奇心，使受众想点进去看微博内容和评论区大家的分享。比如，"刚刚沙特王储被废了""胖 5 上天了"等有吸引力的讨论式话题，更容易激发网友二次创作和全民玩梗。

（3）话题要打出个人广告。让一个话题成为热搜并不是我们的目的。通过一个热门话题来吸引新粉、扩大影响力才是我们的目的。类似于情感博主的"我对象说七夕陪我一天"，美食博主的"榴梿到底有多臭"等，就可以很好地与个人内容进行结合，吸引受众点进主页了解其他内容。

五、情感与态度

要想达到大众效应的影响力，就需要微博的内容正中更多受众的痛点。情感区别于传播信息的客观性，发出自己的主观态度，更容易引发大众的讨论和关注。

（一）调动情感，唤起共鸣

用数据分析用户情感。微博信息的传播不同于简单的信息事实，往往带有很高的主观色彩和个人态度。什么样的态度最容易引起共鸣，获取关注呢？

（1）特殊新闻的共鸣。宇芽被家暴、杭州失踪女子这些新闻信息很容易对网友情感进行影响，往往会瞬间激起网友情绪的高涨，进而引发大量讨论。这些特殊的、极端的信息往往带来短时间内的内容数据高潮，达到极高的讨论度和参与度。

（2）特殊文化的盛行。在某种文化环境下，特定风格的博主吸引到了大批年轻人的关注。比如"治愈风"，对于某一群体的情感慰藉引起特定群体的共鸣，让网友仿佛在网络世界找到情感支撑。这些特殊情感风格可能不会带来很高的讨论度和参与度，但可以获取长期粉丝，达到内容数据和运营数据的稳定性。

（二）强化社会属性，提升参与度

越来越多的媒体去积极发挥自己的社会价值。比如人民日报官微常常发起的一些纪念英烈、反对暴力等话题互动，引发各大博主的点赞和转发。在一些维权新闻或政策反馈等社会发展方面，越来越多的博主发出自己的声音。

2020 年 5 月 28 日，十三届全国人大三次会议表决通过了《中华人民共和国民法典》，自 2021 年 1 月 1 日起施行。第一千零七十七条规定，自婚姻登记机关收到离婚登记申请之日起三十日内，任何一方不愿意离婚的，可以向婚姻登记机关撤回离婚登记申请。"离婚冷静期""反对离婚冷静期""离婚冷静期不适用于家暴"等相关话题迅速成为网友讨论中心。针对这一政策的制定，不限于各政府官媒，各种律师普法、两性关系、情侣恋爱等多个领域的博主都对新政进行了评价和发声。在一定程度上,有助于离婚冷静期的可行性检验、群众满意度的反馈表达等。反之,利用社会话题的流量也可以很好地提升自己内容的深度和社会影响力。

六、内容优化

无论是社交电商还是粉丝经济,要想让用户对内容进行付费,对发声进行认可,从而获取一定的经济效益和影响力,首先要让用户看到你的价值和能力,满足用户的需求。新媒体的核心竞争力就是优质内容的持续输出。那么如何进行内容优化,提升内容质量呢?

(一)追求可视化呈现

同样的内容,呈现方式不一样,受到的用户反馈也是不一样的。短视频平台的发展使更多的用户追求视频化的新闻。所以,让内容动起来,让内容可视化,成为提高竞争力的重要方式。

1. 图悦

尽管"词云"这种可视化形式已经没有前几年那么流行,但是由谷尼国际软件提供技术支持的图悦却是抽离出一大段新闻中关键词的最简单易行的工具,只要在网站上将想要可视化的新闻输入,便可迅速得出段落或文章中的"热词""热词词频"和"热词权重"。通过对内容的词汇出现频率、权重、重复率等数据抓取,生成有趣的词云,可以一眼看出内容的关键词和大概内容。

2. 图表秀

图表秀是图表秀团队开发的一款用于在线图表制作的产品,操作简单易懂,而且站内包含多种图表,涉及金融、教育、医疗、科技、娱乐、人力等各行各业的报表数据都可以用图表秀实现,支持自由编辑和 Excel 表格一键导入,同时可以实现多个图表之间联动,使数据在软件的辅助下变得更加生动直观。让图表代替文字,数据化的信息表达更能直接准确地表达现状和发展趋势。

3. 易企秀等 H5 制作工具

借助于 H5,新闻不仅是为用户提供资讯,同时还能够提供解读、游戏、娱乐等多种服务。例如,人民日报全媒体平台所推出的《一带一路带给了我们啥?新买买提致富记》,点击一个指令进入到相应的界面。当前已经有诸多基于 PC 端或移动端的 H5 制作工具能够实现便捷化的编辑。

(二)创新报道角度

选择新的切入点。在同一观点表达的内容中,抢夺用户阅读量、点赞数、转发量等数据反馈,终究是"僧多肉少"的。同样的信息资源,如何获取更多的用户关注?针对同一信息,找出新的报道角度并从这一角度对信息进行重新阐述和评价,更容易让受众感到耳目一新。

如何找到新的角度?创新报道角度并不是为了求"新"而选择根本无法自圆其说、进行阐述论证的刁钻角度。要找到新的角度,仅依靠一遍一遍地理解新闻事件是不够的,而是需要用数据来创新。简单的信息得出依赖于对表面事实的认知,当我们深入挖掘事件背后的数据进行分析,寻找数据的变化点和发展趋势,就可以做到深层次地进行根本原因分析和事件评价。从数据往往在表面事实外发现新的东西,这时我们就获得了新的角度去分析报道事件。这样依据于数据的内容产出,不但满足了角度的创新,也保证了内容的深度和可读性。

(三)开发创意互动

微博用户的年轻化决定了新鲜的内容、参与度高的活动是对年轻人更有吸引力的。开发的内容与受众创意互动可以明显地提升受众的阅读兴趣和参与度。依据 H5 的创意小游戏或者主题性的心理测试活动、个性化生成人物图像等,都可以很有效地与用户进行有趣的互动。创意活动不但内容表现形式对受众有更高的吸引力,也有利于提起用户的互动欲和参与兴趣。

第四节 抖音的数据化运营策略

抖音短视频是由今日头条孵化的一款音乐创意短视频社交软件,该软件于 2016 年 9 月 20 日上线,是一个面向全年龄的音乐短视频社区平台。用户可以通过这款软件选择歌曲,拍摄音乐短视频,形成自己的作品,还会根据用户的爱好来更新用户喜爱的视频。截至 2019 年 7 月,字节跳动旗下产品全球总日活跃用户量超过 7 亿,总月活跃用户超过 15 亿,其中抖音日活跃用户量超过 3.2 亿。

一、需要关注的数据

(一)了解关键数据

基础的关键数据有播放量、评论量、点赞量、转发量、收藏量。

播放量是评判一个视频好坏的重要标准之一。比如用数据分析一个视频的标题应该多长。在手机端和网页端能够完全显示的标题字数为 26 个字。"一色神技能"历史累计播放量前 5 名的视频中有 4 个标题的字数在 20 个左右,另外一个是 30 个字。将播放量前 50 与前 100 名的视频标题字数求平均值,分别都是 20。前 50 名中标题字数超过 25 个字的有 7 个,第 51~100 名中标题字数超过 25 个字的有 6 个。证明标题超过 26 个字不一定播放量就很低,只是应该尽量将视频标题缩减到 26 个字以内。以上就是最简单的通过分析一些已有的数据,帮助运营人做出决策的一个过程。这里只是通过播放量做数据分析,而且只用了这一个数据就可以得出一些有规律的结论。

另外四种量根据渠道的不同,我们应该分析的关键数据也不同。比如优酷、爱奇艺最关键的就是播放量。但是在美拍、秒拍上,可能除了播放量还要看点赞量,微博上要看转发量和评论量。总之就是要了解渠道的特点,找到关键数据做分析,不然得出的结论就是无用的。

1. 基础指标

基础指标有平均播放量、平均点赞量、平均评论量、平均转发量。

基础指标是需要优化的直接指标。均值是当前时段内容质量的平均水平。假设 7 日内,总点赞量为 10000,视频产出量为 5 个,那么每个视频平均点赞量为 2000。我们可以根据均值数据的曲线波动,有效判断出各维度的内容及运营策略是否需要调整。通过对内容质量相关维度的深度挖掘,我们能找到规律,并将优质内容特征层层拆分、放大,针对劣质内容共性找到最佳解决方案。

2．互动指标

$$点赞率=点赞量÷播放量$$
$$评论率=评论量÷播放量$$
$$转发率=转发量÷播放量$$

以播放量为关联基数,比值越高,说明相关指标质量越好。

3．价值指标

带货力:通过转发率(收藏率)及评论、舆情监控,进行带货能力的评定。

$$赞粉比=获赞总数÷粉丝总数$$

数值越大,则在一定程度上代表了内容的拉新能力和粉丝的认可程度越高。

4．维度

维度是剖析变量的方法和分析问题的方向。

内容质量维度:内容类型、内容看点、内容创新点、关联热点、拍摄质量、台词文案等。

热门话题统计(难度系数、操作性、可复制性):参与人数、排名靠前的视频点赞数。

对标账号:与己方账号定位、赛道同类型的头、中部账号。分析对标账号的更新节奏、每日更新内容、爆款分析、粉丝增长情况等,可以成为我们很好的标杆和方向指引。

对比角度:己方账号数据、对标账号数据、热门内容数据。

视频描述:视频的发布文案统计,根据互动型文案、描述型文案等不同类型做好标识。

发布时间:视频的发布时间统计,参考不同类型内容在不同时间段的发布效果。

例如,播放量是一个数据指标,而我们可以从日期的维度观测一个周期内哪几个内容流量偏高或偏低;每天不同时间段内流量的分布情况等。界定清楚你要评估的数据指标,再分析有可能用哪些维度去看待这些指标,通过长线累积进行交叉对比。

现在回归到基础指标,我们以用户发生的核心行为为主线,重点需要关注、提升的就是基础指标中的四个行为:播放、点赞、评论、转发。围绕基础指标中的四个行为,我们重点关注的数值和维度可能就包括了完播率、复播率、关注量、话题性、传播性等。我们对此有一个合理的预设区间,假设点赞转化率在10%～30%,就是一个健康的状态,以此为标准来评估周期内内容创意产出的合理性。

(二) 处理关键数据得到的几个比率

除了数据量之外,我们也可以对数据做一些处理之后再分析。这里要多加入几个概念,就是在播放量的基础上,对另外四个数据量做一些处理,即四个比率:评论率、转发率、点赞率、收藏率,就是用评论量、点赞量、转发量和收藏量分别除以播放量得到的比率。

比率的意义是什么?很多视频号发出来的视频,播放量可以相差出几十倍。有的视频播放量上百万,有的只有一两万,数据量是可以变化的,但是相除得到的比率基本是稳定的。比率使播放量相差许多倍的视频具有了可比性,所以除了通过播放量及基于观看者审美对视频做出的评价外,这四个比率是很重要的数据指标。

1. 收藏率的意义

图 4-21 来自今日头条的"夏厨 SK"。可以看到,他的视频播放量稳定在 3 万左右,高一点的 5 万,低一点的 1 万或者几千。抛开只有几百播放量的视频不看,最后一列收藏量下面的灰字是收藏率,这个比率整体偏高。最低 3% 点多,高的超过 10% 甚至达到 14%。

图 4-21 "夏厨 SK"视频截图

图 4-22 来自今日头条的"贫困生活料理",这张截图的时间稍微早了一点,但是不影响我们用来研究数据分析。"贫困生活料理"的播放量高的可以达到 19 万,正常是 2 万左右。但是可以看到,播放量最高的视频在最后一列的收藏率也是 6%。这里就显现出求这个比率的意义了:即使播放量相差很多,比率也是有可比性的。

图 4-22 "贫困生活料理"视频截图

这两个美食类的 IP 都是做美食教程的视频,其形式剪辑手法不一样,从数据上就产生了一定差异。

"夏厨 SK"更偏向于美食教程视频的形式,就是一个人一步一步制作,把制作过程拍得非常好看,剪辑也非常好看,再配上萌萌的小宠物,完成一个视频。这样的视频制作过程非常清晰易懂,相当于把以前的图文教程改成了视频教程。这样清晰易懂的教程,观众看完一遍觉得有用,就会收藏,留着需要的时候翻出来再看,所以收藏率就高。这里可以得出一个判断标准:这个视频作为一个教程做得好不好,要看收藏率高不高。

那么,为什么"贫困生活料理"的视频有的收藏率很低,但是播放量很高呢?例如,其中一个把肉笼的制作拍成了《纽约黑帮》的创意视频,它不是一个教程视频,所以收藏率较低。

2. 转发率的意义

转发率代表了一个分享的行为。这个数据在头条上看的意义并不大,更多的是在微博这样主要讲究分享互动的渠道更有意义。但是,微博这个渠道比较特殊,视频也是作为一条微博发出来的。这时候就不用看比率了,因为对于转发量大家有一个统一的概念,比如过万转、过千转就算很高的转发量了,所以这个渠道看数量不看比率。

同时,微博这个渠道又是一个讲究粉丝运营的渠道。关注的人越多,微博就被越多人转发,就会带来更多新的粉丝。那么如何分析一条微博里一个视频如何优化呢?除了实际的去看评论反馈的内容之外,两个关键数据是,一个新视频发出来后,涨了多少粉丝,以及这个视频有多少转发量。

从外显数据是不能精确看出一个视频能带来多少粉丝的,但是我们可以估计。比如视频发布了三天,第一天涨了1万粉丝,第二天没有发新视频,仍涨了1千粉丝,第三天发了个新视频,涨了5千粉丝。那么我们就可以估计第一个视频涨了1.1万粉丝。同时,转发量高的视频几乎都是涨粉多的视频。如果没有条件观察日涨粉量,可以加一个转发量的判断标准。这是一个基本的适用于微博的数据分析运营方法。

3. 点赞率的意义

微博还有一个数据,叫作点赞量。自从微博出了点赞功能之后,很多人选择点个赞表示看过了,而不去分享转发。若点赞量高,就可以从一定意义上判定这个视频被多少人看到了,微博这个渠道不适合去分析点赞率这个数据。那么点赞率在哪个渠道有意义呢?

美拍、秒拍这两个渠道就非常重视点赞率。美拍的点赞率更适合用自己的视频互相对比,而不适合横向对比。总的来说美拍这个渠道的点赞率是比较稳定的。大号的点赞率平均为3‰~4‰,小号的点赞率约为1‰,可以以这个比率数据作为自己视频好坏的判断依据之一。

数据分析还有非常多的点可以分析,每一种数据也不仅有一个方向可用。读者可以多寻找一些类似收藏率这样的参数。总结如下。

(1) 基础数据包括评论量、点赞量、转发量和收藏量。基于这些数据,为了让播放量数量级相差太多的视频具有可比性,用这些量除以播放量,得到比率。

(2) 基于播放量的比较,我们可以通过统计得出一些初步的结论,比如标题长度,哪个选题方向好等。

(3) 比率可以用于号与号之间的视频数据进行比较,这种比较得出的结论大多是可以用来优化视频内容的。通过寻找优秀视频的数据规律,再拿自己的视频数据去进行比较,就可以知道自己哪些方面可以改进优化。

在短视频运营中,数据分析这一环节是非常重要的,要去观察数据背后的现象,这样有利于我们对视频内容的调整,对优化视频起到指导性的作用。

二、掌控指标走向,把握账号发展

怎样才能对指标走向、账号发展具有掌控力?可对内容、用户、对标账号深度洞察,将无法掌握的目标或问题拆解为执行细节。对小细节进行掌控,就容易得多了。

以"牛丁的早晨"这个抖音账号为例,表 4-1 为其 30 日增粉情况,阶段目标为 15 日涨粉 5 万人。粉丝增长＝自然增长＋用户传播＋内容影响＋渠道外推。

表 4-1　抖音账号"牛丁的早晨"30 日增粉情况

天数	增粉	转发
1	914	72
2	444	245
3	440	335
4	2165	151
5	46	75
6	4535	50
7	45	47
8	298	246
9	7181	191
10	5491	59
11	130	43
12	−100	222
13	−147	94
14	−372	102
15	5021	194
16	−382	66
17	−592	510
18	−496	965
19	−136	84
20	877	78
21	−8	12
22	−58	14
23	−260	75
24	−481	30
25	194	253
26	291	12
27	−200	6
28	−203	23
29	−89	12
30	—	—
均值	818	142
合计	24548	4266

粉丝自然增长：根据近 30 天粉丝增长数据的统计分析（包括负增长），平均每日自然增长约为 800 人。由于账号内容的特殊性，并无热点影响，所以在保证内容质量不下降的情况下，800×15＝12000 人，15 日后会有 12000 人的流量保证。

用户传播：根据近 30 天转发数据的统计分析，前 20 天平均每日转发人数将近 200 人，而后 10 天平均每日转发只有约 44 人。假设转发可以带来 1∶1 的转化量，我们将与转发量相关的维度（内容转折性等）进行逐一剖析、优化、提升，将转发量提升到平均线以上，也可带来 200×15＝3000 人的流量。

内容影响：一个时间段内的数据曲线保持平稳，才是健康的发展态势，但由于想在未来半月内重点冲刺一下粉丝数量，所以会在未来 15 日内重点针对内容进行发力，对可带来粉丝高增长的内容题材进行集中制作。不过这个办法只能作为短时间冲刺使用，长时间题材单一会造成粉丝审美疲劳，对后续内容产生失望，得不偿失。

根据过去 30 天的爆款内容分析，平均每个爆款视频可以带来约 5000 个粉丝。

根据我们的时间、精力，由每周 1 个爆款视频增加为每周 2～3 个，假设 15 日产出 5 个爆款视频，则可带来 5000×5＝25000 个粉丝。

另外，要紧追热点。在不影响账号本身定位的情况下，将热点融入创意中，增加推荐权重。当然，不是每个热点都适合去追，所以日常视频还是以保质为主。

以上三种渠道可预计增粉约 40000 人。剩余 10000 人，我们通过公众号内容推广、H5 传播、大号互动、策划系列内容或创意中留下悬念、彩蛋伏笔等措施，额外拉动粉丝增长。

假如全部落地且达到预期，50000 个粉丝任务完成。由于是举例说明，并未计算点赞转化、评论转化等。现实中根据自身资源情况和数据累积情况，可以将目标拆分得更具体，进行更精确的计算。

同样的数据运营也会有两种不同的做法。

（1）第一种：每日按部就班地将数据统计到表格中，观察哪个数值爆发，哪个数值较低，做出简单的比较分析。

（2）第二种：把数据分析看作整个账号运作链条中一个不可或缺的组成部分。借助客观的数值呈现，将不确定、不可控的因素拆解、把控，优化自身运营，洞察账号所处运营阶段，调整策略，延长生命周期。如表 4-2 所示为产品生命周期影响因素统计表。

表 4-2　产品生命周期影响因素统计表

指标	导入期	成长期	成熟期		衰退期
			前期	后期	
用户量	低	快速	持续增长	有降低趋势	下降
利润	微或负	大	高峰	逐渐下降	低或负
消费者	爱好新奇	较多	大众	大众	后随者
竞争	微少	增加	激烈	甚多	减少
侧重点	口碑（超出用户需求预期）	增长模式、速度	用户活跃度商业变现		减缓用户流失，维护

第一种做法往往充满了不确定性。例如内容好，好在哪里？细分为哪些维度？这些维度和指标的联系是什么？哪些维度当前条件不可优化？通过哪些维度可以弥补不足？

相比而言，围绕大目标，将所有关联任务细致梳理并流程化之后，再分析可行的解决方案，会让你感受到增长 50000 个粉丝是可达成的，每一个粉丝增长都是相对可控的。总之制定好策略，找到发力点，相较于依靠运气，是更可靠的。

想要数据更好地为你服务，首先需要具备良好的数据复盘能力。数据分析的过程也是运营者锻炼逻辑思维、互联网敏感度的有效方式。

三、关于拍摄

1. 拍摄第一步——确定选题和剧本

确定选题是要实用，要搞笑，要走心，还是要猎奇。

剧本就是拍摄的流程和整体方案。

2. 拍摄第二步——拍摄思路与形式

画面如何吸引人？利用滤镜、美颜、特效功能，画面要够美。

如何让观看者停留时间更长？

实用类：快速说明主题，封面配文案。

娱乐类：搭配有吸引力的音乐。

结合真人出镜效果更佳。

3. 拍摄第三步——拍摄工具 & 规则

拍摄工具：拍摄支架、打光灯等。

准备好服装、化妆、道具等。

充分利用内置相机的自带功能运镜：速度、倒计时、慢动作等。

需原创、无水印：主要指本地上传的视频。

4. 拍摄完成——编辑视频

背景音乐：利用不同风格音乐打造视频风格。

特效利用：主要针对本地上传的视频充分利用动作、倒流、反复等效果。

封面选择：选择视频里比较精彩的为封面。

5. 视频发布

发布时间：结合定位人群刷抖音的习惯和当时的状态。

标题：不宜过长，简明扼要，加入悬念、反问等。

封面：选择最精彩的画面作为封面，吸引观看。

评论 & 私信：积极回复评论、私信，被翻牌的粉丝可能成为忠实粉。

四、相关工具推荐

（1）抖音数据分析工具：www.dy.feigua.cn。

（2）飞瓜数据：目前较权威的抖音数据分析网站。

（3）灰豚数据：http://dy.huitun.com/，可查看抖音主播带货，明星涨粉等。

灰豚数据提醒想要邀约KOL[①]带货的品牌们，不要只从粉丝维度去评估KOL真正的带货能力，还应该结合其近期的运营数据、粉丝质量、粉丝舆情（甚至包括其他社交平台的舆情）来深刻了解粉丝们对于KOL的喜爱程度，并基于KOL的历史带货数据（带货品类、一定时间内的带货成交总额、平均单场带货数据等）综合评估KOL带货能力和合作带货稳定性。

（4）通用工具具体如下。

① 视频拍摄工具：无他相机、鱼眼相机、抖音自带。

② 音频录屏工具：巧影（操作较麻烦）、快影、字说、美册。

③ 视频素材平台：80s、微博党。

④ 视频录屏工具：KK录音、录屏大师、Camtasia9（免费高清录屏，无限时录制）。

⑤ 视频处理工具：巧影、PR（专业级软件，计算机操作，较复杂）、Videoleap（适用于苹果手机）、快剪辑、爱剪辑、印象（大师级滤镜）、VUE（拍摄分段视频的绝佳工具，很多抖音特效的源产地）。

⑥ 片头工具：乐秀、Quik、Legend、万兴神剪手（PC端操作，操作简单、便捷，功能强大）。

⑦ 变声APP：配音变声器、VoiceChanger。

⑧ 去水印APP：水印宝、InShot（功能强大，还有自由剪裁等功能）。

⑨ 配乐库：抖音热门音乐排行榜。

第五节　新媒体数据分析报告呈现

新媒体数据在挖掘、处理及分析后，一般可以得到较为完整的数据结果。但纯粹的数字或图表，仅数据分析者自己清楚，无法用于内部交流。因此在数据分析结果完成后，需要继续撰写数据分析报告，使数据分析结果易于理解与留存。本节主要讲述数据分析报告的结构、数据分析报告的类别、日常运营报告的制作方法以及专项研究报告的撰写方法和行业分析报告的撰写方法。

一、新媒体数据分析报告的结构

数据分析报告有特定的结构，但是这种结构并非一成不变，不同的数据分析师、不同的老板、不同的客户、不同性质的数据分析，其最后的报告可能会有不同的结构。最经典的报告结构是"总—分—总"结构，它主要包括开篇、正文和结尾三大部分。

"总—分—总"结构的开篇部分包括标题页、目录和前言（主要包括分析背景、目的与思路）、正文部分（主要包括具体分析过程与结果）、结尾部分（包括结论、建议及附录）。下面将对这几个部分进行具体介绍。

1. 标题页

标题页需要写明报告的题目，题目要精简干练，根据版面的要求在一两行内完成。标题是一种语言艺术，好的标题不仅可以表现数据分析的主题，而且能够激发读者的阅读兴趣，

[①] key opinion leader，KOL，关键意见领袖，是营销学上的概念，通常被定义为拥有更多、更准确的产品信息，且相关所接受或信任，并对该群体的购买行为有较大影响力的人。

因此需要重视标题的制作,以增强其艺术性的表现力。

(1) 标题常用类型

① 解释基本观点:往往用观点句来表示,点明数据分析报告的基本观点,如《不可忽视高价值客户的保有》《语音业务是公司发展的重要支柱》等。

② 概括主要内容:重在叙述数据反映的基本事实,概括分析报告的主要内容,让读者能抓住全文的中心,如《我公司销售额比去年增长 30％》《2020 年公司业务运营情况良好》等。

③ 交代分析主题:反映分析的对象、范围、时间、内容等情况,并不点明分析师的看法和主张,如《发展公司业务的途径》《2020 年运营分析》《2020 年部门业务对比分析》等。

④ 提出问题:以设问的方式提出报告所要分析的问题,引起读者的注意和思考,如《客户流失到哪里去了》《公司收入下降的关键何在》《1500 万元利润是怎样获得的》。

(2) 标题的制作要求

① 直接:数据分析报告是一种应用性较强的文体,它直接为决策者的决策和管理服务,所以标题必须用毫不含糊的语言,直截了当、开门见山地表达基本观点,让读者一看标题就能明白数据分析报告的基本精神,加快对报告内容的理解。

② 确切:标题的撰写要做到文题相符,宽窄适度,恰如其分地表现分析报告的内容和对象的特点。

③ 简洁:标题要直接反映出数据分析报告的主要内容和基本精神,必须具有高度的概括性,用较少的文字集中、准确、简洁地进行表述。

(3) 标题的艺术性

标题的撰写除了要符合直接、确切、简洁三点基本要求,还应力求新鲜活泼、独具特色、增强艺术性。要使标题具有艺术性,就要抓住对象的特征展开联想,适当运用修辞手法给予突出和强调,如《我的市场我做主》《我和客户有个约会》等。有时,报告的作者也要在题目下方出现,或者在报告中要给出所在部门的名称,为了将来方便参考,完成报告的日期也应当注明,这样能够体现出报告的时效性。

2. 目录

目录可以帮助读者快捷方便地找到所需的内容,因此,要在目录中列出报告主要章节的名称。在章节名称后面要加上对应的页码,对于比较重要的二级目录,也可以将其列出来。所以,从另外一个角度说,目录也就相当于数据分析大纲,它可以体现出报告的分析思路。但是目录也不要太过详细,因为这样阅读起来让人觉得冗长并且耗时。

此外,通常公司或企业的高层管理人员没有时间阅读完整的报告,他们仅对其中一些以图表展示的分析结论有兴趣,因此,当书面报告中没有大量图表时,可以考虑将各章图表单独制作成目录,以便日后更有效地使用。

3. 前言

前言的写作一定要经过深思熟虑。前言是数据分析报告的一个重要组成部分,主要包括分析背景、目的及思路三方面:为何要开展此次分析?有何意义?通过此次分析要解决什么问题?达到何种目的?如何开展此次分析?主要通过哪几方面开展?

(1) 分析背景。对数据分析背景进行说明是为了让报告阅读者对整个分析研究的背景有所了解,主要阐述此项分析的主要原因、分析的意义及其他相关信息,如行业发展现状等内容。

(2) 分析目的。数据分析报告中陈述分析目的是为了让报告的阅读者了解开展此次分析能带来何种效果,可以解决什么问题。有时将研究背景和目的意义合二为一。

(3) 分析思路。分析思路用来指导数据分析师如何进行一个完整的数据分析,即确定需要分析的内容或指标。这是分析方法论中的重点,也是很多人常常感到困惑的问题。只有在营销、管理理论的指导下,才能确保数据分析维度的完整性,分析结果的有效性及正确性。

4. 正文

正文是数据分析报告的核心部分,它将系统全面地表述数据分析的过程与结果。

撰写正文报告时,根据之前分析思路中确定的每项分析内容,利用各种数据分析方法,一步步地展开分析,通过图表及文字相结合的方式,形成报告正文,方便阅读者理解。

正文通过展开论题,对论点进行分析论证,表达报告撰写者的见解和研究成果的核心部分,因此正文占分析报告的绝大部分篇幅。一篇报告只有想法和主张是不行的,必须要经过科学严密的论证,才能确认观点的合理性和真实性,才能使别人信服。因此,报告主题部分的论证是极为重要的。

报告正文具有以下几个特点:是报告最长的主题部分,包含所有数据分析事实和观点,通过数据图表和相关的文字结合分析,正文各部分具有逻辑关系。

通常通过金字塔原理组织报告逻辑,整个报告的核心观点是什么,又由哪些子观点构建,支持每个子观点的数据是什么,如图 4-23 所示。

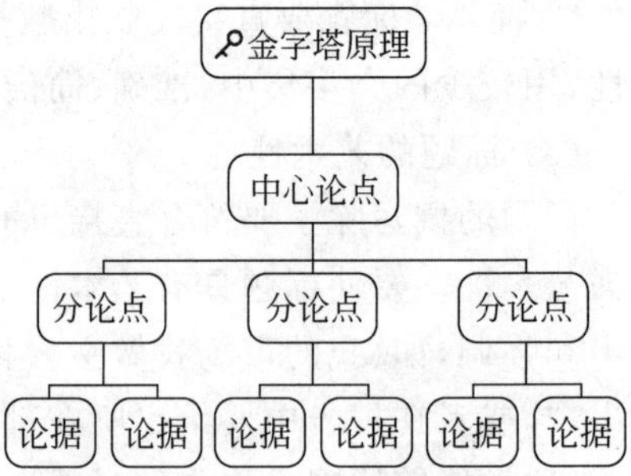

图 4-23 金字塔原理

5. 结论与建议

结论是以数据分析结果为依据得出的分析结果,通常以综述性文字来说明。它不是分析结果的简单重复,而是结合公司实际业务,经过综合分析、逻辑推理形成的总体论点。结论是去粗取精、由表及里而抽象出的共同、本质的规律,它与正文紧密衔接,与前言相呼应,使分析报告首尾呼应。结论应该措辞严谨、准确、鲜明。

建议是根据数据分析结论对企业或业务等所面临的问题而提出的改进方法,建议主要关注在保持有时候及改进劣势等方面。因为分析人员所给出的建议主要是基于数据分析结果而得到的,会存在局限性,因此必须结合公司的具体业务才能得出切实可行的建议。

6. 附录

附录是数据分析报告的一个重要组成部分。一般来说,附录提供正文中涉及而未予阐述的有关资料,有时也含有正文中提及的资料,从而向读者提供一条深入数据分析报告的途径。它主要包括报告中涉及的专业名词解释、计算方法、重要原始数据、地图等内容。每个内容都需要编号,以备查询。附录是数据分析报告的补充,并不是必需的,应该根据各自的情况决定是否需要在报告结尾处添加附录。

二、新媒体数据分析报告基本内容

（一）数据分析报告是什么

在撰写报告之前,我们一般会经历 6 个步骤:目标确定、数据获取、数据清洗、数据整理、描述分析、洞察结论,最后才是撰写数据分析报告(见图 4-24)。

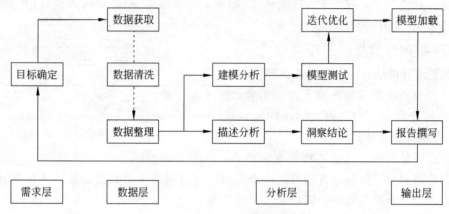

图 4-24　数据分析报告的步骤

数据分析报告是根据数据分析原理和方法,运用数据来反映、研究和分析事物的现状、问题、原因、本质和规律,并得出结论,提出解决办法的一种分析应用文体。

这种文体是决策者认识事物、了解事物、掌握信息、搜集相关信息的主要工具之一,数据分析报告通过对事物数据全方位的科学分析来评估其环境及发展情况,为决策者提供科学、严谨的依据。

（二）数据分析报告的写作原则

一份完整的数据分析报告应当围绕目标确定范围,遵循一定的前提和原则,系统地反映存在的问题及原因,从而进一步找出解决问题的方法。需要遵循以下 4 个原则。

（1）规范性:数据分析报告中所使用的名词术语一定要规范,标准统一,前后一致,要与业内公认的术语一致。

（2）重要性:数据分析报告一定要体现数据分析的重点,在各项数据分析中,应该重点选取关键指标,科学专业进行分析,此外,针对同一类问题,其分析结果也应当按照问题重要性的高低来分级阐述。

（3）谨慎性:数据分析报告的编制过程一定要谨慎,基础数据必须真实、完整,分析过程必须科学、合理,分析结果要可靠,内容要实事求是。

（4）创新性:当今科学技术的发展可谓日新月异,许多科学家也都提出各种新的研究模型或者分析方法。数据分析报告需要适时地引入这些内容,一方面可以用实际结果来验证或改进它们,另一方面也可以让更多的人了解到全新的科研成果,使其发扬光大。

三、新媒体数据分析报告的作用

（一）为什么要写数据分析报告

数据分析报告实质上是一种沟通与交流的形式，其主要目的是将分析结果、可行性建议以及其他有价值的信息传递给管理人员。它需要对数据进行适当的包装，让阅读者能对数据做出正确的理解与判断，并可以根据其做出有针对性、操作性、战略性的决策。

数据分析报告主要有三个方面的作用，即展示分析结果、验证分析质量，以及为决策者提供参考依据（见图4-25）。

（二）数据分析报告的作用

（1）展示分析结果。报告以某一种特定的形式将数据分析结果清晰地展示给决策者，使他们能够迅速理解、分析、研究问题的基本情况、结论与建议等内容。

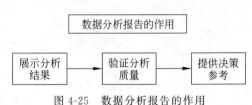

图 4-25　数据分析报告的作用

（2）验证分析质量。从某种角度上来讲，分析报告也是对整个数据分析项目的一个总结。通过报告中对数据分析方法的描述、对数据结果的处理与分析等方面检验数据分析的质量，并且让决策者能够感受到这个数据分析过程是科学且严谨的。

（3）提供决策参考。大部分数据分析报告具有时效性，其结论与建议可以作为决策者在决策方面的一个重要参考依据。虽然大部分决策者（尤其是高层管理人员）没有时间通篇阅读分析报告，但是在决策过程中，报告的结论与建议或其他相关章节将会被重点阅读，并根据结果辅助其最终决策。所以，分析报告是决策者二手数据的重要来源之一。

四、新媒体数据分析报告的类别

由于数据分析报告的对象、内容、时间、方法等情况的不同，因此存在着不同形式的报告类型。我们常用的几种数据分析报告有专题分析报告、综合分析报告、日常数据报告等。

（一）专题分析报告

专题分析报告是对社会经济现象的某一方面或某一个问题进行专门研究的一种数据分析报告，它的主要作用是为决策者制定某项政策、解决某个问题提供决策参考和依据。专题分析报告具有以下两个特点。

（1）单一性：专题分析报告不要求反映事物的全貌，主要针对某一方面或某一个问题进行分析，如用户流失分析、提升用户消费分析、提升企业利润率分析等。

（2）深入性：由于专题分析报告内容单一，重点突出，因此便于集中精力抓住主要问题进行深入分析。它不仅要对问题进行具体描述，还要对引起问题的原因进行分析，并且提出切实可行的解决办法。这就要求对公司业务的认知要有一定的深度，由感性上升至理性，切忌蜻蜓点水，泛泛而谈。

（二）综合分析报告

综合分析报告是全面评价一个地区、单位、部门业务或其他方面发展情况的一种数据分析报告。例如世界人口发展报告、全国经济发展报告、某企业运营分析报告等。综合分析报告具有以下两个特点。

（1）全面性：综合分析报告反映的对象必须以一个地区、一个部门、一个单位为分析总体，站在全局的高度，反映总体特征，做出总体评价，得出总体认识。在分析总体现象时，必须全面、综合地反映对象各个方面的情况。例如在分析方法论时提到的4P分析法，就是从产品、价格、渠道、促销四个角度进行企业运营分析的。

（2）联系性：综合分析报告要把互相关系的一些现象、问题综合起来进行全面系统的分析。这种综合分析不是对全面资料的简单罗列，而是在系统地分析指标体系的基础上，考察现象之间的内部联系和外部联系。这种联系的重点是比例关系和平衡关系，分析研究它们的发展是否协调，是否适应。因此，从宏观角度反映指标之间关系的数据分析报告一般属于综合分析报告。

（三）日常数据报告

日常数据报告是以定期数据分析报表为依据，反映计划执行情况，并分析影响和形成原因的一种数据分析报告。这种数据分析报告一般是按日、周、月、季、年等时间阶段定期进行，所以也叫定期分析报告。

日常数据报告可以是专题性的，也可以是综合性的。这种分析报告的应用十分广泛，各个企业、部门都在使用。日常数据通报具有以下三个特点。

（1）进度性：由于日常数据报告主要反映计划的执行情况，因此必须把计划执行的进度与时间的进展结合起来分析，观察比较两者是否一致，从而判断计划完成的好坏。为此，需要进行一些必要的计算，通过一些绝对数和相对数据指标来突出进度。

（2）规范性：日常数据报告基本上是数据分析部门的例行报告，定时向决策者提供。所以这种分析报告就形成了比较规范的结构形式。一般包括以下几个基本部分：反映计划执行的基本情况，分析完成或未完成的原因，总结计划执行中的成绩和经验，找出存在的问题、提出措施和建议。这种分析报告的标题也比较规范，一般变化不大，有时为了保持连续性，标题只变动一下时间，如《××月××日业务发展通报》。

（3）时效性：由日常数据报告的性质和任务决定，它是时效性最强的一种分析报告。只有及时提供业务发展过程中的各种信息，才能帮助决策者掌握企业经验的主动权，否则将会丧失良机，贻误工作。对大多数公司而言，这些报告主要通过微软 Office 中的 Word、Excel 和 PowerPoint 系列软件来表现。这三种软件各有优劣势，具体内容如表4-3所示。

表4-3　三种软件优劣势对比

项目	Word	Excel	PowerPoint
优势	易于排版，可打印装订成册	可含有动态图表，结果可实时更新，交互性更强	可加入丰富的元素，适合演示汇报，增强效果
劣势	缺乏交互性，不适合演示汇报	不适合演示汇报	不适合大篇文字
适用范围	综合分析报告、专题分析报告、日常数据通报	日常数据通报	综合分析报告、专题分析报告

五、注意事项

（一）分析结论要明确，要精，要有逻辑

如果没有明确的结论，分析就不叫分析，也就失去了意义，因为我们是要去寻找或者印证一个结论才会去做分析的，所以千万不要舍本逐末。

如果可以，分析一个最重要的结论就可以了，很多时候分析就是发现问题，如果一个分析能发现一个重大问题，这就达到目的了，不要事事求多。精简的结论也容易让阅读者接受，减少重要阅读者（通常事务繁多的领导没有太多时间看那么多）的阅读心理门槛，如果别人看到问题太多，结论太繁，读不下去，一百个结论也等于零。

不要有猜测性的结论，太主观的东西会没有说服力，如果一个结论连自己都没有肯定的把握就不要拿出来误导其他人了。

（二）数据分析报告尽量图表化，风格统一

用图表代替大量堆砌的数字有助于人们更形象、更直观地看清楚问题和结论，当然，图表也不要太多，过多的图表一样会让人无所适从。

数据分析报告本身是一个很严肃的东西，跟样式、美观程度也有一定关系，其基本的美观度要保证，风格要统一。例如一些常识性的配色：餐饮类（暖色调，例如橘色、红色、黄色）；国际贸易类（蓝色、灰色、雾蓝色、灰绿色等）；社会人文类（按照感情颜色进行配色，例如较严峻的社会问题，要用灰色、深蓝；较喜庆的，使用红色、绿色、黄色；具体可按需搭配对比色和互补色等）。

（三）好的分析一定要基于可靠的数据源，同时具有可读性

收集数据会占据很多的时间，包括规划定义数据、协调数据上报、让开发人员提取正确的数据或者建立良好的数据体系平台，最后才在收集的正确数据基础上做分析，既然一切都是为了找到正确的结论，那么就要保证收集到的数据的正确性，否则一切都将变成为了误导其他人的行为。

除此之外，每个人都有自己的阅读习惯和思维方式，总会按照自己的思维逻辑来写报告，其他人不一定了解，要知道阅读者往往只会花10分钟以内的时间来阅读，所以要考虑报告的阅读者是谁？他们最关心什么？必须站在读者的角度去写分析报告。

第五章 融合新闻报道中的数据分析

本章将带大家深入了解融合新闻。顾名思义,"融合"有融和、合成之意。在新闻传播领域,随着各种传播技术尤其是数字技术和网络技术的迅猛发展,报纸、广播、电视打破泾渭分明的界限,特别是在网络的推动下,这种趋势更加明显,于是,一些业内人士给这种现状冠以"融合"之称。

理查·戈登在《定义融合：网络新闻评论》中指出,"融合"应包括以下几个层面：一是多媒体新闻；二是跨媒体服务；三是跨公司合作；四是技术融合。喻国明教授也在《数字化时代的媒体U化战略》中指出,"融合"是就传媒对于社会施加影响的作用方式而言,一贯以来的单一媒体所实施的"全程传播"的服务模式正在逐渐走向衰弱。也就是说媒体间的界限正在逐步淡化。

本章的第一节将介绍融合新闻的基本概念,第二节将介绍融合新闻的操作模式,第三节将介绍融合新闻中容易出现的问题。

第一节　什么是融合新闻

由于多媒体技术和互联网的发展,传统的传播方式和媒体格局发生了巨大变化。为了能在数字化时代生存下去,各种媒体开始取长补短,进行融合,走上媒体融合之路,从而产生了"融合新闻"。在这种趋势下,中国新闻媒体也需要向融合新闻进行转型。本节将着重介绍融合新闻的定义、特点、意义及带来的变化等基础知识。

一、媒介与新闻

（一）融合媒介的定义

融合媒介指不同形态的媒体在一定条件下互相渗透,相互交融,从而形成复合交叉的新的媒介形态的现象。

简单地理解,融合媒介就是把各种不同的媒介集合在一起。该概念最早是由美国马萨诸塞州理工大学的浦尔教授提出的："融合媒介指各种媒介呈现出多功能一体化的趋势,数码电子科技的发展是导致历来泾渭分明的传播形态聚合的原因。"

融合媒介是一个非常广阔的研究领域,西方学者在这一领域的研究呈现出多样化的视角,有从技术融合角度展开的研究、从媒介所有权融合角度展开的研究、从媒介文化融合角度展开的研究、从媒介组织结构融合角度展开的研究、从新闻采编技能融合角度展开的研究等。这些研究可以说扩展到了与媒介相关的所有方面,包括媒介的外部环境和内部机制,涉及媒介经营与新闻传播的各个角落。也正因为此,融合媒介这个概念至今也没有一个得到公认的准确定义。

国内有学者分三个层次来说明媒介融合的内涵和实践发展的趋势。

第一个层次是战术性融合,一般指传统媒体(报纸、广播、电视)与新媒体(网络、手机)之间在内容与营销领域的互动与合作。比如一边看电视一边玩"摇一摇"。

第二个层次是结构性融合,特点是一个传媒公司或者集团同时拥有报纸、广播、电视、网络等媒体形式,各媒体在统一的目标之下最大限度地实现资源的共享、开发与整合,协调合作,创造更大的传播效果,称为媒介整合。比如,一个报业集团,其报纸有新闻网站、公众号、电子报纸以及客户端。

第三个层次是最高层次媒介大融合。随着媒介融合的深入和传媒技术的发展,数字化将成为未来各个媒体共同存在的形式,最终可能出现网络、媒体、通信三者的"大融合",打造出全新的融多种媒体形式于一体的数字媒体平台,比如电视可能更多地将具备计算机的特点与网络相连,可以随时随地看网络视频,看回放,听广播听音乐,看直播给打赏,玩游戏,这样的电视不是传统意义上的电视媒体,而是被多媒体技术融合了的新媒体。在这个层次,传统媒体与新媒体的界线消解,汇流到一个空前的数字媒体平台中。

(二)融合新闻的定义

1. 融合新闻的定义

融合新闻又称多样化新闻,主要指利用多媒体手段进行新闻传播活动。不同的媒体例如报纸、电台、电视台和网站及手机等,集中在一个信息操作平台上,统一策划、相互协调,取长补短,根据各自媒体和受众特点对信息进行分类加工,发挥各自的传播优势,有针对性地传播给特定受众。融合新闻的理念最早是由芝加哥论坛公司和媒体综合集团两家媒体公司率先进行实践的,这两家媒体为融合新闻的发展探索出不同的发展模式。

融合新闻是从应用新闻学的角度对媒介融合发展的研究,相对于众说纷纭的融合媒介,融合新闻的实践探索与理论研究脉络更为清晰,成果也比较集中。西方国家目前致力于这项工作的大致有两类人:从事新闻教育的新闻学教授和各类媒体中从事新闻工作的专业人员,其中有相当一部分人同时具有新闻从业经验和新闻教育者身份。如出版了多部融合新闻著作的澳大利亚教授 Stephen Quinn 就有 15 年新闻工作经验,在多个国家的报社、通讯社、电视台做过记者、编辑,然后又在美国和澳大利亚的多所新闻学院担任教职,他的最新研究成果是 2005 年在美国出版的《融合新闻导论》(*Convergent Journalism:An Introduction*)和《融合新闻:多媒体报道基础》(*Convergent Journalism : The Fundamentals of Multimedia Reporting*)。由于美国等西方国家从事新闻专业教育的教授大多有新闻从业经历,这一客观条件使融合新闻研究能够将新闻实践与学术研究及教学改革紧密结合,同时也使这项研究更加注重对实践的指导意义和可操作性。

2. 融合新闻里的叙事逻辑:时间为主,空间为辅

时空结构是决定信息呈现、叙事和艺术表现的根本因素与原则。以文字为主要信息承

载媒介的文学作品以"时间-情节"来结构故事;而以活动影像完成信息传递的影视艺术作品则强调通过"空间-造型"来完成叙事。这一基本的对立原则可以推广到诸如文字新闻、电视新闻等非虚构故事样态中。然而,融合了多种媒介形态的融合新闻在这个问题上却容易产生分歧。例如,有研究者认为网络媒体本质上是以"空间代替时间",因此在叙事逻辑上拥有更大的自由度。而大部分对融合新闻的定义也强调多元媒介信息的"非线性"结构呈现。时间、空间之争实际上还进一步决定了融合新闻多媒体元素使用比例的问题。学者刘骏瑶和彭兰就曾经就融合新闻是否都应当以"文字"作为主体元素提出过疑问。

"非线性"作为网络媒体的传播特征和优势已经为世人所公认。但是,网络技术和平台可以承载的内容类型多种多样,不同类型的内容也应根据其自身的内容特点、传播目标和受众需求采用相应的时空结构。具体而言,首先应当强调较为线性、以时间为主要逻辑的整体信息呈现和叙事结构,从而带给受众逻辑性、方向性和连贯性较强的阅读与认知体验。其次,通过局部非线性、并且以空间为主要逻辑的多媒体信息,呈现给受众更为完整的信息内容和情感体验。

"融合"的最终目的是要使每一种信息形态的存在成为必然和必需,同时也必须保证多种信息形态有机结合、浑然一体。因此,在一定程度上需要按照一定的"顺序"和"逻辑"引导受众尽可能接收每一个信息单元。遵循这一原则,融合深度报道虽然可以使用图形、视频、动画等多媒体信息形式,但在整体和本质上仍属于以文字为主要信息承载媒介的"线性"文本。这一叙事逻辑上的追求主要由以下两方面原因决定。

(1) 线性阅读体验:屏媒界面的信息阅读方式

列夫·曼诺维奇(Lev Manovich)在《新媒体语言》(*Language of New Media*)一书中针对新媒介提出"界面"的概念,并指出"界面创造了独特的物质性和用户消费经验,界面即使是微小的变化也需要我们对工作进行全面的、整体的重新思考"。

新媒体技术将我们带进了"屏媒时代",相比于以往的印刷媒体界面,很少有读者逐字逐句阅读文本。尼尔森实验室的一项用户体验研究发现,79%的用户在阅读网页时都是采用浏览的方式,只有16%的人会逐字逐句阅读。因此,尼尔森认为网页文本应当是一种"可浏览的文本"。而且,用户在浏览时的视线方向更多是沿着页面的 Y 轴自上而下展开,而对 X 轴方向上的信息关注较少。此外,著名网站流量分析公司 Chartbeat 公司曾用时一个月对 20 亿次浏览做了用户行为深度研究,发现绝大多数用户在一幅页面上停留的时间不超过 15 秒,更多时候都是在使用手中的鼠标不断自上而下滚动屏幕。

因此,在网页设计领域,"滑动优于点击"的理念已经得到认可,各种"滚动"技术效果也得到广泛运用。也就是说,文本不但要在单幅页面上实现可浏览,还应当能够在多幅页面之间实现可滚动。实际上在目前的网络界面设计中有两种互相对立的设计理念。一种强调运用标签将海量的内容进行栏目化呈现,另一种则主张使用单幅长页面来适应用户的"滚动"信息浏览行为。在这一背景下,对于集纳了海量信息的融合报道来说,也应当尽力给读者从物理和视觉心理两个层面造成一种自上而下、方向性和连贯性较强的"线性"阅读体验。实际上,单幅长页面的设计方式目前已经被越来越广泛地认为适合运用在网页新闻报道之中。

(2) 线性认知体验:直接和简洁的新闻信息传递要求

相对于新闻而言,多媒体和非线性的叙事逻辑更早地被应用于虚构类故事作品中。例如,1998 年的德国电影《罗拉快跑》运用了三段式非线性叙事结构。而多媒体的手段也很早就被广泛运用于电子游戏开发等领域。但是,虚构类故事对非线性时空结构的运用本质上是一种后现代的表达方式。比如《罗拉快跑》更主要地是为了从哲学层面引发观众对命运的多元和深层次思考。而这个叙事目标显然对新闻报道来说并不合适。安娜·麦凯恩(Anna MeKane)就说过,"新闻写作既不是为了炫耀写作技巧,也不是为了彰显思想的玄妙,而是需要通过最为直接和简洁的方式直击读者的内心。"

此外,我们注意到其他主要采取多媒体非线性叙事的内容还有一个共同特征就是内容体量都相对较大。例如,采用多版块、多角度报道策略的网页新闻专题在整体叙事上也应当属于非线性结构,但这些专题承载的往往是时间和空间跨度较大的重大新闻事件或社会热点。因此,海量的内容采用非线性的呈现方式在某种程度上也是被动的选择。但是,当读者面对这种网页布局时,往往也会有一种无从下手、找不到切入点和叙事逻辑的阅读体验。而这种不知所措的阅读体验是有悖于直接和简洁的新闻信息传递要求的。《雪崩》的视觉设计总监史蒂夫·多内斯(Steve Duenes)也认为,融合新闻的阅读体验不应当"像需要解开一个谜题或是需要费力思考,而是应当随着阅读的推进一切都直接展开,自然产生意义。"因此,对于故事主题相对集中、独立成篇、容量相对较小的融合新闻来说,整体上的非线性叙事结构并不适合。我们并不能期望受众乐于并且有能力在海量多媒体信息中厘清多元的叙事线索然后得出自己的结论或判断,而应当通过清晰的叙事逻辑和线索帮助他们迅速了解事实的真相,并理解媒体所持的立场和角度。

3. 融合新闻的叙述原则:结构时空与呈现信息

"时间为主,空间为辅"的线性叙事逻辑的建立和强化与新闻故事如何结构时空和呈现多媒体信息是息息相关的。而在这两方面也有一些叙事原则需要我们去遵循。

(1)结构时空:复合时间线强化时间属性

为了保障读者的线性阅读和认知体验,新闻故事自身的时空结构十分重要。作品所报道的对象自身需要有强烈的线性时间结构,鲜明的时间情节线索和读者的"线性"信息阅读方式在一定程度上起到了相得益彰的效果。进一步的分析表明,融合报道可以通过"复合时间线"来强化故事的"时间"属性。复合时间线首先可以应用微观层面的时间线索,利用正在发生的关于个体的动态性、悬念性的故事吸引和引导读者阅读。

(2)呈现信息:内容形式安排保障线性阅读

线性为主的时空结构要求也给多媒体信息呈现造成了一定程度的挑战,媒体需要思考的是如何在保证整体阅读与认知上的线性感的同时,让那些"煞费苦心"制作的"非线性"信息尽可能被读者接收。这需要通过文本内在的内容联系和外在的形式联系引导受众接收每一个信息单元,从而实现线性与非线性叙事的有机结合、浑然一体。从这个角度来说,对整体线性叙事逻辑的追求是为了实现融合新闻存在的根本价值。

从内容层面来说,多媒体信息仍应当以简洁为主要原则,按照一定的"顺序"和"逻辑"来合理安排多媒体文本,而对每一种文本的使用则做到"集中"但不"极致"。媒介属性的原理告诉我们每一种信息形态都会引起受众在信息接收时独特的情绪、情感、心理和视觉体验。因此,如果对于多媒体信息形态的使用过于繁杂,则会破坏整体的线性叙事节奏和逻辑。

此外,在使用每一种信息形态时,应当将信息形态的优势集中体现。但为了避免信息形态转换时可能出现的情绪情感体验的差异性和割裂性,也不要过于"极致"地使用某一信息形态。换句话说,就是不要刻意把某一信息形态的传播优势过分渲染。于是,这一原则需要体现在诸如对音视频时长、文字细节描写篇幅把控等方面。

对于各种信息"融合"问题，如何克服不再满足于彼此关系上简单的重复或相互补充，真正建立起在叙事、阅读和认知层面的"结构"与"逻辑关系"，这是今天多媒体、跨媒体时代各种信息传播活动所必须面对的一个问题。而从一个更高的问题认识层面来说，在新媒介技术层出不穷、新闻报道形态不断丰富的今天，无论对于融合新闻、数据可视化，或者是VR全景报道来说，根本的诉求仍应当在于"叙事"。换句话说，无论运用怎样的媒介形态和技术，都应当是为叙事服务的。因此，对融合新闻报道叙事逻辑与原则展开深度探讨也是希望能为多样态的新闻叙事图景和挑战提供一点借鉴和补益。从研究路径来看，叙事逻辑和原则的建立是和内容题材特征、信息传播情境以及用户信息接收方式息息相关的，这也是我们未来对于多元新闻叙事进行研究的一个重要维度。

二、融合新闻的特点

首先，有很多新闻研究者都对融合新闻有一个界定。比如，美国南加州大学安利伯格传播学院的拉里普利瑟教授认为："融合新闻发生在编辑部中，新闻从业人员一起工作，为多种媒体的平台生产多样化的新闻产品，并以互动性的内容服务大众。"

美国新闻学者杰佛瑞威尔克森表示："真正的融合并不仅限于在作为信息发布平台的互联网上融合，而是建立在多种媒介渠道发布的基础上。"

美国背包记者先驱简·史蒂文斯表示："融合新闻是文字、图片、视频、音频、图表和互动设置的集合体。"

中国人民大学的方洁老师认为："从狭义上来讲，融合新闻是指在媒介融合背景下新产生的一类新闻报道方式。"

中国人民大学的蔡雯教授："融合新闻是从应用新闻学的角度对媒介融合发展进行的一种探索与研究。"

因此，不妨把融合新闻理解为是媒介融合在新闻传播领域的一种具体落实。

融合新闻就是运用融合思维与方法，采集呈现事实信息的互联网新闻样式。它建立在媒介融合技术的基础之上，综合且灵活地运用了文字图片、音频、视频等多媒介元素来报道新闻，注重对于互动、设置、关键字、超链接等的运用，强调提升新闻的服务品质、用户体验和媒介效果。

其特点有：业务整合化、载体数字化、视觉传达。

（一）业务整合化

融合新闻突破传统媒体间的限制，整合所有的媒介，统一规划，资源共享，建立新的新闻采编流程。其基本流程就是集中力量采集新闻素材，再根据各自受众的接受特点进行加工，制成不同的新闻产品，最后通过不同的传播渠道传播给受众。

以坦帕新闻中心每天新闻业务工作流程为例，该新闻中心下的各家媒体拥有各自独立的人员、办公区域和运作机制，但同时又设置"多媒体新闻总编辑"来负责策划、组织、协调各媒体的新闻采访活动。首先电视台的总编和各部门的负责人要召开编前会，多媒体新闻总编辑也参加，安排好电视台在这一天的新闻采访活动，并讨论哪些新闻可以与报纸、网站进行融合；然后多媒体新闻总编辑召开报纸编前会，向报纸总编提出当日"融合"新闻的内容，并进行讨论;报纸总编也会向多媒体总编辑提供他们认为用电视新闻形式报道更为合适的消息。下午多媒体新闻总编辑还会再召开一次报纸与网站的编前会,向网站负责人提供可供融合的新闻。若有重大突发新闻,多媒体新闻总编辑会及时将消息通报给报纸、电视和网站这三家媒体,并制订统一计划,协调其采访活动,力求让三家媒体在采访中将各自的优势发挥到极致,同时互补不足。总之,融合新闻要求媒体将所拥有的媒介整合在一起,依靠统一的规划与协调,提高新闻业务流程的效率与通畅性。

(二)载体数字化

数字技术和通信技术的飞速发展使媒体的边界逐渐模糊,传播终端呈现数字化特点,电信服务商和互联网服务商纷纷介入到传播终端的领域中,与传统媒体融合在一起,推出各种数字移动终端来作为新闻内容的载体,进入到人们的信息生活中。所以,媒介融合的结果就是除了报纸、广播和电视外,计算机、手机、PDA、iPad、电子报、电子杂志等数字载体也能让人们随时随地以不同方式接收到所需要的信息。

(三)视觉传达

融合新闻利用多媒体技术将文字、声音、图片、图像和Flash集于一体,因此在视觉传达上更加丰富多样、形象生动。以电子报纸为例,它与以前的报纸网站不同,以前的报纸网站只是单纯地把报纸内容移植到网站上。新一代的电子报纸不仅是复制了印刷媒体的内容,还融入了多媒体的功能,令新闻不再是平面而是立体的。读者可以随意检索信息,链接到相关网页上,对于新闻的深层报道和分析,读者可以从文字中查看;对于新闻事件的动态变化,读者可以借助图像进行直观了解;对于深奥难懂的科技新闻等,读者还可以通过Flash和计算机模拟使其通俗易懂。所以读者可以采取看、听、视等多种方式接收,这使得视觉传达方式更加人性化和便捷化,降低了读者接受新闻的费力程度,将读者从传统的报纸、电视等媒体的限制中解脱出来。例如在国内,北大方正与《浙江日报》合作,开发出新的电子报,当读者的鼠标移动到版面中的某一篇文章时,轻轻点击即可显示原文,甚至还可以点击"朗读",就能够做到"听"新闻了。因此,融合新闻借助多媒体技术,使得新闻产品的视觉传达设计的表现手段更加多样,表现范围也得到了更大的扩展。

三、融合新闻兴起的必然性

(一)媒体的发展方式

目前国内媒体热衷于通过合并、收购等组建传媒集团,打造传媒航母,但在做大后往往很难做强。追究原因,是由于传媒集团没有真正提高其核心竞争力所导致的。核心竞争力是一个集团发展的持久动力和内在源泉,而核心竞争力的一个重要组成部分就是新闻信息资源的开发利用水平。

(二)解决方法

由于信息流通渠道众多,信息采集手段多样,一个媒体与其他媒体所采集的新闻信息基本是一致的。在新闻内容同源的情况下,要想胜出,就必须在新闻信息的加工、开发中展现媒体独特的个性。一个媒介所赖以赢得竞争、赢得对手的主要因素,绝不只是靠具有原创性的独家新闻,而是靠独家的、具有原创性的信息加工标准、加工方式、信息处理手段及信息表现方式。而这种独家性和原创性就表现为新闻信息资源开发利用水平的高低。融合新闻正是通过改变新闻业务流程,使得新闻资源得到更深层次的开发,提高新闻资源利用水平,从而使核心竞争力得以提高,满足了传媒集团做强的要求。

具体来看,新闻资源的开发利用主要指新闻信息的发现、鉴别、转换、整合、展示和增值六个环节。融合新闻正是通过促使新闻资源开发的各个环节发生变革,从而推动新闻资源的深层次开发。以坦帕新闻中心为例,多媒体新闻总编辑每天都要召开3次以上编前会,和电视、报纸、网站三大媒体的总编讨论新闻内容如何加工,哪部分新闻内容用何种形式传播更适合等,最后由多媒体总编辑总体规划协调,这样就使有限的资源得以共享,得到合理、充分、多层次、多角度的开发。在采集新闻素材完后,新闻中心可以根据各个媒体的时效性而选择不同的传播方式。通常他们会先在网站上发布关于最新消息的简短信息,再由电视提供比较完整的关于新闻事件现场的电视节目和图像,随后报纸会发表有关事件的深度报道和相关评论,最后由网站将众多方面的新闻综合起来,并且将与此事有关的信息全部链接在网页上,供人们查阅。这样一个新闻内容就通过不同的媒体,有梯度、有层次地以不同的新闻形式传播出去。媒体之间不必再为同一新闻而互相抢夺,而是有目的、有侧重地选择适合自己传播新闻的某个方面或角度。一个新闻内容在经过不同媒体的加工后,既有所侧重和差异性,又能全面地展现新闻内容。所以,融合新闻凭借其全新整合的工作流程,对新闻资源进行深层次开发,提高新闻资源的开发利用水平,增强传媒集团核心竞争力,真正实现了集团做大、做强的目标。

(三)融合新闻出现的原因

(1)技术的进步。随着网络的普及以及电信技术的进步,互联网已经当仁不让地成为继报刊、广播、电视之后的第四大媒体,并且对后者形成了强烈的市场冲击。相应地,媒介形态也在裂变中发展,门户网站方兴未艾,各种手机应用也迎头赶上。传播媒介的革新促成了新闻传播方式的转变,为不同媒介间相互融合提供了可能。

(2)自媒体的出现。自媒体的出现加速了融合新闻的出现。以往,只有新闻制作单位拥有新闻发布权,自媒体的出现使得普通民众也拥有了发声的机会,传统媒体很难"垄断"新闻信息的发布。尤其是在突发事件新闻报道中,第一手的图片、视频不少出自普通民众,而非职业的新闻从业人员。自媒体在新闻传播中拥有了自己的一席之地,也倒逼新闻制作方式的转型升级。

(3)媒体竞争的加剧。媒体竞争的日趋激烈也是促成融合新闻出现的重要原因。新兴传播媒介打破了传统媒体间相对平衡的竞争状态,单一的、线性的新闻报道方式对受众的吸引力逐渐降低,取而代之的是报道方式多样灵活并且兼容互动的融合新闻模式。传统媒体也开辟新媒体业务,整合处理新闻信息,大量生产制作融合新闻,以便在市场竞争中赢得更多主动。

四、融合新闻带来的变化

(一)满足受众需求

大众传播媒介是一种"点对面"的单向线性的传播方式,网络传播是一种交互式的传播方式,受众在信息的选择上有了更多的主动权,也就是说受众不再是被动地接受媒介"推"来的信息,而是主动地从媒介中"拉"出自己需要的信息。网上搜索技术的不断提高和RSS(新闻聚合)等软件的应用,更加速了传播向个性化的方向发展。

融合媒介与融合新闻可以根据不同受众对新闻内容和形式的偏好,制成不同类型的产品供他们选择,以满足受众对新闻个性化的需求。如同一新闻事件,可以先用最快的速度和最简洁的语言从互联网或无线短信中发出,以满足那部分生活节奏快而只需了解事实梗概的年轻人和上班族;然后将载有对新闻事件及相关背景详细介绍的报道见诸报端,这也许是时间较为充裕而对事件的经过有浓厚兴趣的中老年读者的最好选择;而制成生动直观的电视节目向观众娓娓道来,可能是家庭妇女和孩子们的所爱。随着电子网络技术的成熟和无线通信技术的发展,我们可以预测,一种超薄型的移动平面显示板将会出现,人们会在一个终端上将文字、声音、图像自由地进行转换,真正拥有一份尼葛洛庞帝所描绘的"我的日报"。

(二) 实现优化传播

从本质上来讲,所有的传播媒介都是传播信息的载体或工具,而信息本身才是一切传播活动的主体和灵魂。正是传播媒介对传播信息内容的制约促进了传播科技的发展,而人类传播科技的每一次突破性进展,每一个新的传播工具的诞生,都意味着对传播信息内容境界的一次突破。融合媒介与融合新闻把我们带进了一个"内容为王"的时代,我们可以更多、更方便地根据信息内容传播的需要来选择和决定使用什么样的媒介,内容产品的生产进一步与传播的载体分离,载体的使用将完全服务和服从于内容。这样,它能够使信息在更大范围内得到交换和共享,减少信息在传播过程中的衰减,提高传播的整体效果,从而达到信息优化传播的目的。

(三) 集约化经营

融合媒介与融合新闻不仅促进了网络媒体的整合和传播业务的变革,而且给传统媒体带来了深刻的变化。传媒产业属于文化产业的核心部分,传统上它包括新闻服务业、出版发行和版权服务业、广播电视电影服务业等。以互联网为代表的新媒介的异军突起,打破了这种传统的行业分类,加速了传媒产业中的不同形态和门类在同一操作平台上的渗透和融合,实现了传媒产业的全面升级。

传统的传媒企业画地为牢、各自为政,有着相对独立的经营理念、运作模式和细分市场。融合媒介与融合新闻使各媒介从独立经营转向多媒介联合经营,它可以使传媒企业的人、财、物、讯息等资源得到合理的配置,从而降低生产成本,增加效益。既能对已占有的媒介市场起到保护作用,又能不断去开辟新的利润增长点。正因为看到这一点,一些已经拥有若干种类的媒介并期望在未来市场上获取更多利润的美国传媒企业,在21世纪初就开始了对融合媒介与融合新闻的尝试,并对企业从经营理念到业务流程进行了一场全方位的变革,为将来运用新媒介争夺市场打下基础。美国传媒企业的这些变化对中国传媒企业具有启示作用,我国在传媒产业结构和经营模式的调整中要充分地考虑到媒介的融合。随着网络技术和多媒体技术的不断发展,传统媒介之间的技术鸿沟将会进一步打破,传媒产业之间的界线将会越来越模糊,取而代之的将是统一的"数字内容产业"。

(四) 客观规律

媒介生态学告诉我们,媒介与自然环境一样存在于一个庞大的环境系统,每一种媒介都经历着一个从诞生、成长、成熟到衰亡的过程。一种新的媒介的诞生并不意味着一种旧的媒介消亡,一种旧的媒介在经过变革后又蜕变出新的媒介。报纸发展经历了500多年的历史,从手抄报纸、印刷报纸到现在的电子报纸、手机报纸,此"报纸"早已非彼"报纸"。媒介的融合是媒介生态发展的必由之路,它不存在着谁取代谁的问题。

单从媒介的技术形态和物理介质来看,人们已经很难划分"第X媒介"了,各种媒介相互渗透、包容、转化和整合,形成了一种"你中有我、我中有你"的媒介生态环境。其实,如果最终发展到将过去在不同媒介传播的信息集中到同一终端去反映的时候,我们再来区分谁是报纸、广播、电视、网络,已经没有什么实际意义。

当今传媒技术发展日新月异,融合新闻将会以怎样更好的形态发展还是未知。目前一切媒体的实践与操作还处于探索磨合阶段,还有待于进一步发展,但媒介融合和融合新闻则是现在和未来传媒业发展的必然趋势,在这种必然趋势下,中国媒体也必然会向"融合新闻"进行自我转型。

(五) 对传统新闻行业带来的挑战

1. 公民媒介素养

融合新闻不仅指的是将不同新闻传播媒介进行融合的活动,同时它也是实现公民通过网络技术参与到新闻传播过程中的活动。因此,当独立于媒介而单独存在的公民参与到新闻传播的过程中时,媒体自身所具有的群众化特质被更加明显地表现了出来,并且逐渐向公共的交流平台靠拢。在该平台中,新闻行业的工作者和公民二者的地位是完全平等的,所以不同人员针对同一新闻产生的观点也必然会有所不同。

2. 新闻行业工作者

通过对应用融合新闻取得成功的企业进行研究就可以发现,在完成媒介融合后的新闻行业,普遍需要以下两个方面的高素质人才:首先是从新闻管理者的角度出发,在融合背景下,媒体管理人员需要具有扎实的理论基础,并且可以保证将新闻传播过程中需要应用的媒介进行准确选择、科学运用的方式,使新闻的内容变得更加完整。由此可以看出,融合新闻对新闻管理者的要求体现在策划、技术和管理三个方面,符合上述要求的复合型人才,仅仅通过学校培养是难以获得的,而是需要通过不断地实践和磨炼,才能有效提高自身的综合能力。其次是在融合背景下,对新闻工作者在技能方面的要求与过去相比更加严格。以美国为例,在媒介融合的过程中,需要新闻采集的人员具有非凡的业务能力,不仅可以为报纸和网站撰写文字稿,还可以为电视台拍摄相应的新闻视频。当然,复合型的新闻行业人才是由现有工作者通过不断的培训和实践所获得的,与西方发达国家相比,我国人才培养方面尚存在一定的不足。

3. 媒介规制和管理

传统新闻行业通常选择相对单一的形式作为传播媒介,如报纸、杂志等,而应用的手段也存在一定的局限性,比如电视通常应用图像以及声音的方式进行新闻的传播,这对于新闻行业的发展是非常不利的。融合新闻的出现在很大程度上避免了传统媒体的局限性,虽然对新闻内容进行的采集工作仍旧是一次完成,但加工和传播的方式却变得更加多元化,这样做的好处在于能够保证对新闻内容的深度挖掘,并且形成相应的产业链,通过将现有媒介进行有效整合,保证新闻的高效传播。另外,对媒介内部进行的改革也是非常必要的。例如,在突发新闻的采访和报道中,应用融合新闻的相关思路对组织机制进行改革,选择专业的小组前往事故发生的现场进行采访作业,需要注意的是,此时该小组不再是作为传统的"记者"存在,它的作用在于为其所在集团的所有媒体进行新闻采集,这就决定了该小组对新闻进行呈现的方式更加丰富,除了常见的文字和图片以外,还包括录音、录像等,但由于在以小组为前提所开展的新闻采集和载体二者是互相分离的,因此最终的成果也不应由单独的载体占有,用管理学的内容分析这一现象可以得出如下结论:新闻小组属于一种网状的管理模式,不同新闻都具有与之相对应的媒介,而不同媒介也能够在新闻传播的过程中将自身的功效进行最大化发挥。也就是说,正是由于新闻在内容、表现形式等方面所具有的差异性与媒介相呼应,才使其最终成为了保证相关工作高效完成的基础。

第二节 融合新闻的操作

我国传统媒体与新媒体的融合已经进入加速期,刘奇葆[①]强调,"重构采编发网络、再造采编发流程,是媒体深度融合最需要突破的难点,是建设新型主流媒体必须攻克的'腊子口'。"目前,如何实现采编流程的再造,成为决定媒体融合成败的关键所在。本节简单介绍融合新闻的基本操作,并梳理传统生产流程与融合新闻生产流程,进而从新闻生产流程的采、编、发三个环节进行分析,对比传统媒体与新媒体新闻生产流程的差异。

一、采集并占据大量素材

和传统媒体完全依赖记者完成素材采集不同,融合新闻除了记者供稿,还采用普通用户上传到网络的多媒体素材。为达到最好的新闻呈现效果,融合新闻编辑必须采集并占有足够的新闻素材,获取不同媒介元素呈现的新闻原材料,大力发掘与本次报道相关的文字、图片、视频、音频等。海量的新闻素材来源为新闻呈现"多中选优"提供了可能。

二、挑选整合新闻资源

网络相较传统媒体几乎没有容量限制,融合新闻并不是对于采集信息的全部呈现,让用户淹没在海量的繁杂信息中。制作融合新闻,必须有所取舍。在内容上,选取和新闻本身相关性最高、最有价值的内容,以合乎逻辑的方式整理出来;在呈现形式上,不是机械地应用文字、图片、音频、视频、互动设置和超链接等所有元素,而是选取部分元素合理融合,恰到好处地配置所有资源,达到新闻传播整体效果最优。通过对新闻信息的发现、鉴别、转换、整合、展示和增值,新闻信息资源开发利用水平得到提高,也使融合新闻的核心竞争力得以增强。

三、设置互动板块

受众不仅是新闻事件的旁观者,在新媒体环境下受众也是新闻报道的参与者。国外媒介融合专家认为,现在我们已经到了一个既要使用新闻传播,又要运用人际传播的时代。新

---

① 刘奇葆.原中央宣传部部长.

闻报道过程中要考虑到嵌入式运用人际传播中的"社交媒体",尽量发挥每个人都是作者和评论者的作用。通过互动功能,受众发表意见评论,填写网络调查和一键分享。甚至用户评论本身也可以变成新闻素材,名人评论可以单独作为新闻刊发,相对集中的民意可以形成社会舆论。与受众的互动、交流和反馈,让新闻报道更加全面、丰富和深刻。

四、融合新闻的生产流程再造

（一）流程对比：多主体、增反馈、添素材、分传播

传统媒体的生产模式可以概括为三大环节。一是新闻素材搜集环节,比如记者外出采访、调查,拍摄图片、录制视频等。二是新闻素材加工环节,比如记者编写稿件,提交编辑之后,编辑对其进行修改、审查,形成成品,最后交由值班领导把关。三是新闻稿件传播环节,比如将经过把关、筛选之后的作品通过传统报纸、电视、广播等渠道传播给受众。

融合新闻的生产流程也可以总结为三大环节。一是新闻素材采集环节,比如记者采集包括文字、图片、音频、视频等多媒体素材,用户向数据库提交新闻线索、素材。二是新闻素材编辑环节,比如编辑按照需求将数据库中的新闻素材,根据不同终端的特点制作相应的新闻产品。三是新闻作品传播环节,比如编辑根据不同终端媒介的特点,将制作的新闻成品投放到相应平台,用户浏览之后产生反馈信息。

由此可见,融合新闻生产流程由过去的单向传播变为接收用户反馈,形成生产循环链;由过去的单一记者主体变为记者与用户共同参与的多种主体。

传统的新闻生产流程为单向封闭的直线传播,每个环节内容较为简单,缺少用户的反馈信息。大都是按照社会公共利益、媒体编辑方针以及定位选取新闻主题,记者采集、制作,编辑修改、提交,经过审查后,呈现给受众。读者群体在传统新闻生产流程中,被定义为"受众",可见是被动地接收媒体所传播的信息而缺乏有效的互动、反馈。凭借媒体技术的发展,融合新闻出现多种传播终端,如报纸、电视、广播、手机、网络、移动电视等,并且用户可以通过开放的系统对新闻进行反馈,提供新闻素材,与记者、编辑甚至其他用户进行互动,参与新闻的生产。用户反馈的信息被收集之后可以用作新的新闻生产素材,成为新的话题点,构成一个循环往复的生产流程。此时的读者群体被定义为"用户",意在能够主动参与到新闻的生产过程中,有利于增加用户的黏性,维系传播对象群体的稳定性。

此外,区别于传统生产流程,融合新闻的生产流程中记者采集的信息种类也更为多元,由过去的记者根据采编任务采集单一化信息、投放于某特定终端媒体,变为"一体策划、一次采集、多种生成、多元传播、全天滚动、全球覆盖"的生产流程。融合媒体新闻生产更能体现出双向循环性、开放性与高效性。

（二）资源收录：开放平台、全媒体记者、智能软件开发

1. 开发数据平台

传统低效的信息采集方式已不适用于媒体融合的新闻生产流程,依托大数据、云计算等现代科技,各媒体集团纷纷建立数字采编中心,开发稳定、开放的数据平台,配备相应的数据库系统,以存储记者采集的大量多媒体素材,实现信息的共用。记者采集的信息经过评估、筛选,存储到媒体的数据库中,不同媒体形态编辑中心根据自身的定位、需求,分层使用数据库中的信息,生产适合不同媒体终端呈现的新闻,进而实现"一次采集、多种生成"的集约化

生产效应。

新媒体区别于传统媒体的一个重要方面是为用户参与提供了平台,使得用户可以与媒体进行互动并且反馈信息,依托手机等移动终端的发展,使得UGC(用户生产内容)成为可能。为提高信息采集的效率,用户的反馈通过开放的数据库平台、信息抓取技术等,被纳入数据库中,以应对突发新闻的报道,或根据用户的反馈寻找新的新闻点、设置媒体的议程。人民日报"中央厨房"模式下,媒体1.0版本由互联网用户管理系统、内部用户管理系统、新媒体内容发布管理系统、报纸版面智能化设计系统、可视化产品制作工具、传播效果评估系统六部分组成。该系统成为维持厨房平稳运行的技术支撑,为融合新闻的生产提供了数据库平台,方便新闻工作者进行融媒体新闻报道。

2. 培养全媒体记者

融合新闻不仅需要技术的支撑,也需要具备全媒体素质的优秀人才。媒体融合后,新闻作品内容表现形式丰富多样。各部门的采编人员需要由过去专门的文字稿件记者、摄影记者、录音记者等转型为能够一次性采集多种媒体信息的全能记者,通过一次性采集为数据库提供多种素材资源。这就需要媒体的记者们进行全员转型,"全员转型解决的是人力资源基础问题,只有解决了这个基础问题,融合新闻流程再造才有可能成功。"在传统媒体新闻生产过程中,遇到新闻事件通常会派一名文字记者(需要录制视频资料时,会外加一名摄影记者)前去采访。采访任务完成后,文字记者会根据采访资料及拍摄的照片组织形成一篇新闻稿。若其他记者需要换角度、换形式报道该新闻事件,则需重新外出搜集素材。此种生产模式不仅效率低而且容易浪费资源。

融合新闻的采访任务通常由一名或两名记者完成,他们不仅需要搜集文字资料,而且要进行图片拍摄、音频采集、视频录制等,一次外出采集多种信息资源以供媒体中心其他人员使用。这就需要记者具备多种媒体素质,既能写又能拍,还要具备发现新闻点的"慧眼",提高采集素材的利用率。为提高记者的全媒体素质,媒体集团可以通过重构采编队伍、开设辅导课程、引进综合素质人才、改良考核机制等手段,促进记者的全能转型。外在硬件设备方面,需要为记者们配备先进的多媒体器材设备,全面武装新型记者。

3. 研发智能采编系统

媒体融合时代,新闻报道的时效性争夺、新闻产品的推送时机抢占成为媒体竞争的重要因素。为第一时间播报新闻,全媒体记者无法实现的部分,媒体集团需要研发智能采编系统,来维系内容生产平台的24小时运作,实现媒体新闻的全天候实时推送。这就需要先进的技术支持,比如依托大数据、云计算等技术实时检索新闻素材,进行数据分析以得出热词,从而根据系统设置进行机器新闻采编。浙江日报业集团耗时2年投资1.3亿元研发"媒立方",该平台集舆情研判、统一采集、中央稿库、效果评估、多元分发为一体,是新型智能化的内容生产平台。"媒立方"采用大数据以及云计算等最新科技,24小时实时抓取热点新闻并进行数据分析,保证新闻的全时性生产。

(三)编辑加工:统一指挥、研发系统、按需制作

1. 建立融媒体统一指挥中心

新闻资源采集进入资料库之后,则需要编辑人员按照指挥中心布置的任务进行新闻产品的生产。传统的媒体集团内部通常采用垂直的管理、生产模式。媒体融合之后,原先各部

门独立的记者、编辑打破固有边界共同工作。在物理层面上,通过建立全媒体新闻大厅,使传统媒体与新媒体的工作人员共同在大厅中协同生产新闻,以提高生产效率。2016年人民日报打造了建筑面积达3200多平方米的全媒体大厅,全体采编、运营部门搬迁至此共同工作。《纽约时报》也将旗下1000多名记者、编辑等人员与新媒体数字技术团队融合到一体化的融合新闻编辑室中,从事日常的新闻产品生产、媒介运营工作。

空间上实现融合之后,为保障新闻生产链的高效运转,需要一个强有力的融媒体指挥中心,来配合开放的平台系统、协调组织各部门的生产工作、加强内部的沟通。这个融媒体指挥调度中心通常由媒体集团决策层的领导以及各部门主管共同组成,发挥着大脑的"中枢神经"作用,负责融合新闻的选题策划、协调组织、调度采编任务、沟通信息、回收反馈意见等日常工作,直接指挥整个平台的新闻运营,类似于机场"塔台"的功效。

2. 研发数字化生产系统

新闻资源采集阶段建立的数据库系统,编辑环节需要充分利用才能发挥其数字平台真正的价值。配合存储多媒体信息资源的数据库平台,融媒体往往会建立数字化的新闻生产系统,以实现媒体内部的资源共享。这往往需要先进的技术支持,媒体集团可以内部研发,也可以面向社会招标竞选,与专业科技公司合作,建立数字化生产系统。广州日报报业集团在成立中央编辑部之后,采用第二种研发方式,与阿尔法信息技术公司合作建立生产系统,2015年底已投入使用。开发数字化生产系统,可以实现自动化、全天候地在互联网上抓取新闻资讯,收集新闻线索,并且对这些新闻资讯进行分门别类,打标签,统一数据编码,方便编辑人员按需索取,减轻了新闻工作者的生产压力。

系统的研发是为了更好地使用、发挥数据库的最大价值。这要求不同采编部门根据自身采编目的分层级开发利用数据库系统的资源,深层挖掘数据价值,制作新型融合媒体数据新闻。不同媒体集团根据自身实际情况,有的利用内部技术人员优势,自主设计数字化新闻生产系统;有的面向社会吸纳技术、人才来设计、运营媒体的新闻生产系统。殊途同归,最终目的都是实现新闻的高效、多样化生产,以满足不同用户的需求。

3. 生产适合终端特点的新闻产品

虽然先进的数字化生产流程能够帮助新闻工作者高效地制作新闻产品,但为了达到最优的传播效果,则需要根据不同媒介终端特点,采用适合呈现的新闻素材。媒体融合后共享一个数据库,这种做法提高了资源配置利用率,但是共用素材难免会出现内容同质化现象。为避免内容同质化,需要对数据库中的信息资源分层开发利用,各端口的媒体编辑应根据投放渠道的特色,对新闻素材进行二次加工或者多次加工,以生成各具特色、适合终端展示的新闻产品。

以APP为代表的移动终端适合展现文、图、音频、视频等多媒体新闻产品,就需要编辑人员从素材库中选取图片、音频、视频等素材,进行融媒体加工。以报纸为代表的纸媒终端限于二维空间,只能呈现文字与图片素材,编辑们则需按照传统新闻采编方式制作新闻,但需要创新报道思维,注重用户需求,避免新闻产品的僵化、老套。以网站为代表的网络终端,具有大量的存储空间,受限较少,方便全方位展示多种类型的新闻素材,如海量图文、音视频等。编辑人员可以事先做好新闻选题策划,在网站设立报道专题,规划栏目设置。根据新闻选题策划,从数据平台搜集所需素材,制作新闻产品、扩展事件背景、周边信息,增加报道的深度,丰富网站新闻的趣味性。

(四)传播发布:针对投放、注重反馈、加强合作

记者采集信息,编辑加工制作之后,需要向各媒体平台、渠道投放,这就涉及融合新闻生产的另一个环节——传播。如何开展投放工作?如何实现最优化的传播效果?如何在传播过程中扩大媒体的影响力?这些问题影响到媒体融合后议程设置能力与社会动员能力的提升。

1. 投放适合渠道特点的新闻产品

新闻生产的编辑环节要注重根据不同平台特点制作不同形态的新闻产品,在传播环节中,则需要将这些不同形态的新闻产品按照终端的特色分类投放:纸媒终端挖掘"深度",电视终端表现"专题",移动终端强调"快速",网络终端突出"全面",打破了传统媒体生产过程的时间局限、形式局限,形成多种终端的 24 小时协同生产模式,将产品投放到报纸、电视、广播、手机、网络以及户外广告屏等多种媒介终端,满足用户的个性化需求。通过融合发力产生集合效应,扩大受众规模以及报道的社会影响力,以形成良好的舆论氛围。优化新闻信息的发布时间的联动设置,便于党和国家加强对舆论的引导力,增强媒体的权威性与公信力。

2. 培养用户思维注重用户反馈

新媒体区别于传统媒体的一大优势就在于能够与用户进行互动、反馈,通过收集用户的反馈信息来寻找新的新闻点和报道角度,增添新闻产品内容,使得融合新闻生产流程形成一个循环系统。媒体融合之后,传统报业集团可充分发挥新媒体该特点,弥补传统报业灵活性不足的短板,这需要在传播过程中建立有效的用户反馈机制与互动长效机制,开放数据平台,收集用户采集的数据以应对突发新闻的报道,使用户成为新闻生产的积极参与者。利用大数据与云计算等技术,配合数据资源平台、内容生产平台,通过两微一端、官方网站等终端跟踪用户的数据,对素材标签化分类、对用户进行精准画像,进而根据用户的不同需求以及阅读习惯,进行智能匹配,实现精准推送新闻产品,做好媒体融合新闻生产的传播工作。

3. 联动内外媒体加强合作

对用户的新闻推送不仅要利用媒体集团自有的媒体终端,也要充分发挥利用第三方平台的效用,积极与各大商业门户网站、社交平台开展合作(如新浪新闻网、腾讯新闻网、微博网站、微信平台等),开拓传播渠道;不仅要面向国内公众,也要积极开拓海外传播平台,与国外媒体机构、社交媒体开展合作(如国外电视台、新华社驻国外分社、Twitter、Facebook、Instagram 等),进一步提升传播影响力,统筹国内外两个宣传阵地,服务海外华人、树立国家形象。

第三节 易出现的问题

尽管融合新闻给我国媒体带来全面的变革,但由于自身存在一些问题,在向融合新闻转型的过程中难免出现一些风险。只有正确规避风险,解决好问题,才能实现媒介融合时代下

的融合新闻。

一、数据获取与分析能力不足

数据规模越大,处理的难度也就越大,但对其进行挖掘可能得到的价值更大,这就是大数据热的原因。从分散的、非结构性的、缺乏已知关系的大数据,到集中的、结构性的、已知相关复杂性关系的数据,再到可供新闻生产、图表化呈现的新闻报道,这其中需要经历数据收集、数据分析、数据呈现三个最主要的环节。

在数据收集方面,现有的数据开放程度不高是制约大数据参与融合新闻传播的一个重要因素。数据开放的程度在各国不尽相同,我国政府做了开放数据的努力,但距离英、美两国还有很大差距。媒介融合和融合新闻往往要求成立媒体集团甚至是跨地域传媒集团,所以尽管各媒体新闻传播的方式不尽相同,但由于传媒所有权的垄断集中,难免会造成信息源的垄断,形成一种声音,不利于多样声音的出现和实现民主文明的进步。所以新闻媒体要处理好融合与垄断之间的关系,积极引导公众参与新闻传播,认识到媒体是为公众服务的,而不是要垄断新闻话语权。只有意识到这一点,媒体才会避免新闻信息的垄断。

与此同时,数据分析和挖掘首先要对已收集的数据去伪存真,而后需要专业的技术进行处理。技术上的困难成为大数据应用的一个难题,一旦出现设备、技术的垄断,大数据将无法真正发挥作用。

二、数据呈现方式不当

目前,国内仍有较多依托大数据进行新闻呈现的作品,尽管努力进行了可视化,却没能让受众获得愉悦的阅读体验。这种结果主要有两方面原因:设计不足或设计过度。

一方面,很多"数据新闻"依然算不上真正的数据新闻,它们的大多数设计仍停留在装饰新闻,配图解说水准上,设计感不强、美观程度低,也没有摆脱装饰的附属地位,而不是对新闻内容进行设计。

另一方面,试图对数据本身进行设计的,又因为现代设计技巧的不足,仅有内容没有形式,传播效果大大降低。数据新闻的立足点是数据的真实可靠,不能为了视觉效果的呈现,增加各种无意义的噱头设计,设计过度反而过犹不及。

三、唯数据论

随着大数据越来越普遍地应用到新闻生产中,新闻从业者做出了许多宏观把握社会现状、内容翔实的新闻作品,但是将数据作为新闻生产的唯一准则,忽视新闻记者的现场采访和价值观判断,是与新闻精神背道而驰的,更不必说冰冷的数据无法呈现人的情绪和思想了。此外,数据的来源、分析过程中若是出现偏差,极有可能造成最终结果的整体错误,而负责将数据呈现环节的从业者很难发现,新闻的真实性受到挑战。

新闻从业者应当始终坚守职业道德与准则,提高辨别数据真实性、价值性的能力。避免唯数据论思想,合理地将大数据与新闻生产的实践结合在一起。

四、新闻浅层化风险

区别于传统新闻报道的长篇大论,可视化的数据新闻一张图、几句话将新闻事件的重点信息直观地、形象地表现出来。人们从读文时代进入到了读图时代,图像所带来的感官体验和冲击力远高于文字,但图像的易读性使人们根本还来不及深入思考就已经切换到下一张图,大脑的兴奋停留在色彩、图形的刺激上而不是对某个思想、某种情感深入体会后的愉悦。

融合了大数据技术的融合新闻尽可能将繁杂的数据可视化、动态化,利用图表和软件技术将数据展示变得生动有趣、易于理解,但它带来的新闻内容表面化、浅层化的问题,这其中的博弈值得融合新闻生产者反思。

五、全能人才稀缺

根据融合新闻的特点和工作流程,不仅需要能够熟练运用多媒体技术进行报道的记者,更需要能够将各种媒体统一协调、整合策划的编辑。但就现在的情况来看,不仅这样的人才急缺,而且由于媒体对记者的要求更加全面和严格,许多记者在重负之下往往丧失了对新闻工作的热忱,例如有些新闻记者不仅被要求能够在现场用摄像机进行新闻采集,还要求能够对新闻画面进行编辑,甚至还要求在博客上发表新闻,过重的工作往往使记者不堪重负。所以如何培养和保护人才成为制约融合新闻能否飞速发展的瓶颈。

第四节 融合新闻的典型案例介绍

了解概念的同时也需要新闻实例来进行知识应用,本节将介绍两个融合新闻的案例供大家参考学习。

一、《雪崩》

自《纽约时报》2012 年推出网络新闻作品《雪崩》后,融合新闻已经成为网络时代重要的新闻报道形态,甚至有评论指出这是"新闻业的未来"。《雪崩》之后,随着媒介技术的不断突破,数据新闻、可视化和 VR 报道相继流行,融合新闻凭借其包容性较强的内容形式特点,不断创新。近年来美国普利策新闻奖的评奖中,采用"融合"形式进行报道的作品几乎已经成为参评作品的标配。因此,对于融合新闻报道创作规律的研究具有十分重要的意义。

融合新闻必将会成为一种重要的新闻报道形态。此外,无论媒介技术怎样不断丰富新闻报道的表现形态,讲好故事仍是新闻传播安身立命之根本。实际上,仍有很多融合新闻作品不断面世,其中一些在报道形式和创意上比《雪崩》有过之而无不及。

《雪崩》是新闻媒体第一次尝试在单一新闻故事的报道和呈现中集中使用多媒体形式和互动技术。这一作品在某种程度上可以说对新闻界造成了"雪崩"般的震撼效果,之后各家主流新闻媒体机构都开始尝试"雪崩风格"的网络新闻报道,代表作品包括英国《卫报》的《解密国安局档案》、《国家地理杂志》的《刺杀肯尼迪》、《纽约时报》的《巨鲨戏小虾》等。

《雪崩》生动描述了发生在华盛顿州喀斯喀特山脉一次惊心动魄的大灾难,全面记叙滑雪者的罹难过程,讲解雪崩的科学原理。它发表之后在六天之内就收获了 290 万次访问和 350 万次页面浏览。《雪崩》的意义在于它基本奠定了融合新闻的内容形式以及在叙事理念上的基本框架。因此,从某种意义上说,它的成功并不是一个偶然。

在《雪崩》的制作过程中,编辑"将焦点放在叙事内在的紧张以及故事本身,确保每种(多媒体)元素都能给读者带来对故事的不同体验,只在文章需要的地方添加手段,让文章停顿下来,制造一种微妙的氛围"。

从形式层面来说,多媒体信息的呈现与过渡应当自然流畅地融入线性叙事流,并且完美地配合读者的阅读节奏。在《雪崩》中,特效人员通过动画模拟了冰雪崩塌轨迹的动态效果。为了使这一动态效果完美配合阅读体验,团队事先进行了大量实验,收集了关于读者在阅读正文时拖动鼠标滚动屏幕的速度和节奏的数据,然后根据这一数据决定了动态效果最终的渲染速率。而在信息过渡方面,大量视差滚动、视频背景抠像、视频静音、断点续传和无弹出窗口等效果与技术的使用,都是为了尽力保证信息形态过渡的自然性和流畅性,既不打破读者线性阅读的认知体验,又巧妙地将读者导向一个又一个多媒体形态内容,从而尽可能地实现"融合"效果。

二、《中国抗疫图鉴》

人民日报社新媒体中心联合"人民号"平台号主"我是K董"策划、制作并发布长卷漫画《中国抗疫图鉴》及动态视频版,全景记录了迎战疫情以来发生在中华大地上的一幕幕震撼和感人瞬间,深度刻画了中国人民共同抗疫的坚强决心和有力行动,在互联网上形成刷屏效应,引起全社会的广泛积极反响。

(一)罕见选用长卷式构图

《中国抗疫图鉴》的创作团队来自公众号"我是K董",这是一个有趣的漫画公众号,创始人罗计坤是这幅十米长卷的主笔。今年39岁的罗计坤毕业于广州美术学院油画系,毕业后一直从事艺术创作。2016年创立了"我是K董"后,凭借幽默的画风,短短5个月就吸引了20万粉丝关注。

"这次疫情,我们和大家一样,一直在密切关注新闻。"一月底的时候,"我是K董"就曾在微博上向网友征集战疫英雄人物和事迹,但由于疫情原因,主创团队一直居家,没有条件完成画作。三月初复工后,罗计坤正式开始着手策划《中国抗疫图鉴》。

"开始只是想做一些英雄事迹的片段,但策划的过程中,我们觉得普通条漫的形式根本无法表现这场浩浩荡荡举全国之力的战疫壮举。"经过反复讨论,罗计坤最终决定选用中国传统长卷式的构图,打破空间的概念,按照疫情的发展时间线,选取其中比较有代表性的人物与事件,融合到长卷里。事实上,这种形式在新媒体漫画中是较为少见的,难度也是其他漫画形式的数倍,但它带来的视觉冲击力比常见的网络漫画形式要强很多。

(二)参考8000余张新闻图片

《中国抗疫图鉴》的创作团队包括绘画四人、文案三人,从策划到完成,七个人整整工作了十七个日夜,每天只有三四个小时的睡眠时间。为了保证《中国抗疫图鉴》对战疫过程的全景式展现,团队在前期做了大量的资料收集工作,整理了100多例典型人物故事和超过8000张的新闻图片,最后通过层层筛选,挑出最终呈现在长卷上的人物故事。其中既有钟南山逆行、八方驰援、火神山雷神山医院拔地而起、各地医疗队出征、全国人民宅在家中的故事,也有一线护士隔着玻璃与男友亲吻、小患者和护士相互鞠躬等经典的疫情瞬间。长卷的结尾,一个小女孩坐在武汉的樱花树下,悠闲地吹着泡泡,画面满是春的希望。

罗计坤坦言,筛选素材的过程非常艰难,"首先要考虑人物或事件是否具有代表性,其次要考虑这些人物的外形、动作、表情放在画面中有没有美感,有时候为了画好一个局部,我们要参考几百张图片。在人物刻画方面,则结合了西方写实绘画的技法,可以让人物的形神更加鲜活。"创作过程中,罗计坤常常画着画着眼眶就湿润了,特别是医疗队出征和救治患者的画面,带给他深深的感动和敬意,也鼓舞着创作团队精益求精,力争把作品打磨到最佳状态。

(三) 2000多家媒体争相转载

3月28日,《中国抗疫图鉴》在"人民日报"官微首发后,得到"共青团中央""中国新闻网""科普中国"等2000多家媒体转载。网友纷纷点赞,表示"看哭了","每一幕都是壮举,每一笔都是敬意!"还有网友建议将其出版成绘本给孩子们看,"让他们知道每一个平凡的人都不平凡,让他们知道,面对灾难,只要万众一心就没有越不过的难关,让他们知道中华儿女是多么可亲可敬,让他们知道生活在这一片土地上是多么幸福!"

4月4日全国哀悼日当天,主创团队又赶制了视频版的《中国抗疫图鉴》,在动画特效和背景音乐的烘托下,作品的情感表达更加到位。这段八分多钟的视频很快又在全网刷屏,无数网友转发留言,哀悼逝者、致敬英雄。

在罗计坤看来,《中国抗疫图鉴》能够收获千万网友的点赞,并不是自己和团队的功劳,而是因为图鉴中的人物和事件都太深入人心了,"是他们的英雄事迹打动了大家,我们只是竭尽全力,用我们的方式表现出来而已。"他也把自己的心声融入了作品的一笔一画之中,"整个疫情给我最大的感触就是,我为我生在中国而骄傲。"

第六章 数据新闻

随着大数据时代的到来，新闻传播学应运而生了一个新兴的学科分支——数据新闻学，并被视为未来新闻业发展的主要方向之一而受到广泛关注，数据新闻也成为新闻界的新宠。随着信息化时代的不断深入，数据的应用已经广泛渗透到社会的各个领域当中。而作为新闻而言，数据的应用能够充分地发挥新闻媒体的服务、沟通以及监视等作用。本章对数据新闻的概念及其模式进行了详细阐述，分析了数据新闻的功能以及如何做好数据新闻。数据新闻改变了传统新闻生产模式和整个运作体系，给传媒业注入新的理念，成为新闻界创新发展的趋势。立足数据新闻本土化实践，分析数据新闻在中国的发展历程，探究当前数据新闻的发展现状，对我国数据新闻发展存在的问题及局限进行思考。

第一节 精确新闻报道

一、数据新闻的释义

数据新闻又叫数据驱动新闻，是指基于数据的抓取、挖掘、统计、分析和可视化呈现的新型新闻报道方式。数据新闻在大数据技术的推动下发生质和量的飞跃。数据新闻是随着数据时代的到来出现的一种新型报道形态，是数据技术对新闻业全面渗透的必然结果，它的出现在一定程度上改变了传统新闻生产流程。

（一）数据新闻的内涵

数据新闻的内涵即通过对数据的结构化处理与信息图表的设计制作，达到对新闻表达方式的创新与新闻深度挖掘的一种新闻报道方式。

首先，信息图表是数据新闻的可视化呈现方式。信息可视化与数据可视化作为数据新闻的呈现方式，直接影响数据新闻的呈现效果和新闻信息的受众接收效果。彭兰[①]认为，通往数据新闻方向的必由之路是通过信息图表等手段对已经拥有的数据进行更好的呈现与解读，甚至通过信息图表来拓展与深化新闻。

---

① 彭兰."信息是美的"：大数据时代信息图表的价值及运用[J]. 新闻记者, 2013(6)：14-18.

其次,数据新闻的内涵从核心而言,即是结构化的数据。方洁、颜冬[①]从新闻呈现形态的角度、新闻生产流程的角度以及新闻行业发展的角度理解数据新闻,认为广义上,数据新闻是在大数据时代新闻学发展的新领域;狭义上,数据新闻就是基于数据的抓取、挖掘、统计、分析和可视化呈现的新型新闻报道方式,其核心是对数据的处理。文卫华、李冰[②]以美国总统大选为例,从多渠道获取海量数据、全面谨慎地处理数据、多元创新地呈现数据三个阶段进行解读。不论是自上而下包括数据搜集、清洗、情境化、合并的"正金字塔"结构,还是包括视觉化、叙事、社交化、人性化、个性化和应用化六个环节的"倒金字塔"结构,获取数据、处理数据、呈现数据都是数据新闻报道中不可或缺的三个阶段。

基于对重要关键词梳理,本书选取信息图表和结构化数据这两个关键词,将数据新闻的基本特征归纳为 4W+H。

What? 即数据新闻"是什么"。从数据新闻与传统新闻比较的角度来看,传统新闻以文字纯文本为主,文字在前,数据在后;而数据新闻则是数据在先,文字在后,数据驱动下的新闻是新的新闻报道方式。

Where? 即数据"从哪儿来"。数据来源广泛,主要以公开数据为基础。

Who? 即数据"传达给谁"。受众是数据新闻的接收主体,中国人对社会新闻的偏爱与对电视、手机、网络等新媒体的较大关注将直接影响中国数据新闻的形式与内容。形式上,逻辑清晰,结构分明;内容上,以社会与公众密切相关的新闻事件为主,服务公众利益,涉及面广。

Which? 即数据通过哪种渠道与平台进行传播。一方面,报纸、电视、手机、互联网都作为数据新闻的载体,传统媒体与新媒体共同发力,实现对微信、微博、空间、论坛等多个社会媒体的数据信息共享与深入开掘。另一方面,数据新闻的数据可视化效果或创新呈现形式必须依靠特定的计算机软件进行设计制作,数据新闻的产生源于计算机数据分析技术在新闻报道领域的运用,故技术是保障。

How? 即数据"怎样传达"。结构化、有说服力的数据需通过数据可视化,甚至不断创新其数据新闻呈现形式来传达信息与吸引读者。

(二) 数据新闻的应用

中国数据新闻发展呈现出速度快、潜力大、专业编辑反映高效灵敏的优势特征,同时显现出理论滞后与实践广泛、集中在国内新闻、数据可视化水平低以及数据新闻利益模式较为单一的问题。

1. 应用广泛,发展速度快,潜力大

(1) 发展速度快。事实上,自数据新闻产生,到近两年数据新闻成为中国传媒业热点,数据新闻已延伸到中国纸媒、电视、网络与数字平台的各个方面,中国数据新闻的发展无疑可以用起步晚、速度快来形容。

(2) 潜力大。自 2009 年出现数据新闻这个词汇,到 2012 年网易"数读"、搜狐"数字之道"、新浪"图解"等各主流媒体网站进行数据新闻生产,不仅速度快,也表现中国数据新闻较

---

① 方洁,颜冬.全球视野下的"数据新闻":理念与实践 [J]. 国际新闻界,2013(6):73-83.
② 文卫华,李冰.从美国总统大选看大数据时代的数据新闻报道[J]. 中国记者,2013(6):80-81.

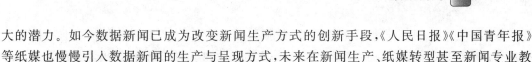

大的潜力。如今数据新闻已成为改变新闻生产方式的创新手段,《人民日报》《中国青年报》等纸媒也慢慢引入数据新闻的生产与呈现方式,未来在新闻生产、纸媒转型甚至新闻专业教育方面,数据新闻无不显示出巨大发展潜力。

(3) 专业编辑反应灵敏。以马航MH370事件为例,自2014年3月8日事件发生,包括"数读""数字之道""图解"在内的新媒体、传统媒体竞相使用相关图片进行数据新闻报道,甚至电视新闻与网络视频开始将静态拟态数据图与动态搜寻过程相联系,使关注马航事件的受众感到通俗易懂。记者、编辑在相关新闻事实一有信息来源,就组图、发稿的高效灵敏为我国数据新闻纵向发展锻造了主力军队伍。以新浪"图解"为例,2014年3月8日10:49分、11:50分、13:40分陆续发表了飞机航行全程事故率、马航失事新闻与失航部分中国乘客名单,可谓快速高效。

2. 数据可视化水平低

(1) 理论滞后,实践广泛。中国数据新闻近两年实践应用广泛,实践创新活跃在整个传媒行业。与之相反,关于中国数据新闻理论的研究,至2013年,才以彭兰《"大数据"时代:新闻业面临的新震荡》为始有了一批对数据新闻的研究文献,理论滞后于实践。

(2) 数据新闻盈利模式较为单一。中国数据新闻仍以传统的广告为主要经营模式,它具有传统新闻无可比拟的数据收集、过滤视觉化以及故事化过程,却与传统新闻具有相同的盈利模式。数据新闻本身的数据编辑、清理、情境与综合这一生产过程可创造巨大的经济效益,单一的数据新闻利益模式已不能满足传播者与新闻创新化、规模化经营的需求。

(3) 报道数量遍地开花。数据新闻在报道数量上,则是"遍地开花"。央视《晚间新闻》在2014年1月25日正式推出了《"据"说春运》《"据"说春节》《"据"说两会》等"据"说系列节目。当时,《"据"说两会》还是央视的一个特色,但是在2015年的两会报道中,数据新闻则是"遍地开花"。在百度中搜索"数说两会",除了央视、网易、搜狐的系列报道外,还会出现江西卫视、陕西卫视、人民网、金羊网、国际在线、环球网、海南日报等媒体的"数说两会"报道。可见,在2014年后,"用数据报道新闻"的理念已经深入人心。

(4) 数据来源:缺乏独家数据。以《图解天下》为例,《图解天下》的数据主要来源于媒体发布的公开报道,也有少量报道的数据来源于政府部门、国际机构、独立机构等。而腾讯《数据控》的数据不仅来源于政府以及非政府组织、国际机构、独立调查机构发布的数据信息,也来源于媒体发布的公开报道。

通过分析可以发现,搜狐、网易等媒体所使用的数据大多来源于其他渠道,缺乏自己的"独家数据"。而在大数据时代,数据会成为公司的一项核心资产,拥有自己的"独家数据"并提供"独家信息"尤为重要。百度迁徙动态图就是利用百度自身的LBS(location based services,基于位置的服务)开放平台和APP,对移动终端的地理位置信息进行分析,然后采用数据地图的形式展示迁徙的动态与路线。

(5) 数据挖掘能力不足。中国媒体的数据挖掘能力不足。数据挖掘指通过特定的计算机算法对大量数据进行自动分析,从而揭示数据之间的隐藏关系、模式和趋势,为决策者提供新的知识。数据挖掘对于讲述新闻故事、揭示洞见至关重要。中国媒体的绝大多数数据新闻报道所提供的信息浮于表面,没有在揭示"为什么"和"怎么做"方面发挥作用。

中国媒体数据挖掘能力不足的主要体现是,它挖掘的主要是统计数字、报表、调查报告这些结构性数据,且挖掘程度比较浅。然而,在大数据时代,文字、视频、图像、语音这些非结构性数据占绝大比例,它们缺乏逻辑关联、挖掘与分析难度大,需要媒体加强对非结构性数据进行深度挖掘的能力,从而发现数据之间的逻辑关联和事实真相,揭示出深刻的洞见。以搜狐"数字之道"和网易"数读"2015年的两会报道为例,"数字之道"先后共推出了《两会最忙部委》《中国女性高官从政记》《最高法2014成绩单》《最高检2014成绩单》四篇数据新闻、"数读"也先后共推出了《教育支出两万亿,多少发到你手里?》《政府补贴没跟上,公立医院收入四成来自药品》《雪上加霜的养老金:养老保险基金挪用数额增加》《养老如何靠政府:人均养老补贴十年多188元》共四篇数据新闻报道,这些报道分析的都是结构性数据,且挖掘程度也做得远远不够,仅仅向读者提供了"是什么"的事实性信息。而两会事关国计民生,完全可以对与两会相关的数据进行深度挖掘,分析背后原因或者诸多政策对公民可能造成的影响,为读者提供决策参考。

(三) 数据新闻的前景

创新数据可视化新形式与新路径,灵活运用动态图表、信息图表以及交互地图等,对世间万物的数据化结果进行人性化、故事化、个性化呈现,并力图高效、简洁、优美。英国维克托·迈尔-舍恩伯格(Viktor Mayer-Schonberger)与肯尼思·库克耶(Kenneth Cukier)在《大数据时代:生活、思维与工作的大变革》中认为,在大数据时代,世间万物皆可数据化,一切皆可量化,而量化一切,即是数据化的核心,因此基于数据本身的收集与分析,掌握核心技术与创新思维模式尤为重要。

以全球化视野、翔实数据以及简洁条理的图表解读世界政治、经济等方面,不再只应用于国内新闻,探索全球化与全媒体时代数据新闻报道新形式。如今全媒体时代,纸媒以及网络与数字平台新闻应面向世界,既注重由远及近、由点及面,又突出重点,抓住数据新闻的特点,理清数据间的关系,建立信息图表,开展全球新闻信息传播,以增强中国新闻报道的人性化与创新化特征。

探索多样化的数据新闻发展模式,将数据新闻生产发表与经济效益相结合,深入研究其技术特性,构建多元化盈利平台,争取实现数据新闻报道经济与社会效益双盈利的综合型经营模式。运用数据收集、分析与可视化,将复杂难懂的新闻事件以简洁清晰地数据可视化效果呈现,同时不断收集有用的结构化文本与数据,以新闻由头深化数据报道,不仅可以拓宽行业领域,转变新闻生产流程,还可以促进新闻教育走向专门化,为新闻记者打开一片新闻宝地。

新闻传播学界应加强对数据可视化效果研究,对信息图表的交互式技术与数据的结构化进行前沿探索,对数据新闻的叙事方式进行创新研究。传统纸媒的信息可视化实践可加强与业界前沿专家、学界研究者的交流与研究,进行广泛合作,围绕发生的新闻事件展开讨论;以寻找最佳的数据可视化呈现效果。信息可视化正在日益成为传统纸媒阅读模式的新浪潮;网络与数字平台新闻实践性更强,对最新数据技术的学习更敏锐,从新闻教育与新闻理论研究的角度对最新数据新闻现状进行探讨;理论研究更需要在积累了较多数据新闻研究成果后,对数据新闻下一步发展进行预测,以对中国数据新闻的发展提供理论指引与技术领航。

二、数据新闻的兴起与发展

（一）数据新闻的产生

第一个利用数据进行的新闻报道可追溯到 1821 年 5 月 5 日。《卫报》历史上第一份报纸的头版新闻：曼彻斯特在校小学生人数及其平均消费统计。这份数据现在可以从《卫报》的网站上下载到原版的 PDF 数据。

数据新闻不是一夜之间就有的。它的萌芽是从计算机辅助报道开始的。20 世纪 50 年代，美国就有媒体记者利用大型计算机对政府提供的数据库中的信息进行分析，以调查和发现新闻事实。记者在政府机构、企业等所发布的有限数据中，发现新闻选题或者将这些数据作为佐证发现、拓展深度的重要资料。而在如今大数据的背景之下，记者能够获取和利用的数据量相较而言是那时的无数倍。

数据新闻是精确新闻在大数据时代的进一步发展。精确新闻由美国著名学者与记者菲利普·迈耶于 20 世纪 60 年代提出，它是指借助社会科学的调查研究方法，对社会现象或新闻事件进行调查研究，然后对所获取到的数据进行挖掘，用数据说话，从而使新闻报道更加客观、公正、准确、全面。该新闻报道理论在 20 世纪 70 年代风行于美国新闻界，后传遍世界各国新闻界。20 世纪 80 年代，中国新闻界开始运用该新闻报道理论报道新闻。郭晓科认为："数据新闻学是精确新闻学的进一步延伸，数据新闻学使新闻生产过程更为精细化，它对新闻工作者的技能要求除传统的文字写作、音视频制作外，还包括社科研究方法，计算机数据抓取、处理、可视化，平面、交互设计，计算机编程等多个领域。"

欧洲新闻中心的莉莉安娜·波内格鲁在《数据新闻手册》中提到，有关数据新闻最早的表述之一，是由 EveryBlock 的创始人阿德里安·哈罗瓦提（Adrian Holovaty）在 2006 年提出的，阿德里安·哈罗瓦提认为记者应公布结构化的、机器可读的数据，而抛开传统的"大量文字"。数据新闻引发广泛关注始于 2010 年，维基解密先后将美国有关阿富汗战争和伊拉克战争的绝密文件泄露出来，这些文件包含了数以万计的数据，为了让大量的数据更易于理解，发布的阿富汗战争文件就使用了独立第三方的数据可视化技术。这也进一步刺激了各大媒体采用可视化手段呈现绝密文件中纷繁复杂的数据，例如《卫报》采用数据地图呈现伊拉克战争中所有人员的伤亡情况，《卫报》的数据新闻也因此而名声大震。蒋畎指出，英国《卫报》最先采用"数据新闻"这一术语，自 2010 年 7 月，维基解密泄露阿富汗战争文件后，这个概念被广泛使用。之后，数据新闻这一概念在 2010 年下半年，开始被学术会议和期刊运用。

而"数据新闻"这一术语传入中国并引起业界、学界的关注则是在 2013 年，有关数据新闻研究的集大成之作《数据新闻手册》的中文版于 2013 年在网上面向读者开放，推动了"数据新闻"这一概念在中国的普及。这本手册由欧洲新闻中心和开放知识基金会共同开发，由诸多数据新闻专家于 2011 年合作编写而成，它不仅解答了数据新闻的含义、价值，而且讲述了国际各大主流媒体数据新闻实践案例，也详细地讲述了如何获取数据、理解数据、展现数据以及用到的各种工具，是第一本有关数据新闻的系统著作。中国最早的一篇关于数据新闻的研究论文，是由清华大学国际传播研究中心的李希光和张小娅于 2013 年 1 月 15 日在《新闻传播》发表的《大数据时代的新闻学》，该论文对《数据新闻手册》的主要内容和重要案例进行了介绍和概括。

(二)中国数据新闻的发展

中国网络媒体走在数据新闻实践的前沿,搜狐早在2011年5月21日就推出了中国最早的数据新闻栏目《数字之道》,而其他网络媒体开始集体试水数据新闻始于2012年,例如网易的《数读》(2012年1月13日上线)、新浪的"图解天下"(2012年6月4日上线)、腾讯的《数据控》(2012年12月3日上线)等。之后,传统媒体也开始探索这一新兴的新闻报道方式,央视《晚间新闻》于2014年1月25日正式推出的"据"说系列节目的影响,使数据新闻迅速升温,成为中国学界、业界的热点。

在四大门户网站中,网易在数据新闻实践方面做得最好。网易在2012年1月推出了新闻栏目《数读》,它更新速度快、报道量多,数据来源渠道更加多元,选题也更具国际视野。其中每年的两会报道具有典型性。因此,以下采用立意抽样,以网易2004年、2009年、2014年的两会专题报道中的数据新闻报道为例,将"以数据为基础设置新闻议题"作为选取数据新闻的标准,对这些数据新闻报道进行分析,来说明中国数据新闻近15年的发展过程及在三个发展阶段的特征。

1. 网易2004年的两会专题报道

在网易2004年的两会专题报道中,笔者共找到并分析了《1100亿元国债投资边调减边调向》《政府工作报告让城乡群众直接受益1936亿元》《回望2003:北京去年新增城镇就业42万人》《回望2003:北京一年内新增地名桥名384个》《两会数字:大会收到提案4312件》《沪磁浮列车40余天运客20万不久将正式投入运营》《回望2003:北京37件实事已落到实处》7篇数据新闻报道。

网易2004年的两会"数据新闻"大多是对政府报告中的数据进行简单复制,或者简单引用文献资料、相关人士说的数据,报道中包含的数据量较少。除了《两会数字:大会收到提案4312件》对数据进行了浅层挖掘外,其他报道都缺乏对数据的主动挖掘。从总体上看,该时期的"数据新闻"数量以及新闻报道中包含的数据量少,而且对数据缺乏挖掘,也没有采用可视化手段。

2. 网易2009年的两会专题报道

在网易2009年的两会专题报道中,笔者共找到并分析了《吴邦国:2008年共审议15件法律案通过9件》《温家宝:8500亿医改和近6000亿减税不在4万亿中》《曹建明:去年共查办厅局级国家工作人员181人》《曹建明:去年抓获在逃职务犯罪嫌疑人1200名》《曹建明:侦查官员商业贿赂案10315件涉案21亿》《曹建明:纠正181人次超期羁押案比上年增113.%》《王胜俊:排查处理重点信访案件36727件》《王胜俊:2008年最高人民法院受理案件10553件》《王胜俊:审结劳动争议案286221件同比升93.93%》《经济成"温家宝总理记者会"提问焦点约占2/3》《两会车队运行精确到秒》《陈竺:职工医保封顶额明年拟升至人均10万》《王胜俊:共判处罪犯1007304人有效震慑犯罪》《高强:美国军费是中国的11.8倍》《两会期间股市微涨1.7%》《温家宝:09年GDP增长目标8% CPI涨幅4%左右》《温家宝:三年内中央财政将向医改投入3300亿》《温家宝:中国GDP超过30万亿比上年增长9%》《中国扩增财政赤字至9500亿创建国60年之最》共19篇数据新闻报道。

网易2009年的两会"数据新闻"依然以政府工作报告为主,但数据新闻报道数量大幅增多,而且数据更加翔实、精确,主要原因在于政府工作报告本身对数据更加重视,最典型的是最高法和最高检的工作报告。报道《经济成"温家宝总理记者会"提问焦点约占 2/3》《两会车队运行精确到秒》开始注重主动挖掘数据,而其他数据新闻报道仍然是对政府工作报告的简单复制,缺乏对数据的主动挖掘。该时期,采用可视化手段的数据新闻报道数量仍然为 0。

3. 网易 2014 年的两会专题报道

在网易 2014 年的两会专题报道中,像 2004 年、2009 年那样,简单复制政府工作报告的数据新闻报道数量仍然很多,包括 2 篇最高检察院工作报告、6 篇最高法院工作报告、1 篇政府工作报告、4 篇两会发布会报道,在此不再一一列出。笔者重点分析了《两高报告表决背后:代表因个案遭遇不公投反对票》《媒体解读政府工作报告 10 大关键数字》《99.3%的代表给总理报告点赞》《今年政协提案 5875 件 1/4 关注民生(图)》《16 年总理记者见面会盘点:三任总理回答 208 次提问》《中国现任 31 位省级纪委书记近 2/3 为异地空降(图)》《四川取消 279 项行政审批 3 年为企业免税千亿元》《"两高"报告表决获最多反对票引现场惊叹》共 8 篇数据新闻报道。

网易 2014 年的两会"数据新闻"主动挖掘数据与可视化特征凸显。注意主动挖掘数据的数据新闻报道有 4 篇:《媒体解读政府工作报告 10 大关键数字》《中国现任31 位省级纪委书记近 2/3 为异地空降》《今年政协提案 5875 件 1/4 关注民生》《16 年总理记者见面会盘点:三任总理回答 208 次提问》。采用可视化手段的数据新闻报道有四篇:《"两高"报告表决获最多反对票引现场惊叹》《两高报告表决背后:代表因个案遭遇不公投反对票》《中国现任 31 位省级纪委书记近 2/3 为异地空降》《今年政协提案 5875 件 1/4 关注民生》。但是,中国"数据新闻"的发展还处在起步阶段,与欧美数据新闻的差距主要体现在对数据的深度挖掘、可视化技术以及互动性方面。图 6-1 所示为网易 2004 年、2009 年、2014 年两会专题报道中的数据新闻报道相关数据。

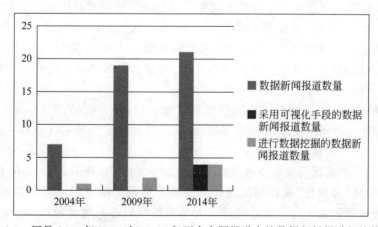

图 6-1 网易 2004 年、2009 年、2014 年两会专题报道中的数据新闻报道相关数据

三、如何理解数据新闻

(一)来源探究

数据新闻从广义上讲,就是用数据说话的新闻,这种新闻形式早已有之。正如欧洲新闻中心的莉莉安娜·博内格鲁所指出的,使用数据以改善新闻报道的做法可追溯到"数据"问

世的年代。例如《卫报》首个使用数据新闻的案例可以追溯到1821年5月5日创刊第一期的一篇报道,它使用表格列出了曼彻斯特各个学校的学生人数和所付的学杂费用。但是在这些原始的数据新闻报道中,由于数据新闻的数量规模较小,报道中所容纳的数据量有限,呈现方式单一、原始,所以数据新闻还未能成为一种独立的新闻报道方式。数据新闻走上独立、繁荣发展的道路是在近几年,借助丰富的数据资源、先进的数据处理以及可视化技术,它在数据量、可视化、交互性方面都实现了质的突破,产生了巨大的影响,从而被西方视为一种新兴的新闻报道方式,并正式提出了"数据新闻"这一概念。

现在所说的数据新闻,是指针对新闻选题,运用社会科学研究方法对数据进行收集、过滤、挖掘,然后借助可视化手段对数据信息进行组织与呈现的新闻报道。舍恩伯格[①]认为,数据化是指一种把现象转变为可制表分析的量化形式的过程,它需要从数据中挖掘出巨大价值,然后揭示出深刻的洞见。这句话启发我们,数据新闻的核心之一正是数据化,它也往往需要借助图表来分析、呈现,并有利于揭示出深刻的洞见。数据新闻随着大数据的兴起而繁荣,在大数据时代,思维转变、数据处理与可视化技术的进步以及丰富的数据资源,给数据新闻的发展提供了良好条件。它被人们视为未来新闻报道的趋势,并诞生了一门新的学科"数据新闻学"。

(二)概念梳理

作为一个概念,数据新闻(Data Journalism)较早出现于2008年英国《卫报》记者西蒙·罗杰斯(Rogers)的一篇内部博客。

"昨天,我们的开发团队开发出一款软件:它能将原始数据转化为可编辑的地图。这意味着我们可以利用它来制作令人兴奋的互动图表。这是数据新闻——记者和开发人员一起创造出了这个从技术上非常有趣的东西,它将改变我们的公众看待数据的方式。"

仅过四年,数据新闻就从一个偶然发明变成了全球性的新闻业运动。在2012年欧美前沿数据新闻探索者创作的《数据新闻手册》(Data Journalism Handbook)中,数据新闻被称作:基于数据挖掘与分析思维,遵循倒金字塔的数据筛选流程,最终以可视化方式呈现价值的新闻报道(见图6-2)。这从新闻生产流程层面,给数据新闻和以往的计算机辅助报道、精确新闻报道之间画上了清晰的边界。

然而,这样的定义并不全面。数据新闻不仅是一种技术,也是一种文化。从新闻史来看,从计算机辅助报道到精确新闻报道,再到数据新闻的演变历程不仅是媒介技术的进步,更是客观性理念的延续和发展。

客观性法则是美国新闻业确立独立自主地位的道德准则(见图6-3)。1924年克劳福德《新闻的道德》中将"客观性"视作新闻报道的最基本道德。随着哲学可知论和通讯社的发展,对事实的信念逐渐取代对观点的追随成为美国新闻界普遍遵循的准则。记者被要求将观点和事实划分,不带成见地报道事实。

在二战后,尤其是经历了"麦卡锡事件"之后,人们开始意识到,客观性法则难以通过"烟熏缭绕的咖啡屋中的谈话"实现,而必须依赖于更加规范化的事实挖掘、核查程序。

(三)案例分析

2020年春新冠疫情传播中,除了消息、通信、调查等常规的新闻报道,疫情数据新闻获

---

① 维克托·迈尔·舍恩伯格.大数据时代[M].杭州:浙江人民出版社,2013.

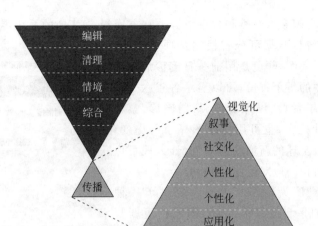

图 6-2 数据新闻的"双金字塔"结构

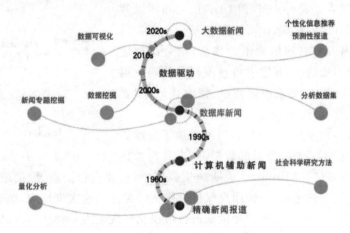

图 6-3 客观性法则的奠定和危机

得了极强的关注,也成为政府信息公开的重要内容。过去,新闻数据通常只作为一个简单的数字出现在电视或报纸上,但在这次疫情中各个平台借助移动互联网的应用场景,推出了纷繁多样、不同类型的数据类产品和新闻报道。

1. 疫情地图:让数据呈现时空感

1月21日,丁香园在微信、微博、移动端上线了"全国新冠肺炎实时动态",走在了同行、各大媒体的前列,随后,腾讯新闻、今日头条、网易新闻、百度跟进了类似的实时动态网页或应用。做得比较早的媒体是澎湃新闻,1月22日就上线了疫情实时数据,上观新闻在1月23日晚间也上线了疫情数据实时动态。

为了方便用户一目了然地了解不同地区的疫情状况,疫情数据可视化各平台不约而同采用了热力地图+折线图(用来表示疫情根据时间的变化)的基本形态,地图上各省市的颜色则根据确诊病例数作渲染。

这种形态的产品迅速得到了官方的呼应。1月28日,中国疾病预防控制中心(CDC)在官网推出了"新型冠状病毒感染的肺炎疫情分布系统",动态更新和展示疫情在全国的变动情况,疫情数据来自国家卫健委和各省卫健委官方通报。CDC 的系统界面布局分成统计数据和地图两部分,统计数据可分省根据某项数据排序。中间地图采用蓝黑底图,颜色是用前一日确诊病例数作渲染。点击地图中的每个省份,可以显示各省六个指标数据情况,包括新增疑似、累计疑似、新增确诊、累计确诊、新增死亡、累计死亡,也可用折线图显示历史变化。并且通过实时播报全球的新增新冠病例,让人民可以获得最新信息以进行预防应对措施(图 6-4)。

图 6-4 丁香医生的实时播报

CDC 的数据维度为各非官方平台提供了一种标准。相对市场化的平台或媒体,CDC 的数据更新频率相对较低,一天只更新一次,但有趣的是,上面有些数据是在省市卫健委的公布里找不到的,比如每日新增疑似病例数,上海卫健委并没有公布,但 CDC 的分布图里就可以找到。利用开放的数据,民间也做了不少地图类的开源项目,比如有开发者根据腾讯的数据,结合高德地图自动生成地级市疫情图,开发者将该项目的代码放到了 GitHub 上,可以根据需求整理数据、修改代码,部署自己所需的个性化服务。

随着国际疫情的发展,各个平台纷纷增加了全球数据和世界地图。根据丁香园公布的数据,一个月内光其疫情动态就有 20 多亿次的访问,这说明病例数据(包括死亡和治愈等)是最受关注的信息,日常更新有可持续的长尾效应,让用户保持对网页的黏性。这次疫情中,结合地图形式对疫情数据的空间特征、时间特征和数量特征进行可视化呈现成为一种热门产品,也从侧面反映出地图学作为疫情类新闻信息的媒介的重要性,以及图示化信息的直观易懂性。

2. 数据应用服务:基于更细的颗粒度

除了基本的统计数据以外,各地政府在疫情信息的发布过程中,也逐渐提供了颗粒度更细的内容。一些地方如香港、浙江温州,很早就开始公布确诊病例除隐私外的情况,如性别、年龄、症状、传染途径、发病时间、就诊时间等。还有些地方没有公布具体的病例数据,但也提供了更多维度的统计数据,比如年龄分布、是否有湖北接触史等。

上观新闻开发了一个数据库,除了疫情实时数据和地图外,增加了在各个公开渠道收集到的病例数据和自己的一些报道数据。截至 2020 年 3 月 12 日,收集到新冠肺炎 6846 个具体案例,其中确诊 5592 个,治愈 1156 个,上观新闻对数据进行了简单的结构化处理,并在上观数据平台上和公众分享了所有原始数据。

随着各地公开确诊病例的具体信息越来越多,一些团队利用公开信息做出了一些服务性的应用,比如"与新冠患者的同程查询服务",收集了各地公开的确诊病例火车车次、航班等信息,输入日期、车次以及地区,即可查询是否与已披露的确诊患者同行。

基于病例轨迹的地理信息产品也不少。南方都市报上线了一款"广东病例轨迹查询系统",收录广东各地卫健委公开的场所名单,包括确诊病例发病前的轨迹以及逗留区域。这个系统可以通过接入高德地图查看所处区域的周边疫情,也可以在城市列表中查看病例涉及区域或数量,或是输入路名信息直接搜索该区域有无确诊病例。类似产品各地媒体、政务网站都有所开发,人民日报客户端和腾讯合作,很快上线了全国性的附近疫情速查服务。

另一类大家共有的产品,即"附近的发热门诊"查询,像丁香园、百度等都推出了查询发热门诊、医疗救治定点医院的应用,国家卫健委也开发了相关的小程序,患者只需动动手指即可查询全国各地的发热门诊、医疗救治定点医院名单。如果分析这些数据应用产品,其着眼点还在于服务性。首先得益于此次各地政府公布的疫情数据颗粒度之细,以及数据公开之及时,比如病例轨迹相对都比较充分。另一点值得注意的是,这些产品都结合了地理、交通、人流、物流等大数据的采集和分析,中国强大的互联网基础建设为这些产品提供了数据、技术支撑和应用场景,这也是为什么这些产品能在很短的周期内就得以上线的重要原因。

3. 数据新闻:用数据讲故事

因为疫情本身有大量的、实时性的数据,媒体在新闻报道中对数据的应用,也超过了其他主题的报道。数据类新闻报道大体可以分为两类:一类是短平快的数据产品,比如人民日报微信号几乎每天都会推出一张数据动图,来表现疫情阶段性的发展特征。这些数据图相对简单,有时候是折线表现的病例变化,有时候是鸡冠花图表现的各国病例数,有时候干脆是数字0。

上观 App 在疫情期间也进行了一些短平快的数据短视频,比如用柱状图显示各国股市指数的跌幅变化、用南丁格尔图显示各国病例数变化等,与人民日报不同的是数据的呈现是动画形态,方便在抖音、快手等短视频平台上发布。这些数据动图或数据短视频,以较直观的形态表现枯燥的数据变化,比如"29 个省市归零"这样的数据动图,相对文字罗列更具冲击力。用动画视频深入浅出解释了 R0 数(基本传染数)等专业知识,也较符合现代读者的阅读习惯。

另一类是疫情中涌现出大量深度的数据分析类报道,令人印象深刻的,比如 DT 财经的"离开武汉的 500 万人到底去了哪里"。DT 财经根据百度迁移 1 月 20 日至 23 日的出行数据去追踪从武汉离开的人,并用冲击图的形式,将春节前武汉人口流出情况进行了可视化(图 6-5)。澎湃新闻的"763 例确诊患者的故事,还原新冠病毒向全国扩散的路径",则是搜集和分析了 763 例确诊患者的迁徙详情,尝试还原病毒扩散的路径。

上观新闻利用自己收集的数据库,也通过数据做了一些深度的分析,主要集中在三个方面:一是对病例的分析,比如"新冠肺炎值得注意的细节! 277 个病例和 41 个死亡案例","为什么温州会成为湖北外新冠肺炎确诊病例最多的城市";二是对相关研究的分析,如"24 篇有关新型肺炎的学术论文都说了什么","552 篇新冠肺炎中文论文详解"等;三是一些相关公开数据的分析,比如分析援鄂医务人员组成的"湖北,全国医务人员把最坚硬的龙鳞都给你了"。

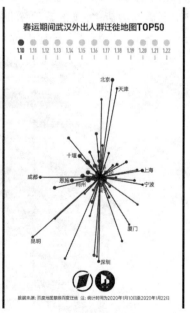

图 6-5 春运期间武汉外出人群迁徙地图 TOP50

在这次疫情中,数据的透明、公开和易得性,让数据新闻的作品量大幅上升,生产周期也大幅缩短,短视频、动图、地理信息图等形态变化较多,不过,撞题的现象也比较严重,同时,普遍缺乏线下调查和采访,目前尚未有较有深度的数据新闻报道出现。

4. 思考:用数据做什么和媒体的定位

"上海发布"的网友在疫情通报的新闻下评论:"人们对于不了解的东西总是会有特别的恐惧感,公开透明化也能够相对应地降低大家的担忧。"TOW数字新闻研究中心的研究者尼克·蒂亚克普洛斯也曾写道,通过诚实的推理过程,我们可以在数据中找到真实。如果我们对比欧美的疫情数据发布,就会发现中国政府这次疫情数据的更新,无论是频率还是颗粒度都处在世界领先的位置。但对媒体来说,数据类产品或者数据新闻都还是较新的尝试,面对大量的数据,这既是一次机遇也是一次挑战,如何避免同质竞争?如何体现自己的特色?这些都是这次疫情报道中大家需要思考的问题。

在具体的生产过程中,对媒体来说一大挑战首先是来自数据的采集和整理。相对于互联网媒体,传统媒体手中很难有大量的数据,另外,数据采集是非常烦琐和繁重的工作。上观新闻在收集病例数据的时候,会通过爬虫做信息初筛,但主要工作还是靠人力,在各种通报、公开的新闻报道中采集非结构化的数据,每天可能涉及几千几万条数据,这些数据的清理和管理都需要大量人力,而传统媒体的数据新闻团队往往较小,不可能在数据采集、标签方面投入大量人力。

其次是产品开发需要技术性的支撑,一些大的平台在这方面具备很强的优势,比如腾讯的"新冠肺炎小区查询"功能(图6-6),地图信息是现成的,开发实力也很强。针对目前已经对外公布了疫情小区名单的地市,可提供疫情小区查询功能。进入该页面后,用户可查询自己居住的小区是否有疫情发生,疫情发生的具体定位点,附近最新发生疫情小区的位置以及和自己的距离。除了能够查询疫情小区信息外,腾讯地图"新冠肺炎小区查询"页面上,还能查询到周围酒店、公寓的确诊病例情况,方便用户快速掌握更为精确的疫情场所动态,提前防控。腾讯地图将结合各地卫健委、官方权威媒体报道的最新数据持续更新。但媒体既缺

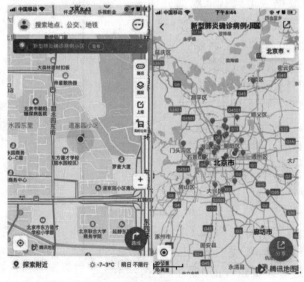

图6-6　腾讯地图"新冠肺炎小区查询"功能

乏基础数据的积累,技术能力也非常薄弱,一种解决路径是中央媒体纷纷和巨头合作推出全国性的产品,比如确诊病例所在小区的查询。但在这些全国性产品以外,如何生产适合自己地区用户的产品而不是重复性地做其中一部分,可能是困惑很多地方媒体的问题。

最本质的问题是,媒体在疫情报道中,面对大量数据,自身的功能和定位是什么?开发服务性的应用当然是一部分,但这是不是媒体尤其是传统媒体的主要功能?面对大量的数据,我们怎么收集、清理,怎么打通不同数据之间的关系,比如疫情数据和经济、和社会发展、和城市流动之间的关系?另外,普通人在社交媒体上所发表的评论、国内外新的论文、专利等非结构化的数据之间存在怎样的细节,在这些海量数据中如何挖掘出更多的信息量,用合适的、通俗易懂的可视化方式来表现这些数据,讲好中国的抗疫故事?怎样避免简单的、罗列式的数据呈现?所有这些,都是传统媒体在这次疫情报道中遭遇到的、迫切需要思考并加以解决的问题。

数据新闻不仅是一种新闻技术,更是一种新闻文化。通过挖掘新闻史发现,客观性理念是数据新闻所遵循的价值准绳,而服务公众、叩问真相则是其应具备的精神气质。

检视中国传媒现实,我们看到:尽管数据新闻的技术被广泛接纳,但由于受制于诸多市场环境、数据开发等制约因素,其叩问真相的潜力并未得到充分释放。基于此,我们唯有保持谨慎的乐观,继续投身于理论和实践的碰撞中,才能开辟出中国数据新闻的开阔前景。

四、数据新闻的功能和优势

(1)揭示深刻的洞见。数据新闻通过对大量数据的收集、深度挖掘和分析,有利于发现数据之间的联系,揭示出深刻的洞见。在2011年的伦敦骚乱发生后,英国政治保守派认为主要原因是社交媒体的谣言鼓动了骚乱的发生,并据此要求暂时关闭社交媒体。《卫报》与学界进行合作,对260万条关于骚乱的推特信息进行了挖掘分析,以数据地图的形式显示出骚乱发生地点的贫困状况,揭示出了骚乱与贫困的密切联系,从而推翻了保守派的结论。

(2)将复杂故事简单化。数据新闻借助可视化手段展示诸多关联数据,将数据之间存在的复杂关系非常直观地呈现给受众,增强了新闻报道的易读性,有利于受众更好地理解新闻事件,并留下更深刻的印象。数据新闻最重要的一项功能是使用数据可视化软件,通过统计大量的数据,帮助记者使用数据图表讲述错综复杂的故事,而这种讲故事的方式必须依赖于对大数据的分析和可视化处理,由于数据量巨大,按照传统的新闻生产方式是几乎不可能实现的。

(3)良好的交互性。一方面,数据新闻增强了新闻报道与个人的联系。例如,腾讯《数据控》于2013年12月11日发布的第44期报道《超生会被罚多少钱》,就在图表中设计了帮助读者计算社会抚养费的互动环节,读者只要输入夫妻二人的年收入、省份、罚款倍数、户籍等信息,图表就可以自动算出超生所需要缴纳的社会抚养费。财新网也曾制作了摇车号的游戏,月度指标数据配合虚拟的未来摇号总数,就可以帮助用户随机算出是否摇到了车号,从而增强了新闻报道的互动性。另一方面,读者可以参与数据新闻的制作,实现众包生产。媒体将使用的数据以及软件公开给受众,允许受众下载使用,进一步实现了数据的再利用。《卫报》数据新闻的一个鲜明特色在于,它将制作新闻所使用的数据完全公开在"数据博客"页面上,所有数据新闻所使用的原始数据均可以免费下载,供公众用于做进一步分析。

目前,在大数据新闻制作上已经积累了经验的国际媒体有《卫报》《纽约时报》《华盛顿邮报》等,但它们也处于探索阶段。通过对国内外代表性媒体的大数据新闻实践进行研究,可以总结出大数据新闻的四个功能,即描述、判断、预测、信息定制。

(一)描述

《卫报》网页2012年1月5日发布了一个有关"阿拉伯之春"的大数据新闻报道。报道利用动态图表,以时间轴为主线描述了自2010年12月至2011年12月的一年间,17个阿拉伯国家发生的一场政治运动。网民可以通过这个四维动态的报道,清楚地从宏观到微观,全面了解"阿拉伯之春"在不同国家的不同表现形式。图表上方设置了时间的推拉按钮,网民推拉到自己想观看的时间点,可以清楚地看到相同时间点上不同国家发生的相关事件。画面的下方是各个国家的标签,网民也可以通过国家标记,来关注某个具体国家在纵向时间轴上的政治演变进程。不同的政治事件用不同颜色来标示:绿色为群众性抗议活动,浅蓝色为国际上的相关反应,黄色为政治事件,红色为政权更替。如果网民想了解某个事件的具体内容,点击不同颜色的标示,随即获取深度报道的链接。这种新闻报道方式,将涉及十几个国家、时间跨度长达一年的复杂的"阿拉伯之春",以明晰的动态方式呈现出来,纯文字报道难以达到这样的传播效果。

大数据新闻还能够描述那些看不见的短期过程,比如流言如何在社交网络上传播。《卫报》通过追踪分析260万份推特内容,利用可视化动态图表描述了从流言开始传播到辟谣结束的整个过程。它也是以时间为轴,利用圆圈大小、颜色变化来描述整个过程,绿色的圈代表散布流言的推文,红色的圈代表更正这个流言的推文,灰色的是中立的评价推文,黄色的是对流言持怀疑态度的推文。圈的大小代表了推文的影响程度,圈越大影响程度越大。如果想了解具体的内容,点击到哪个圈,屏幕旁边即刻呈现这个圈所代表的推文的发布者、发布日期、转推人数等信息。通过这个动态的演进过程,人们可以清楚地看到,社交网络并不像一般想象的那样,是一味扩散虚假消息的场所。其实在假消息出现不久,社交网络上各种辟谣的消息就已经出现了。

从这两个例子可以看出,大数据新闻的报道方式能够在宏观上对某个事件看得更加清楚与全面,对于事件复杂的演进过程以及这个过程中的各个方面,都能描述得直观且有趣。

(二)判断

2011年8月,一个黑人穆斯林男子乘出租车在伦敦街头遭到警方拦截,双方发生枪战,该男子当街被打死。两天后,约300人聚集在伦敦市中心的警察局进行抗议,后来演变成持续多天的骚乱事件,抗议者引燃了汽车、商店和公交车。当天夜里,伦敦其他地区也发生了类似袭警、抢劫、纵火等事件。一些媒体评论指出,这与贫富差距有关。英国首相卡梅伦接受采访时,声称骚乱事件与贫富差距无关。

英国《卫报》记者利用大数据的分析结果,做了关于这一事件的系列报道,其中的一个报道主题,便是骚乱与贫困有没有关联。记者利用谷歌融合图表,在伦敦地区地图上标记出骚乱分子的居住地信息(黄色点)、实际发生骚乱的地点(灰色点),以及贫困地区分布(越偏红色表示越贫穷)。根据这张伦敦市中心的图,网民可以将图扩展到整个大伦敦地区来看,也可以聚焦到具体的街区放大来看,观察每个被标记的骚乱点的人流从哪里来、到哪里去,从而清楚地看到贫苦与骚乱之间存在的某种关联。这种关系的表达比起单纯的文字报道来,表现更清晰,说服力更强。

第六章 数据新闻

（三）预测

2013年"十一"长假期间，九寨沟发生游客大量滞留现象并引发群体性事件。如果新闻媒体或旅游当局能够在此前运用中国的局部大数据进行预测性报道，完全可以避免这样的群体性事件发生。因为传媒可以根据这方面的大数据，提前报道在哪个具体时间段内，有多少人从哪些地方前往九寨沟，其中男人、女人、老人、儿童各有多少等。

这只是一个小例子，大数据能够预测社会和人们日常生活中的各个方面。通过挖掘大数据，传媒在技术上可以制作出可视化、交互式的图表，告知很多事项。微观的如流行疾病来袭、交通拥堵情况；宏观的如经济指数变动、某种社会危机的来临等。百度开辟了"百度预测"网页，以"大数据，知天下"的口号推出，预测的产品有高考、世界杯、电影票房等。它们后期准备上线的产品扩展到了更广的领域，比如金融预测、房地产预测等。

（四）信息定制

利用大数据的分析结果，满足网民的信息个性化要求，是国外媒体的最新尝试。例如Five thirty eight 数据博客，在2014年5月23日新辟读者来信专栏"亲爱的莫娜"。其第一期开篇语阐释的目的是："我开这个专栏是为了帮助读者回答一些生活中重要的或者严肃的问题，比如我是不是很正常、我处在世界的哪个地位层面等，目的不是为了给读者答疑解惑，不是告诉读者应该做什么和不应该做什么。恰恰相反，我提供数据来解释、描述你的经历。"

综观这个专栏，读者的提问五花八门，比较严肃的，如"美国有多少人从来没有喝过一滴酒？""美国有多少男性空乘人员？"也有比较私人的问题，如"我该多久换一次袜子？""婚前同居会不会导致离婚"等。专栏作者利用美国范围内的大数据，即刻将分析结果告知当事人，但避免给出指导性意见，仅告知各种数据的分析结果，让网民自己依照分析结果来处理面临的问题。这个专栏与传统的纸媒读者来信专栏不同，不是通过星座、血型、生辰八字或伪装成阅历丰富的专家，来提供些心灵鸡汤式的回答，只用数据来说话。

这种尝试在媒体中并不少见。2011年，BBC广播公司曾根据2012年政府的财政预算联合毕马威会计师事务所做了一个预算计算器，用户只需要输入一些日常信息，例如买多少啤酒、用多少汽油等，就能够算出新的预算会让你付多少税，明年生活会不会更好。

根据用户需求提供个性化的大数据服务，是未来的发展趋势。这些报道有一个共性，媒体都致力于以用户的需求为中心，利用大数据诠释宏观社会现象对用户的影响，或者回答用户困惑的问题。媒体可以精准定位，经过后台计算，按照用户的接收习惯、工作习惯和生活习惯将服务推送到用户眼前。

第二节　数据新闻的特征和理解误区

数据新闻是大数据时代的产物，是一个有别于"精确新闻""数字新闻"的概念。科学运用数据新闻，可以充分挖掘新闻价值，提升新闻的客观性、可读性。本节将阐述数据新闻的特征，并具体分析如何区别"数据新闻""精确新闻""数字新闻"三者的概念，就中外实例详细分析数据新闻应用中存在的误区和问题。

一、数据新闻的特征

从广义上看,数据新闻是在大数据时代新闻学发展形成的新领域,它代表未来新闻业发展的一大方向,并包含以下基本特征。

(1) 以服务公众利益为目的。这是数据新闻的出发点,所有数据的处理和呈现归根究底是为了让公众理解我们身处的大数据时代中数据变迁的内涵,了解宏观数据如何影响每个人。

(2) 以公开的数据为基础。这是数据新闻存在的前提,如果政府、社会其他组织不公开信息或者没有提供联网数据库,缺乏数据分析材料,数据新闻也不可能得以推行。

(3) 依靠特殊的软件程序对数据进行处理,开掘隐藏于宏观、抽象数据背后的新闻故事。这是数据新闻的技术保障,也是数据新闻得以和一般新闻相区别的核心特征。

(4) 以形象、互动的可视化方式呈现新闻。这是数据新闻的个性展现形式,得益于科学可视化的发展,数据新闻将复杂、抽象、难懂的数据转化为简单、具体、生动的新闻报道。

综观当前数据新闻的理论与实践,我们可以从三种角度理解此概念。

(1) 从新闻呈现形态的角度理解数据新闻。

数据新闻是有别于传统新闻报道的新报道形态。如荷兰数据记者范艾斯,认为数据新闻使记者能够通过发现、制作、呈现大量数据这一套工作流程展现未曾报道过的新闻故事,找到新的报道角度。一些数据新闻不一定符合传统意义上好新闻的标准,因为它们着重于呈现问题在哪里,而不是解释问题为何出现。一个好的数据新闻成果有多个层面,你既可以深入了解许多个性化的细节,也能看清整体状况。

(2) 从新闻生产流程的角度理解数据新闻。

数据新闻不仅丰富了新闻表现的形式,还改变了新闻生产流程。第一届国际数据新闻圆桌会议上,学者就指出,数据新闻是一种工作流程,包括以下基本步骤:通过反复抓取、筛选和重组来深度挖掘数据,聚焦专门信息以过滤数据,可视化的呈现数据并合成新闻故事。数据新闻可被视为一个不断提炼信息的过程,在这一过程中,原始数据转换成有意义的信息。当把复杂的事实组织成条理清晰、易于理解和记忆的故事时,公众才能获取更多益处。

(3) 从新闻行业发展的角度理解数据新闻。

数据新闻正被越来越多的从业者认可,他们认为数据新闻将成为新闻业未来最重要的发展方向。大数据环境下,新闻从业者能通过数据新闻对数据的收集、处理和解析帮助公众了解身处环境的风云变幻,实现媒体服务公众利益的基本职能。

二、区分数据新闻、数字新闻和精确新闻

数据新闻有别于精确新闻和数字新闻。精确新闻由美国学者、新闻记者菲利普·迈耶在20世纪60年代提出,指记者在采访新闻时运用调查、实验和内容分析等社会科学研究方法来收集资料、查证事实,从而报道新闻。这类新闻报道20世纪70年代风行于美国新闻界。20世纪80年代,中国新闻界开始运用这种新闻报道方法。它的特点是用精确的具体数据分析新闻事件,以避免主观的、人为的错误。它侧重于微观的具体调查、实验和内容分析。而数字新闻,则指以数字、公式、字母等静态形式来辅助文字报道。现在所说大数据新闻,显

现的是对大数据的挖掘与处理的结果,可以通过复杂的交互式、动态化的图片和视频来呈现这类新闻。

这三种新闻在实践中经常被人混淆,因为它们往往都包含了数字信息和视觉化呈现形式。

数字新闻例如,某媒体报道——全球化智库(CCG)与携程旅行网联合发布了《从出入境旅游看中国全球化发展》系列报告(下称《报告》),称中国入境游发展缓慢,外国人中国游增速赶不上中国人出国玩的速度,仅以游客人数计,顺差在2015年达到3000万人次。

精确新闻例如,美国北卡罗来纳大学新闻系教授迈尔(也译作迈耶)在1976年担任底特律《自由报》记者时恰遇该市发生严重的黑人暴动。他和另外两位社会科学家采用随机抽样的方法在暴乱地区抽选437位黑人进行访问,随后他将访问所得资料输入计算机以统计方法仔细分析黑人暴乱的原因并依据研究结果为《自由报》写了一系列报道。迈尔的系列报道为该报赢得了普利策奖。

精确新闻后来被广泛应用在美国大选的报道中,就是大家所熟知的关于民意调查的报道。这些都是要通过抽样、收集、统计、分析再可视化报道的。

在许多中西方关于数据新闻定义阐释的文献中,数据新闻与基于科学的量化研究的精确新闻、计算机辅助报道新闻等概念息息相关。有学者认为"数据新闻是精确新闻的延伸"。它具备了精确新闻和计算机辅助报道的客观、真实和高效的优势,是对这些传统报道样式的继承和发扬。数据新闻报道离不开社会科学的统计方法,只是在样本容量、呈现形式、传播手段方面更为先进①。

在样本容量方面,学者获取的数据通常分为三类:第一类是实验数据,这类数据的数据量大小往往在10~50条记录左右,在实验的控制下属于高质量数据,此时只适用于方差分析、回归分析等十分成熟的模型。第二类数据是问卷调查数据,这类数据的数量大小在60~3000条记录左右,数据质量中等,适用于传统统计分析的很多模型,包括生存分析、回归分析等,并且经常考虑异方差问题。精确新闻的数据主要以前两类数据为主,数据量小于3000。第三类数据也就是如今在互联网时代常常遇到的数据库数据,适用于数据挖掘的模型,包括神经网络、聚类、决策树等。数据新闻的数据来源主要是第三类数据,数据量较大。

数据新闻与数字新闻相比,数据新闻不是简单地描述某个事件、事物有多重、多高、多大等一系列表面的数字信息,而是需要将大量的数据进行量化分析,得出结果;数据新闻与精确新闻相比,数据新闻是精确新闻的发展,只是随着技术发展,数据新闻样本容量更为巨大,可视化形式更为丰富,传播手段更为多样。

这其中,决定数据新闻最为关键的特性就是大数据。

三、数据新闻的误区纠正

(一)使用了数据就是数据新闻?

在理解数据新闻这一概念时,需要避免一些误区。一个常见的误解是,认为新闻里使用了数据,甚至仅仅是数字,就可以称得上数据新闻。另外一个与之相对的误解是,认为数据新闻需要使用海量数据,只有大数据才能撑起数据新闻。这些误解的根源往往源自对"数

---

① 黄骏.新闻产生机理观察:从精确到数据[J].重庆社会科学,2015(9):99-105.

据"的认识。需要明确的是,数据≠数字,数据≠大数据。根据技术大百科的解释:"在计算机科学领域,数据指数字化的信息载体。它可以是数字、文字、图形、语音、符号、视频等任何形式,其本身没有意义,需要通过被使用才可能被赋予意义。"

数据只有在使用的过程中才能转化为信息,并通过与故事结合呈现其意义。因此,数据新闻具有一定的操作适用性,即并非所有的新闻都适合做数据新闻。数据适用于新闻的价值和意义需要遵循两条路径。

其一,使用一定量的数据为新闻提供支撑,并以可视化的形式呈现原本仅靠文字所无法呈现的内容。

其二,从数据中寻找并发现问题,进而挖掘出新闻故事。

(二)概念理解的偏差

数据新闻该如何定义?有学者认为,所谓数据新闻,就是在大数据时代,新闻媒介运用现代的科技手段对庞大、繁杂数据进行识别、发掘和利用,以此来揭示、报道存在的社会关系或社会事件真相。

还有学者认为,大数据将新闻报道的事实来源从随机样本扩大到了全体数据,这就使得数据的采集、挖掘和分析进入到一个新的阶段。在这样的背景下,数据新闻应运而生,并引起了全球传媒界的极大兴趣和积极探索。

诚然,大数据时代的到来让数据新闻制作更容易、更丰富,但这显然是混淆了"大数据"跟"数据新闻"的概念,并极大地将数据新闻神秘化。其实,数据新闻的定义宽泛得多,甚至渊源也比我们想象得更久远。

在国外,早在1952年,计算机辅助报道率先被CBS应用于美国总统竞选的预测。在20世纪60年代,许多美国调查记者开始科学地分析公共数据库来独立地监督权力运行。这些报道方式都具备和今天数据新闻相似的手段和内容。有学者认为,数据新闻的第一个例子来自于1821年的《卫报》。这篇报道以表格的形式,透露了曼彻斯特各学校的学生数量和每所学校的费用。而在中国,记者们以往所做的包含大量数据的报道虽然没有冠以"数据新闻"的称谓,但不能否定它们对数据的分析和利用。

不仅是那些对大数据信息深入加工的报道属于数据新闻,许多对数据较为简单的利用呈现也应该归纳于数据新闻的范畴。比如,国内率先开设数据新闻专栏"数读"版的《南方都市报》,曾经在用电新规执行时,做了《260度电能干嘛——直观体会居民夏季用电新标准》专题,通过不同家电的用电量来诠释260度电的作用有多大。原来,260度电能让400瓦的洗衣机转650个小时,若是每次洗半小时,可使用1300次,等等。这显然不涉及大数据,甚至不包含什么高大上的方法,却是完全可以让普通读者更好地理解新闻的表达方式。

正是因为数据新闻有相当广阔的范畴,《数据新闻手册》在开篇谈及数据新闻的含义时,这样写道:"是什么让数据新闻与其他新闻形式有所不同?它也许就是当你把传统的'新闻敏感和讲述引人入胜故事的能力,与规模和范围庞大的数字信息相融合时,产生的新的可能性。"国内的学者如方洁和颜冬在梳理国内外有关数据新闻文献后,也提出从狭义上看,数据新闻的内涵就是基于数据的抓取、挖掘、统计、分析和可视化呈现的新型新闻报道方式,而并没有把大数据作为数据新闻产生的必要条件①。

当然,强调历史的传承,绝不是否认时代的进步。即使数据新闻不是21世纪的崭新概念,也必然要以大数据作为基础,它所面临的环境和自身的内涵也大大地改变了。例如,计算机辅助报道(CAR)更多地把数据作为内容的补充,而今天的数据新闻则更加关注数据本身。大数据时代的到来,自然也为数据新闻提供了更加丰富的素材。

总之,强调数据新闻更宽泛的概念和范畴,是希望一些中小型的媒体和资源并不丰富的记者,不要在数据新闻这样的概念面前"望而却步"。同时,我们在重视大数据互联网的同时,也不要忽略对传统数据的开发利用。

(三) 数据获取的受限

数据新闻的基础是数据。而获得有新闻价值同时又真实可靠的数据,对于国内外记者都不是一件轻而易举的事情。由于发展程度和社会传统的不同,在这一方面,北美记者要比欧洲记者更容易找到他们所需要的信息,而欧洲记者又要比其他地区的同行更幸运。

当下,各类网站无疑是信息和数据的重要来源,对一些报道而言,甚至可以是主要来源。但是,网络信息的鱼龙混杂,让甄别和挑选真正可靠和有用的信息十分重要。美国学者RandyReddick和ElliotKing通过网站的后缀,对网站类型的可信度进行了排列,依次是:mil(军事)→int(国际组织,比如NATO)→gov(政府)→org(非营利组织等)→edu(教育)→com→net。

在这些网站类型中,最常见的还是gov、org、edu、com、net。其中,由于掌握资源的不同,政府又无疑是中外记者面对的最重要的数据来源。

政府部门定期公开信息是各国政府的惯例。《中华人民共和国政府信息公开条例》也自2008年5月1日起施行。其中规定,政府机关应对涉及公民、法人或者其他组织切身利益的,需要社会公众广泛知晓或者参与的,反映本行政机关机构设置、职能、办事程序等情况的或者其他依照法律、法规和国家有关规定应当主动公开的政府信息主动公开。

但是,《中华人民共和国政府信息公开条例》没有对信息公布的详细程度作出非常具体的说明。对于媒体记者而言,许多信息可能并非在政府机关主动公开的范畴之内。

数据获取难直接导致了报道领域的局限。我国媒体现有的数据新闻报道多集中在经济领域。的确,经济类、统计性的新闻报道天生与数据化表达、图表式呈现有亲密关系。即使在数据新闻概念还未诞生的年代,传统经济新闻报道中,数据和图表仍然是重要的表达手段。但这也反映出,记者们可以获取的数据多集中在经济领域当中,政治、社会、文化等领域中还相当缺乏数据来源。

在可以预见的将来,我们的政府机关和其他组织一定会越来越走向开放、透明。信息技术的普及也一定会让数据的获取更加完整和便捷。在达到我们所需要的理想状态之前,掌握更好的互联网技巧甚至人脉关系、"狗仔精神",对数据新闻报道来说都是很重要的。在数据采集方法上,有学者指出,"数据新闻不能单靠'拿来主义',还是需要记者去实地采访,发现鲜活的、独家的原始数据资料,并进一步建立起自己的基础数据库。"这种方法听起来可能有些笨拙,甚至与互联网时代有些隔阂。但事实上,在西方先进媒体的数据新闻实践中,建

---

① 方洁,颜冬. 全球视野下的"数据新闻":理念与实践[J]. 国际新闻界,2013(6):73-83.

立良好人脉、采集多方信息、建立自己的数据库等也是被强调的。特别是在我国数据新闻目前的发展阶段中,这也都不失为良好的对策。

(四) 数据挖掘的不足

数据挖掘的不足,一方面受制于数据的可获得性,另一方面也受制于我们对于数据新闻的掌握能力。

《南方都市报》"数读"版编辑邹莹从该报数据新闻制作的经验出发,把数据新闻的发展归纳为三个阶段:第一阶段是将数据直接进行图示化转换,常见于民调、排行榜、调研报告。第二阶段则是南都"数读"的主要做法。"跳出'被发布的圈子',自己通过数据独立叙事,表达见解。搜寻存在于不同时空的海量数据,并按照各种角度和创意进行深加工,发现数据之间的逻辑关联和真相。"第三阶段是实时、动态、开放地将数据新闻转化为数据应用产品。该阶段更需跟新媒体嫁接。

正如邹莹坦言,第一阶段的新闻作品,虽在呈现上变得美观,但价值局限于新闻本身,简单被动,亦有"换汤不换药之感"。可惜的是,我们目前看到的国内大多数数据新闻或所谓"大数据新闻",其实都在采取这类浅显的形式。比如,某地方媒体以"文化大数据"的栏头开展了该市文化产业方面的专栏报道。虽然名字听起来很时髦,但内容仍然是传统统计数字的简单罗列,甚至连信息图表也没有,实在难担"大数据"这样的重担。

其实,在第一阶段粗浅的数字呈现上,稍稍加一点努力,就可以有更好的效果。2015年3月12日上午,全国人大听取两高工作报告,最高人民法院院长周强和最高人民检察院检察长曹建明分别介绍了2014年反腐工作成果并公布了相关数据。按常规,这些公布的数据可以便捷地制作成信息图标也就是成为一种简单样式的数据新闻。财新网在当天发布的这些数据基础上,又整理了全国各省级法院、检察院2014年办理贪污贿赂案件情况的数据,并明列了省级法院、检察院审理或公诉的原国家发改委副主任刘铁男等读者关注的重要贪腐人员。这就使其报道较其他媒体更丰富,也给予了读者更多的有效信息。

第二阶段的数据新闻,涉及解读、比较和分析等数据挖掘过程,相比第一阶段具有质的飞跃,制作也更加困难。困难之所在,固然有数据获取的客观挑战,但媒体从业者的科学素养特别是数据敏感和处理能力,以及求真、创新的精神可能更加匮乏。而第三阶段的数据新闻,对数据的互动性、新媒体的发展程度要求更高,距离一般的媒体也更加遥远。

除了以上种种问题外,还有些学者担心数据新闻完全由数据构成,这种模式一旦固化,则将成为新的程序化和模式化的报道。但恐怕这种担心至少在现阶段尚不必要。一方面,新闻报道一定程度的结构固化并非今天的数据新闻特有,而是伴随着新闻业发展而产生。在某种程度上而言,这也是一种写作的模式,比如天气预报的报道方式。另一方面,不同的作者、机构、国度使得数据新闻的多样化几乎是必然的。甚至是未来有一天我们真的由机器人来报道新闻,那么它们背后的不同写作程序也会带来不同样式的新闻作品。

还有些学者担心数据新闻会侵犯个人的隐私。其实,包括暴露隐私在内的新闻侵权自古有之,这绝不是数据新闻的专利。事实上,由于数据新闻是从高度抽象化的数据而来甚至是从作为全样本的大数据而来,侵犯公民隐私的概率可能远远低于传统新闻报道,比如法制新闻、社会新闻等。

第三节 数据新闻的价值突破

数据新闻作为一种全新的新闻报道形态,是大数据与新闻业相结合出现的。简单而言,就是利用分析工具,从数据的关联中挖掘有价值的信息,再通过可视化技术呈现给受众。首先,数据新闻改变了新闻生产方式,对数据用统计或量化分析的方式进行新闻生产,颠覆了记者用眼去看、用嘴采访、用笔写作去认知世界的基本方法。其次,数据新闻改变了新闻生产流程,程序员和视觉设计师进驻编辑部成为重要力量,"可视化"成为数据新闻的主要表现方式。再次,数据新闻改变了新闻传播的模式,新闻的价值不再依赖编辑的新闻敏感度,而取决于数据的可预测性和相关性。最后,数据新闻改变了新闻产品的面貌,理想的数据新闻可以是一则报道,也可以是一项应用、一个网站甚至兼而有之。传统的柱状图、条形图、饼状图、散点图、雷达图仍然适用,时间轴、地图、网络图、热点图等组合与叠加,加上用户体验良好的交互属性,新闻的面貌明显有别于以往。本节结合"数据新闻奖"的经典案例,介绍数据新闻呈现的方式、生产的流程、制作工具等,展现数据新闻生产模式与传统新闻生产的区别。在整个分析过程中,我们可以清晰地看到借由数据新闻为载体,新闻生产模式进行的显著演进。这种演进不仅给新闻从业者带来了机遇和挑战,而且代表着新闻业的一种重要发展方向。

一、理想的数据新闻

(一)数据新闻的十条原则

(1)不要让读者被标题中的数字"吓到"。数据应该用来说明关键点,并帮助报道生动地呈现出来。数据本身并不是报道,它背后的含义需要解释。如图 6-7 所示 ProPublica 做的关于查尔斯和大卫·科赫在政治上分享财富的复杂方式的数据报道,就是很好的例子。

(2)选好利用的工具,将报道最好地呈现。记者可以接触到很多数据展现的手段,包括利用图表、信息、表格和互动等多种方式来呈现报道。这些工具的价值会根据你想要刊发的报道和想要关注的关键数据而有所不同,要选择最合适的工具。

(3)形成一种风格。当看体育报道时,我们会发现不同媒体喜欢用不同的方式来展现数据。比如,在关于 NBA 的金州勇士队的报道中,圣何塞信使报爱用数据(在一些情况下是视频)编成报道来突出关键点,而 SB Nation(美国知名体育媒体)则更喜欢使用条形图,FiveThirtyEight(一个专注于民意调查分析、政治、经济与体育的博客)更喜欢用庞大而复杂的表格。

(4)使用的方法可能会受到报道本身以及受众数据素养和偏好影响。不管怎样,数据为主的报道都应该被精心设计,这样观众就可以不费力地去理解报道所展示的内容,或与数据进行交流互动。对于相对复杂的可视化数据,内容可能会包括一些说明(编辑、记者经常忽略)、链接、可下载文件,甚至包括原始的信源。

(5)不要链接到博客或者新闻网站,要链接到实际的研究网站。把读者带到你所报道的结论和数据的原始来源,这样读者可以通过报道进行延伸阅读,他们也会在无形中对报道

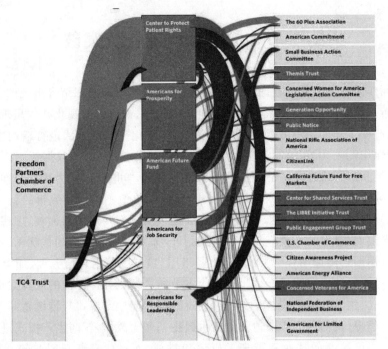

图 6-7　ProPublica 的报道

进行核查。

（6）提供恰当的信源。数据为主的报道需要显示数据的来源,并避免非属性的判断。不幸的是,尤其在健康领域,武断地下结论太常见了。新闻中的断言通常是在没有证据的情况下做出的。在利用数据新闻进行报道时,不要落入同样的陷阱。

（7）确保你的链接可用。数据报道中的链接,如果指向到错误的网站或不可用网站,通常是非常减分的。倘若记者们对他们的工作不够用心,那么他们也就不能激发受众的信心。把这些核心任务做好是很重要的,出现链接失效或错误的情况,只会削弱读者对新闻报道的信任。

（8）让数据报道好理解。数据报道同样需要好的文笔和报道感。数据需要放在上下文中理解,也需要一定的解释。2015 年关于好莱坞演员、前摔跤选手"巨石"强森食谱的报道,就是一个令人难忘而有趣的例子。这个报道以观众易于接受与理解方式呈现。

巨石强森的饮食报道：The average American man in his forties consumes 2734 calories daily, according to data from the USDA. Johnson eats roughly 1000 calories a day in cod alone. Annualized, Johnson eats about 821 pounds of cod per year. According to Fish Choice, Pacific cod goes for ＄1.75 per pound, meaning Johnson spends roughly ＄1400 per year on cod. As all our cod consumption slowly progresses past sustainable levels, let's all consider Dwayne Johnson uniquely responsible.

译：根据美国农业部的数据,四十多岁的美国人平均每天需要消耗 2734 卡路里的热量。而巨石强森每天单是鳕鱼就摄入了大约 1000 卡路里的热量。按年计算,他每年要吃掉大约 821 磅的鳕鱼。根据 Fish Choice（非政府组织）的数据,太平洋鳕鱼的价格是每磅 1.75 美元,这意味着巨石强森每年要花费大约 1400 美元用于购买鳕鱼。当地球上鳕鱼的消耗量缓慢地超过可持续水平时,大家都认为巨石强森是唯一要为此负责任的人。

（9）别让你的受众不知所措。不必同时提供所有的数据,重点明确的报道通常会取得更好的效果;不需要展现你使用过的所有数据,报道的体量与数据应当相匹配,数据的使用要有选择性。

（10）好的数据新闻比你想象的更不好找。数据为主的报道包括许多元素,如图像、图表、图形、视觉、统计表和互动。寻找并回顾其他渠道好的例子参考,可以激发灵感。

（二）数据新闻领域的五项最新变化

2018 年第七届全球数据新闻奖今年共有 58 个国家的 630 份作品参与评选,最终有 13 项作品获奖。

年度最佳数据可视化奖由路透社的《生活在难民营》（*Life in the camps*）（见图 6-8）一举拿下。

图 6-8 《生活在难民营》（*Life in the camps*）报道页面

美国 FiveThirtyEight 网站的《选举地图的重新划分》（*The Atlas Of Redistricting*）（见图 6-9）获得了年度最佳数据新闻应用奖。

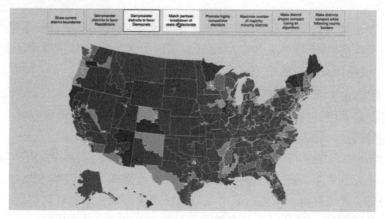

图 6-9 《选举地图的重新划分》（*The Atlas Of Redistricting*）报道页面

另外,国内"参赛选手"也抱得大奖,《财新数据可视化实验室》获得了最佳大型数据新闻团队奖。

数据新闻奖的负责人 Marianne Bouchart 表示,"今年提交上来的作品可以反映目前数据新闻领域的创新方向。数据新闻热正在全球范围内快速扩散,这绝对是个好消息。我们看到,有越来越多的作品来自之前从未申请过的国家。"

通过 2018 数据新闻大奖五大最新案例一起来看一下数据新闻领域的五项最新变化。

1. 交互新玩法:地图

"我们改变了制作地图的方式。"Bouchart 说道,"新闻编辑室越来越擅长干这活儿,地图也变得更具交互性、更加精细,当然也更美观了,同时也很好地与叙事融合在一起。"

"有越来越多的记者不再是为了做张地图而去作图,他们开始学着为报道服务。"Bouchart 提到了《南华早报》利用地图来讲故事的例子。《"一带一路"倡议的五大项目》(*The five main projects of the Belt and Road Initiative*)这篇报道利用了动态的地图来展示一带一路沿线的项目,例如《联结中国与欧洲》(*Plugging China into Europe*)的报道页面里,向下滚动鼠标就能发动从义乌到伦敦的"数字火车",左侧的窗口会一路显示相应站点的地理、人文信息,让读者抢先过把搭火车去欧洲的瘾(见图 6-10)。

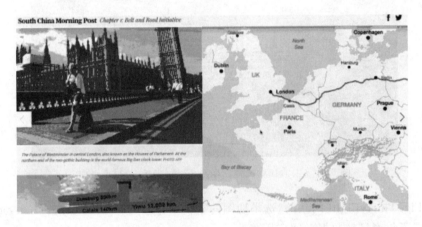

图 6-10 《联结中国与欧洲》(*Plugging China into Europe*)的报道页面

Bouchart 表示,"纯数字的无聊地图已经入不了大家的'法眼'了,《南华早报》这篇报道正好提供了一个样例,看全球各地的新闻编辑室如何追求数据新闻报道中的交互性和更佳的用户体验,即便是面对复杂的主题。"

2. 报道新视角:无人机新闻

无人机对记者来说,可以成为一件绝佳报道利器。通过无人机可以获得一个地区的俯瞰视角,既能更新数据,又可以对数据有一个更现实立体的认知。

《无路可走:美国的不平等如何影响基础设施的建设》(*Roads to Nowhere:how infrastructure built on American inequality*)这篇报道揭示了美国城市规划的分歧历史。《卫报》主要利用了无人机镜头来展示城市规划决策如何影响大量的社区(见图 6-11)。

3. 配备最强大脑

如今,有很多人在探讨机器学习改变传媒产业的潜力,但至今在信息收集或新闻报道中,仍难觅机器学习的踪影。

图 6-11 《无路可走：美国的不平等如何影响基础设施的建设》(*Roads to Nowhere*: *how infrastructure built on American inequality*)报道页面

BuzzFeed News 在一则报道中，利用算法筛选特定飞行模式的飞机，以揭示侦察机在美国的使用程度。例如，通过算法匹配数据发现，美国一些州和地方警察机构会秘密使用侦察机。以棕榈滩县警长的侦察机为例，该飞机注册在 Five Point 航空测量公司旗下，装载监控摄像头和能叠加信息至实时视频画面中的 AR 系统。在过去几年里，这架飞机定期在棕榈滩周围盘旋，沿着海岸线巡逻（见图 6-12）。

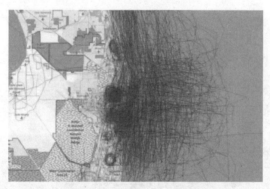

图 6-12 侦察机今年巡逻路线

因其在数据新闻领域的创新，这一报道项目获得了今年的 JSK 奖项。"如果没有利用机器学习来识别飞机，那么那些设备的行动会继续被掩盖。"Bouchart 解释道。"只有少数的新闻会在报道中将机器学习作为核心工具，因此这一项目显得尤为重要。"

4. 加载丰富信息：AR 技术

AR 技术同样也在影响着数据新闻的发展。WeDoData 开发的一个名为 ExtraPol 的 APP，在 2017 年法国大选时融合了 AR 与数据新闻。竞选者的宣传海报可以变成一个实时的数据可视化页面，例如会显示他们在法国的旅行信息、从政年数等约 25 项资料。这一 APP 最终在 2018 年数据新闻奖评选中获得了卓越奖（见图 6-13）。

5. 可以玩的新闻：新闻游戏

如今，有越来越多的新闻编辑室在尝试将报道游戏化，一方面是为读者提供更具吸引力的体验，另一方面也是为了寻找报道复杂故事的更佳方式。

图 6-13 ExtraPol 页面

Bouchart 认为,英国金融时报的 Uber 游戏在这一领域的率先实践,可以激励其他新闻编辑室。这款新闻游戏是基于真实的报道(包括对数位 Uber 司机的采访)制作而成。在游戏中,用户的角色是一位全职 Uber 司机,全程通过对话选择推进游戏来体验 Uber 司机的日常(见图 6-14)。

图 6-14 Uber 游戏报道页面

用户大约需费时 10 分钟、进行 67 次点击就可通关游戏。游戏结束后,相应的报道链接也会出现,以便供用户进一步阅读。据悉,点开这个游戏的人中有三分之二会玩完全程,这为它赢得了"年度最佳数据新闻应用奖"。

(三)从数据新闻奖看中国数据新闻发展

作为新闻行业发展的最新趋势,数据新闻已成为国内外学者研究的热门话题。而设立于 2012 年的数据新闻奖,目前已成为数据新闻发展的标杆。通过对数据新闻奖近 5 年来变化及中国数据新闻作品入围情况的分析研究,预测中国数据新闻发展的未来趋势,并为国内数据新闻的发展提供参考。

1. 中国在数据新闻奖的参赛情况

在对参赛作品进行内容分析前,以参赛国家和地区为变量,统计了 2015—2019 年数据新闻奖入围作品和获奖作品的地区分布,从数据角度进行把握,旨在更直观地理解中国在数据新闻奖中的参赛情况。

(1) 总体参赛情况:欧美领先,参赛作品总体数量增加

从图 6-15 和图 6-16 可以看出,北美洲(尤其是美国)占据了数据新闻奖的大部分奖项,比例经常达到一半甚至以上;欧洲紧随其后,两者包揽绝大部分的数据新闻奖奖项;南美洲近年来渐渐崭露头角,亚洲和非洲则偶有亮点。同时,近两年参赛作品数量的持续攀升也在一定程度上反映出各国对数据新闻的重视程度不断提升,数据新闻在世界范围内处于持续发展状态。

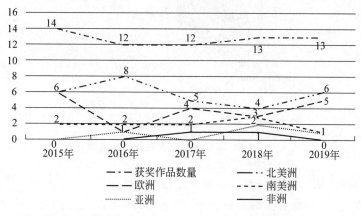

图 6-15 数据新闻奖各洲 2015—2019 年获奖作品数量

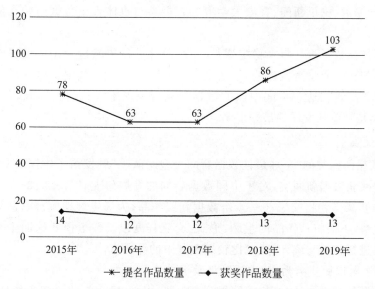

图 6-16 数据新闻奖 2015—2019 年提名及获奖作品数量

(2) 洲际参赛情况:亚洲成长迅速,但偶有获奖

根据数据新闻奖官方数据显示,2019 年亚洲首次超过欧洲成为提交作品数量最多的地区,占比接近 1/3(在 607 件作品中占 181 件),如图 6-17 所示。数据新闻业在亚洲成长迅速,参赛作品数量占总数的比例相比 2018 年增长了 4%,而在 2017 年,这一比率只有 20%。

新媒体数据分析

2019年全球数据新闻奖的作品来源地是2012年以来覆盖最广的,囊括的国家和地区数量创造了历史记录,数据新闻正在走向全球。从来稿作品数量上看,尽管亚洲拥有数量最多的参赛作品,然而在提名和获奖名单中,北美洲和欧洲仍然占据了大部分席位。这也反映出欧美国家在数据新闻的发展程度上仍具优势,中国乃至亚洲的数据新闻发展进步正有很长的路要走。

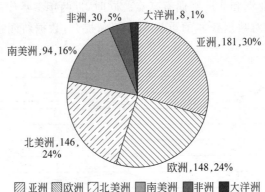

图 6-17　2019 年数据新闻奖投稿作品地域分布

(3) 中国参赛情况:参与时间早,数量稳定增长

中国最早在2014年参赛了数据新闻奖,并在2016年首次入围、2018年首次获奖。从近几年的提名和获奖记录可以看出,财新和《南华早报》一直走在国内数据新闻发展的前列,而《解放日报》、澎湃、腾讯新闻、香港大学等的积极参与也体现出数据新闻在国内欣欣向荣的发展趋势。

中国参赛作品数量近几年来稳定增长,不过总体数量仍然远少于印度参赛作品。虽然总体数量并不与作品质量直接挂钩,但也在一定程度上反映了数据新闻在该国的受重视程度与发展程度。尽管在这5年间中国的数据新闻行业尚不发达,但其增长趋势较为明显,2018年的获奖是其蓬勃发展的最好证明。

2. 中国获奖作品

2018年数据新闻奖的"全球最佳数据新闻大型团队奖"颁发给了中国的财新传媒,这是中国媒体首次荣获数据新闻奖,对于中国数据新闻的发展研究具有极大的参考价值。这一奖项的每支参赛队伍均提交了3～10个数据新闻作品,为了更好地阐释财新传媒在几支候选团队中的优势,下面将从作品的主题、形式、交互程度以及叙事模式这四个方面对各支队伍的每项作品进行归类与统计,通过比较发现其中的异同点。

(1) 作品主题以民生类为主,政治类涉及极少

在进行主题的归类统计时,将主题划分为犯罪、人文、民生与政治四个领域,其中人文指的是内容涉及科技、文化、环保领域的作品,民生则偏向交通、住房、医疗等与民众息息相关的社会生活内容。由于每支队伍的提交作品数量不尽相同,每种主题所占的比例成为衡量的主要依据。

从图6-18可以看出,在财新传媒提交的作品中,民生主题的作品占比50%,是所参赛队伍中民生新闻所占比重最大的团队。除此之外,财新传媒团队还有一个与众不同之处,那就

是其涉及政治的作品数量为0,而犯罪主题的作品也只有10%。反之,来自英国、美国、瑞典以及西班牙的其他参赛队伍,其中占比较大的都是犯罪、政治类数据新闻,尤其是来自美联社数据组,其中与政治相关的作品就占了半数。

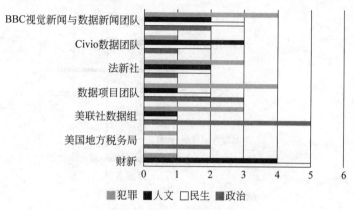

图 6-18　数据新闻团队提交作品主题归纳

(2) 呈现形式多样,重视设计美感

纯图表设计、静态数图结合、交互图文、视频动画这四种呈现方式按排列顺序复杂度依次上升,数据的呈现也越发直观,视觉效果也更好。从图 6-19 对比可得,财新传媒的作品中已不再使用单纯的图表设计,而更多的是利用交互图文技术进行内容呈现,除此之外,作品中还会使用视频动画,以加深受众对新闻的印象。而其他团队则仍较多停留在静态数图结合的呈现方式上,呈现方式较为单一。这其中的劣势在于,尽管作品的选题新颖,但较为呆板的形式可能会使部分受众丧失兴趣,得不偿失;而财新传媒这样用心的呈现方式可以最大限度地驱使受众停留。

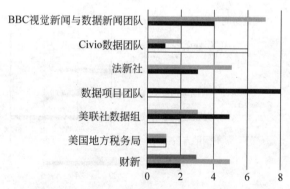

图 6-19　数据新闻团队提交作品呈现形式统计

(3) 以中低级交互为主,探索互动更多可能性

图 6-20 结果显示,财新传媒作品中的低级交互居多,仍有不少对中级交互的尝试。而低级交互与无交互是其他参赛团队中交互方式的主流,有 4 个团队无中级交互的任何作品。财新传媒团队在交互技术上的创新和尝试也体现在其 2019 年的参赛作品上。在此次提交

的数据新闻作品中,高级交互形式得到了很好的体现。在《快来生成你的最佳缴税方案》作品中,受众可以自行输入月薪和五险一金,自选适配情况并最终得出个性化的方案。虽然这次与奖项无缘,但其数据新闻作品的互动方式的更新体现出数据新闻奖评审的新趋势。

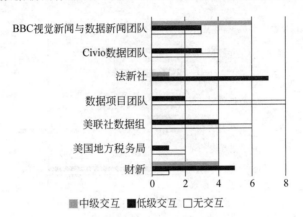

图 6-20　数据新闻团队提交作品交互程度分析

（4）多为解释型叙事,且由作者主导

解释型的叙事模式是数据新闻中线性叙事模式的再现,其以时间顺序展开,用可视化图表、动画等带领受众了解整个事件经过。而数据新闻中交互技术的应用催生了交互性的叙事方式:用户从自身兴趣出发探索,基于数据库以获得个性化的内容。而受限于交互技术以及事件主题,财新传媒团队的作品多以解释型为主(见图 6-21),并且由创作者主导作品的走向与最终呈现的结果。国外团队尽管有不少对于探索型叙事的尝试,但并未成为主流。由此可见,尽管探索型的交互叙事形式是国际数据新闻界的热门话题,但数据新闻作品仍以解释型叙事为主,中国的数据新闻团队尤其偏好这种选择。

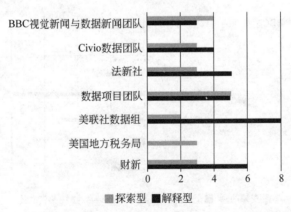

图 6-21　数据新闻团队提交作品叙事模式统计

3. 中国数据新闻发展趋势

综合研究分析,我们对于数据新闻奖评选中中国团队的表现有了较为全面的了解。数据新闻奖中的入围作品一直被视作国际数据新闻界的最高水准,也代表着该行业的前沿动态。下面将从中国数据新闻的新特性出发,结合近期的新闻案例,对中国数据新闻的发展趋势进行具体解读。

实用性的增强体现在视觉设计以及内容主题两个方面。首先在视觉方面,由于数据新闻重视数据的可视化呈现的效果,数据新闻作品通常会包含大量的视觉元素以及文字、音频、视频、3D动画等各类形式的信息。这一方面体现了数据新闻作品的前沿技术,但另一方面也使得数据新闻作品的存储过大,适配设备要求更高,在硬件上劝退了部分受众。不仅如此,在阅读数据新闻时,受众可能会因为信息过多而眼花缭乱,以至于忽略了核心内容,得不偿失。在对这一现象进行反思后,中国近期的数据新闻作品开始不再盲目追求可视化的新技术,而关注于其在手机客户端的兼容问题,并且通过简明的设计突出数据新闻的内容主题,在技术与设计的平衡上给予受众最佳的阅读体验。其次,内容主题上的实用性主要体现在数据新闻作品的选题以及切入角度上。例如财新的《快来生成你的最佳缴税方案》这一作品可以用于计算每一个受众在《个人所得税法》修订前后应缴纳的支出,以得出减税的具体金额。而《你的城市有多大?》这个作品可以选择想要比较的两个城市,计算出城市功能地域、出行半径、通勤距离以及时间的变化,非常适合想要换一个城市工作生活的人群。由上述两个案例可以看出,数据新闻的工具化有着不可忽略的优势:基于大数据的分析,数据新闻的客观性更强、准确度更高;而利用可视化技术解读出的数据信息,更加直观、更易理解。近年来这种发展趋势将数据新闻带入实用性领域,避免其成为速生速死的技术消费。

(四) 数据新闻的判断标准

(1) 看硬件要素

① 是否有且多个数据类型。

② 是否有可视化或互动。

③ 是否能判断数据量大小达标。

④ 原数据是否可以免费、公开获取并检验。

(2) 看内容

① 是否有正确的量化分析数据。

② 是否尽最大努力地解释了数据分析结果代表的意义(大多数据新闻报道都以 WHY 和 HOW 为标题,侧重解释数据结果)。

③ 是否用数据讲了一个好故事,而不是一个数据报告。

二、数据新闻的四大发展特点

数据新闻作为一种新兴的跨学科、跨领域的新闻生产方式,正在改变着人们阅读和认识世界的方式。

"互联网之父"蒂姆·伯纳斯·李这样描述过新闻未来的方向,"新闻的未来,是分析数据"。数据新闻是在大数据时代背景下,记者重新整合新闻资源创造出的一种全新的新闻生产方式。数据新闻是以数据为中心,密切围绕数据来组织报道,记者主要通过数据统计、数据分析、数据挖掘等技术手段或是从海量数据中发现新闻线索,或是抓取大量数据拓展既有新闻主题的广度与深度,最后依靠可视化技术将经过过滤后的数据进行融合,以形象化、艺术化的方式加以呈现,致力于为读者提供客观、系统的报道以及良好的阅读体验。

在我国,数据新闻作为一种新兴的新闻生产形式,在发展过程中不仅拥有传统新闻生产的时效性、可读性等特点,而且日渐形成了自己的优势。

(一)数据新闻创新了新闻生产的叙事形式

传统新闻叙事方式更多的是文字在前、数字在后,文字为主、数据为辅或是数据与文字相辅相成;数据新闻则是数据为先、文字在后,数据不仅是展示和呈现文字的重要工具,本身也是一种新闻。比如,搜狐"图表"第198期《你,被精神病了吗?》通过数据表明中国精神病患者超过1亿,精神病患者在中国易被忽视,在"指标"压力之下很多人可能会"被精神病"。记者用数据讲故事,数据作为一种新闻事实增加了新闻的直观性和可信度。

(二)数据新闻变革了新闻生产的思维方式

全球复杂网络研究权威、冯·诺依曼奖获得者艾伯特·拉斯洛·巴拉巴西曾指出,在大数据背景下,人类的很多行为都是可被预测的。从这个角度看,人类的行为并不是互不相关的独立事件,而是相互关联的数据网络中的一个片段,在这张数据大网之下,许多事件的相关性与发展的规律变得有迹可循。传统新闻生产的思维方式更多考虑事件的因果关系,较少考虑事件背后的"相关关系",而数据新闻通过在纵向上分析数据背后的新闻故事,寻找到事件发生规律,进而延伸向未来、预测即将发生类似事件;在横向上将事件作为一个新闻源泉点,延展到其他相关的领域,运用数据多角度地解读新闻事件。

新浪"图解"第98期《被"监控"的生活》,通过数据表明我国有3000万台摄像头,一个人一天中会被早晨出小区的摄像头、乘坐地铁的摄像头、上班进大楼的摄像头、午餐路上的马路电子眼、下班取钱的ATM取款机的摄像头和买东西回家的超市摄像头记录至少六次;通过分析普通人一天与之发生"相互关系"的地方,解读这些地方的摄像头监控人的生活,说明人们的日常生活已经被"监控"了。分析事件背后的"相关关系"成了数据新闻的出发点,也日渐成为大数据时代新闻生产的思维基础,变革了新闻生产方式。

(三)数据新闻增强了新闻的可视化效果

数据新闻通常是运用可视化技术,以信息图表的形式发布。信息图表主要通过图表、图解、图形、表格、地图、动画、视频等视觉化工具来传递新闻数据及信息。在数据新闻的呈现中,数据再也不是枯燥、冗长的表格,而是一张张新颖、美观、充实、高效的静态或者动态图像。这种可视化效果不仅满足了当前大数据时代下电子用户对于直观化信息的需求,也赢得了更多的注意力,使新闻信息的传递更加清楚和透彻。如搜狐"图表"第212期《中国式二胎生不起》中以广州为例,通过数据柱状图的方式解析生二胎需要的费用为30万元,解读了在中国生不起二胎这一普遍现象。可视化的呈现是数据新闻相较其他新闻生产方式的独特优势。

(四)数据新闻实现了新闻的交互性表达

数据新闻的交互性表达通过两个方面实现。

一方面是通过数据图表中的交互性设计,如新浪"图解"的《南方部分省市内涝地图》是在浙江、江苏和上海发生重大内涝之后,在地图上以红色代表受灾的地区,当人们将鼠标移到某一地区时,地图上就会立刻出现相关的视频链接和受灾情况介绍,非常清晰直观。在信息图表中不仅用到了文字、地图、图表和动画,还引入了相关受灾视频,拓展了新闻表达的呈现方式。

另一方面是在推出数据新闻报道时,向用户提供报道中所涉及的原始资料,鼓励用户参与新闻的制作,调动了受众的积极性,使得"全民新闻"成了可能。如新浪"图解"在第 96 期《越来越贵的大学越来越"便宜"的大学生》中,不仅提供了数据新闻所用到的《21 世纪人才报》《京华时报》、山西新闻网等基础的数据信息,还在数据新闻的右方设置针对用户上大学的花费的调查;不仅调动了用户对此类数据新闻的关注,还让用户参与其中,实现了新闻的交互性内容表达。

通过对数据交互性的表达,不仅向用户简洁呈现新闻的重点信息,而且使用户根据自己的需求了解信息,新闻表达更具有个性化和受众参与性。

总之,数据新闻在网易、新浪和搜狐三家网站发展迅速,数据与文字的阐述日渐密切,在数据新闻的生产和呈现上实现了一定的突破,但是相比于英国的《卫报》、美国总统大选时期的数据新闻,仍然存在着差距。数据新闻的生产和传播不仅需要新的思维方式与多种能力的支撑,更需要坚持不懈的实践。

三、国内媒体推荐

当下,很多媒体都开辟了数据新闻栏目。在这之前,如报纸的图表解析、网媒的信息图,算得上是数据新闻的雏形。近年来,随着大数据的广泛运用,新闻数据才正式走上台前。下面盘点一下笔者认为国内做得比较好的几个平台。

1. 财新数据可视化实验室

财新数据可视化实验室成立于 2013 年,是结合新闻编辑和数据研发的虚拟实验室,将数据应用于新闻采编与呈现,是国内比较早把数据新闻进行专业化运作而建立的独立机构。作品集可以通过财新网或是官网(http://datanews.caixin.com/)查看。

2. DT 财经

相对财新数据可视化实验室,DT 财经的可视化效果相对较弱。官网介绍如下:DT 财经是第一财经与阿里巴巴合力打造的数据新媒体,提供更理性的数据财经新闻,更易懂的可视化新闻和更专业的大数据报告。作品可在官网 http://www.dtcj.com/查看。

3. 腾讯新闻:数据控

数据控为纯可视化作品,相比财新数据可视化实验室和 DT 财经,其题材更为广泛,题材更贴近社会热点。

官方标语:用数据解读新闻。

网址:http://news.qq.com/bigdata/。

4. 网易:数读

数读比较有特色,一张图配一段解说。

官方标语:用数据说话,提供轻量化的阅读体验。

网址:http://data.163.com/。

5. 凤凰财经:连环画

网址:http://finance.ifeng.com/news/picture/。

6. 搜狐新闻:数字之道

数字之道是起步比较早的一档栏目。

官方标语：数化万物，图悉生活。

网址：http://news.sohu.com/matrix/。

7. 新华网：数据新闻

门类还比较齐全，题材涉及也很广泛。

官方标语：专注可视化新闻平台。

网址：http://www.xinhuanet.com/datanews/index.htm。

8. 人民网：图解新闻

网址：http://opinion.people.com.cn/GB/364827/。

第七章 数据新闻制作

本章按照数据新闻的制作流程,为每一个关键操作步骤提供详尽的解释、工具及重点,并且配备丰富的数据平台供学习者参考,快速提升数据新闻制作能力。具体包括:判断适合做数据新闻的选题,获取数据来源,数据分析操作,使用工具提升数据处理效率,选择合适的图表传递数据内涵以及数据可视化中注意的问题,并提供优秀的数据新闻案例供学习者参考研究。

第一节 选题与故事

数据新闻至少要有三个要素:新闻、数据和可视化。

首先,数据新闻要具备新闻价值,是新近发生的事实,或者新发现的事实,或重要,或有趣,或解释现象,或揭露秘密;其次,数据新闻必须有数据支撑,通过分析数据进而发现问题并挖掘出新闻故事;最后,数据新闻通常使用可视化手段呈现文字难以描述或难以让读者更好地理解内容,可视化既可以很简单,如在文字中罗列数据,或是做一个简单的数据图表,也可以很复杂,如信息图、互动页面、动画视频等。

相比于一般新闻报道,数据新闻的选题多了一个要求:必须要有数据。那么是先有选题还是先有数据呢?这个问题就像鸡和蛋的关系一样,没有令人满意的答案。在选题操作中,既可以是选题先行,再去寻找数据,也可以是先找数据,进而从数据分析中找到新闻,无论哪一种情况,都要运用数据对所发现的问题或现象进行探究或解释,最后以恰当的方式呈现给读者。

一、不是所有故事都适合做数据新闻

(一)传统新闻常规之"讲一个好故事"

美国新闻主编坎贝尔总结美国新闻事业的两大传统为发现事实和讲述故事。具体而言,发现事实的传统是把公民当作客户,帮助建立权威所言之"实用智慧";而讲述故事的传统是把公民当作观众,通过"审美经验的力量"传递理解或宣泄感情。被视为全美写作质量最高的报纸之一《华尔街日报》的内部培训教材强调,"讲一个好故事"是读者最基本和普遍

的需求。追求深度解析事件、揭示事情真相的调查性报道写作手册也强调"核心任务是讲故事"。学者舒德森更是断言,"所有的新闻报道都是故事"。

对故事的强调源于这样一种假设,即"讲故事是我们所以成为人的一个重要部分。我们通过故事来了解自己的生活和世界"。人类"对故事的理解完全出于直觉,并且觉得故事总是比枯燥的分析更能激发人"。因而对作为叙事动物的人类而言,新闻故事提供了一个基于人类心理的接受结构。而新闻的民主、文化传承等社会功能实现的基础在于能否吸引且激发民众的阅读兴趣、认知、思考乃至行动,西方学者基于新闻实践经验与专业理想所提出的"新闻十大基本原则"中的一条,即为让重大事件变得有趣且与受众息息相关。作为故事的新闻显然比枯燥的信息呈现更具体、生动、有趣。

再者,传统上强调以讲故事方式来报道新闻也有效率的追求,即"通过验证或否定一个故事,记者可以更容易地明确自己所要寻找的信息,以及如何解释它,编辑或出版者可以更容易地评估其可行性、成本、回报和调查项目的进展情况"。尽管新闻事件作为社会事实中的一朵浪花,往往具有诸多意义与影响,但通过模式化的故事直接套用情节来审查和组织事实,记者简化并且加快了讯息选择进程,适应了新闻对时效性的要求,提升了新闻生产效率。然而,常规化了的新闻样式也意味着凸显与遮蔽。尽管有其心理上乃至功效上的合理性,模式化的故事生产仍然框定了如何进行主题选择和事件报道,从而影响新闻消息来源选择等,并最终可能阻碍新闻对真实事件的呈现。

选题上,对新闻是故事的强调,影响新闻工作者从纷繁世界里选择报道的内容。一个事件是否具有戏剧色彩冲突成为决定这个事件是否成为新闻的特质之一。"戏剧色彩是定义新闻时不可缺少的一个特点。如果一个事件具备了某些戏剧元素,那这个事件就会特别地具有新闻价值。"由此,戏剧元素成了新闻价值的一部分。对于试图讲一个吸引人的故事的新闻从业者来说,"最佳的新闻素材是危机,而不是慢慢构成危机的过程,因为只有危机才符合戏剧化倾向性的需要"。这就使得更具备戏剧性的、耸人听闻的元素和煽动性的犯罪报道、社会新闻等从社会现象中凸显,且常能占据与现实重要性不相匹配的报道版面和时间,而诸多社会公共事务如教育、基金、政府运作等,以及社会问题诸如不平等、能源损耗、环境恶化等因其戏剧性不强,会由此缺少长期的关注。以西方学者对美国新闻报道政治框架的研究为例,当记者习惯性地将有争议的关于医疗改革政策的新闻描写成策略游戏时,这些政策本身却变得模棱两可、不再重要。如此,尽管新闻工作规范之一是"使新闻全面均衡",但在一种戏剧化新闻的价值观下,有新闻价值的事件及其相关报道的数量比例经常表现出很大差异,这已为较多研究证实。如美国 1995 年关于犯罪的电视报道达到最高纪录,O.J.辛普森谋杀案及其审判以及其他轰动性案件被大规模报道,而关于医疗问题和联邦预算讨论的报道总量比犯罪新闻少很多,让观众觉得此类新闻没有犯罪事件重要。2002 年《芝加哥论坛报》报道的当地犯罪事件中,有 49% 是关于谋杀,17% 是关于性侵犯,而这些犯罪事件在警方统计的犯罪记录中不到 2%。

写作上,"讲一个好故事"的模式框定了新闻事件该如何报道。甘斯指出,"无论是印刷媒介还是电子媒介,最基本的样式考量都是新闻只有在转变为故事的前提下才适宜刊载或播放"。把讲故事当作基本新闻要素的新闻撰写模式的显著特点之一,是"给了记者一个很大的空间,可以用来强调新闻事件戏剧性和叙述性的一面",也使记者报道时经常会重新调整故事结构,以突出其中的戏剧效果。记者讲故事往往追求吸引观众注意力,"让故事深深刻在人们的记忆之中",因而会根据对观众的评估做出选择,考虑传递给观众一种什么样的观点,采用哪种情节技巧(如闪回、结果、性格发展、高潮等)来更好地传递这一观点。这种戏剧技巧式写作重危机而轻常态,重现在而轻过去或未来。而且用讲故事的办法,需要使用标准化情节,这种写作方式将事件压缩进一个固定的套路里,把复杂的事件组织成熟悉的、易于掌握的传播格式,限制了新闻内容。以一篇关于城市输油管道泄露造成爆炸灾难的报道为例,讲故事的新闻写作模式会更多地报道灾难状况,如财产损失和人员伤亡等细节,描述受害者的眼泪,受害者朋友的悲伤和同情,以及赈灾、政府援助,生产如何恢复等戏剧性画面和场景等,而灾难发生的起源、解决方案的探讨等难以进入戏剧性框架里。显然,这种故事样式以戏剧性的事件方式将复杂的社会过程简单化,将复杂的现象转变为敌对者之间的故事,以一种突出效果的手法加工故事,创造或凸显了某些符号意义,确如甘斯所指出的,有可能使新闻转变为道德剧。

基于以上分析,当记者认为"最好的新闻故事是对戏剧化的活动或情感的报道"时,政治新闻将被定义为关于政府与主流政党的事情,且强调政治人物的特质;经济新闻就局限于股票交易、政府政策、通货膨胀、贸易数字、货币供给等;国际新闻被用来指称各国政府间的关系;而国内新闻被分为强调冲突,并且暴力、劳资争议的硬新闻和软性的人情趣味新闻。如泰玛·利贝斯在检视了以色列电视新闻后指出,西方新闻业普遍具有一种关注和报道冲突,并且事件、行动具有简单化、人格化和戏剧化的偏向。可以说,在传统新闻故事生产常规下,《纽约时报》有关新闻理想的格言"所有值得印刷的新闻"成为不可能实现的神话。又因为需要把新闻事件塑造成一个有趣、连贯的故事,新闻报道经常赋予这些事件全新的意义和重要性,而现实则被扭曲了。以事件、行动、人物等为中心以及更多关注负面,因此也成为被经常提及的新闻失真现象。且新闻报道的这种特定形式巩固了现有的权力机构,因为强势的机构,不管是政府还是其他组织,都可以通过策划或参与事件,以符合记者的事件取向来操纵事件。而社会改革运动则因为往往是问题取向而易被记者忽视,除非其能获得策划或参与事件的能力。正如批评家所指出的,"新闻报道的形式形成了其自身的偏见",故事模式不能如实反映社会现象。在舒德森眼里,新闻故事更因其对大量社会与文化象征的传输,成为需要摆脱的"文化的桎梏"。

(二)数据新闻如何讲故事

前文在已有研究基础上梳理了传统故事新闻样式在主题选择和报道写作上形成的自身偏见,并指出这些偏见所带来的接近真相的诸多不足。然而讲故事被视作新闻的基本要素有其理据,即就人类的心理接受结构而言,"故事情节本来就存在,而且可以说,它是对大的社会背景的具体表现"。人们定义和报道新闻时总是在信息与故事两头摇摆,这是因为社会现象本身既有表现为故事的一面,也有难以以单一、个人、片段化、戏剧性的故事呈现的作为信息的一面。在读者对"讲一个好故事"的普遍需求外,还有"对信息的需求"。因而讲故事与提供信息并不矛盾,可以视作"传播光谱上的两极"。

正如班尼特所指出的,新闻的问题并不是使用了个人化和戏剧性的报道方式,而在于在报道中如何运用这些技巧。讲述故事如果能成功,既能够抓住受众注意力,还能够以一种审美经验之力量来传递理解或宣泄感情。故要拒斥的不是故事,而是传统新闻故事模式在实践中带来的种种局限与弊端。新闻人可以做的是在新闻故事样式的合理性基础上对新闻故事进行变革。如秉承公共新闻事业理念的学者杰伊·罗森提出了"架构故事"的构想,即在一个框架内将报道一个问题的可能方式整合在一起,将公民定位为政治参与者而不仅仅是观众,绘制出接触社群内不同知识阶层的路线图等。除了围绕实现传媒公共性而从宏观上架构故事之外,还可以具体从叙事结构上兼顾故事与信息的需求,将个人故事与更大的社会议题结合起来。

记者选择一个新闻故事的考虑之一即是否能以及如何更好地抓住受众的注意力。新闻需要也应当追求注意力,甚至可以将新闻学视作一门注意力哲学,但通过什么方式以及将注意力导向何方则会影响到新闻所能发挥的功能。架构故事因而成为把握受众注意力且发挥新闻之社会功能的关键所在。在当下这个被诸多学者视作新闻业危机的时期,数据新闻作为正在形成与发展的一种实践形态,激发了实践者与研究者对传统新闻理念的改造和更新,与公民新闻等一起被赋予了新闻革新的期待。分析研究材料可以发现,"故事"是数据新闻工作者经验论述中的高频词。那么,究竟数据新闻工作者如何看待故事?如何讲述故事?这是架构故事首先要了解的。

基于语料库的词频和语境共现检索,与"故事"密切相关的词项有"数据、项目、信息、新闻可视化、团队、调查、应用、公众、互动"等,这些词项构成了数据新闻主题论述的概念结构(见表7-1)。

表7-1 核心词项表

词 项	对应英文搜索词	频数	词 项	对应英文搜索词	频数
数据	data	513	调查	investigate	62
故事	stor	131	应用	application,app(s)	56
项目	project	130	网络	web	56
新闻业	journalism	119	报道者	reporter	45
新闻工作者	journalist	109	程序	program	42
信息	information	92	设计	design	41
新闻	news	75	在线	online	39
视觉(可视化)	visual	74	工具	tool	38
团队	team	66	开发者	developer	34
公众	public	65	互动	interact	27

数据新闻依然以叙事为中心,而这种叙事已经建立在新的技术与理念基础上,讲述的是一个为数据驱动、可视化的新闻故事,一个关乎读者且读者自己可以讲述的故事,一个更能把握真实、抵达真相的故事。

(三)一个为数据驱动的故事

语料分析显示,"数据"一词出现在整个研究材料中的每一个子文本中。不管是讲述编辑室运营理念,还是案例分析,"数据"都会高频度地出现在数据新闻工作者的论述里。

首先结合语料中的核心词项、词频及语境分析,对数据故事的形成过程进行概述。"所有的数据新闻背后都是一系列作业流程"。数据新闻工作者"在数据中发现新闻",通过一系列工具、技术、软件等来制作完成相应的数据新闻项目和应用等,以满足公众对数据的需求。

第七章

数据新闻制作

数据新闻制作一般需要更长的时间,且往往由团队来完成。就团队构成而言,除了传统的新闻工作者外,还包括负责程序和设计的人员等,担任的角色不仅是报道者,还是开发者、设计师等。

数据新闻工作者认为,"在信息时代,记者们比以往任何时候都更需要组织、验证、分析和综合数据洪流"。他们试图讲述一个"数据驱动的故事",致力于从数据中识别与挖掘故事,数据采集、过滤等处理成了数据新闻生产最重要的环节。且"对数据的使用使记者的工作核心由追求新闻报道的时效性,向讲述某一事态变化发展背后的真正含义转变",这些使数据新闻致力于讲述一个更为复杂的故事,在选择和评价新闻故事的适应性时,侧重点从行动或事件转向情境。如案例《机遇鸿沟》(*The Opportunity Cap*)强调其新闻应用能够讲述一个"整体"又"详尽"的故事,向读者呈现一个宽泛的、梗概性的全国图景,这个图景对各州在教育资源分配上的表现进行比较,帮助读者了解全国教育资源配置,以及贫困在多大程度上决定了教育资源的配置。

因为致力于讲述更为复杂的故事,这些数据新闻实践一般需要处理大规模数据。统计显示,除了一个案例提到了小规模数据处理外,其他案例论述一般会强调数据规模之大以及数据处理之繁杂。如案例《医护费用》(*Hospital Billing*)中,为了调查并报道加州一个大型医疗机构利用联邦医疗保险项目牟取超额利润,加利福尼亚观察网的调研员需要收集和处理十分庞大的数据,每年就有400万份病例,而报道者希望能够研究六年来的记录数据来考察模式变化。再以案例《阿根廷的公车补贴》(*Bus Subsidies in Argentina*)为例,当时阿根廷混乱的公交系统每天会影响到5800000名乘客的生命安全,且延误、罢工、车辆故障等事故频发,该数据项目试图调查阿根廷公交系统补贴取向,并且通过应用设计让每位阿根廷公民都能了解补贴数据,为此需要调查全国公交公司每月所获补贴。工作人员查阅了阿根廷交通部网站上自2006年开始政府每月对1300多家公交公司的现金支付金额,涉及400项PDF文件,9000台车辆的车牌号,每月从政府获得的维修保养费用,以及所属公司名称和信息。大规模数据的处理由此成为数据新闻工作最为基础与核心的部分,也使新闻价值上从追求时效性、冲突、戏剧性转向全面、深入、精确地呈现社会事实。

需要指出的是,尽管这些数据新闻实践较多涉及大规模数据的处理,在相关文献梳理中也有学者认为数据新闻要处理的是大数据,且往往以数据规模来衡量该类新闻价值的大小,但研究材料的文本分析也显示出有些数据新闻工作者并不认为一定要依托大型数据库。如在案例《公民数字记者》(*Citizen Data Reporters*)中,来自巴西公民媒体项目《珍纽瑞亚之友》(*Friends of Januria*)的实践显示,在引导巴西城市珍纽瑞亚的当地青年提出信息自由的要求以及进入互联网上的官方数据库去获取公开披露的信息后,他们能以这些数据库为原材料,开发小规模数据库和数据表,从中发现极具价值的信息。

在数据新闻项目与应用的开发中,数据新闻发现且试图满足公众想要了解各种数据的需求。如《卫报》数据博客的编辑指出,该博客启动时设定的读者群是那些制作应用程序的开发者,而实际上却是广大的普通读者想要深入了解各种数据。为此,数据新闻工作者为普通公众提供了大型数据库的进入方式。如在BBC推出的庞大数据库"每条道路上的每例死亡"里,用户仅通过邮编搜索,就能找到过去十年中每场道路事故发生的具体位置。案例《Mapa76黑客马拉松》(*Mapa76 Hackathon*)则通过设计 Mapa76 项目来帮助用户提取数据,为出于新闻、法律、审判和历史研究等不同目的的使用者提供开放的信息接入,并通过地图和时间轴来显示。这个项目目前还在正常运行,且提供了公共邮件列表和 GitHub 代码仓库,任何人都可以通过它们参与到这个项目中来。对公众数据需求的满足使数据新闻获得了关注和影响力,如"Zeit 在线"的研发部门发现,数据新闻不仅能让受众阅读,还能让他们再利用这些数据,大幅提升了其公信力。

为了从数据中发现有价值的新闻,往往需要花大量的时间对数据进行筛选,以及更多数据挖掘的技能。数据新闻是"更费时的",有时新闻工作者花了数小时收集数据,结果发现它们没有一点用。在采集与处理数据过程中淘汰错误、过时的数据,挖掘出有新闻价值的报道,数据处理要求更多相关技能,"要将各自不同的技能——精深的专业知识、对数据实现最优化的理解、设计与编程能力等融合起来"。一方面,这对新闻工作者技能提出了更高要求,如 BBC 数据新闻团队尽管各自有自己专属的身份,如记者、研发人员,但他们勤于学习,不断增加对彼此专业领域的熟悉和了解。没有哪个记者专门司职处理数据,但所有编辑人员都必须熟练掌握一些基本电子表格的应用技巧,以便分析数据。另一方面,新闻编辑室可以通过专业人才的分工与协作来获得所需技能,且研究材料里提到的团队构成都将传统新闻工作者与技术人员统合起来,所涉及的全部案例也都基于协作完成。澳大利亚广播公司的温蒂·卡利斯勒(Wendy Carlisle)认为,真正的数据应是跨领域的,数据新闻团队由过去从未共事过的人员组成,传统新闻工作者将与电脑黑客、开发设计师、编程人员并肩作战。

数据新闻实践中,数据成为重要的信息源。我们需要关注数据来源构成,因为虽然依托大规模数据的处理使新闻更为全面、可信,但也要谨防形成依赖惯性而再生了制度化的结构。即如同传统故事新闻模式对官方信源的依赖,数据来源也可能形成其特定偏向。就研究材料来看,数据来源一般来自官方资源。统计结果显示,18 个数据新闻案例里有 15 个明确提到了具体的官方机构来源。如案例《实时竞选黑客》(Electoral Hack in Realtime)这个对阿根廷 2011 年 10 月 23 日选举的最新投票结果进行数据可视化与政治分析的项目,其所有数据都来自官方,包括国家竞选局、卫生部以及全国人口普查与住房普查(INDEC)等提供的相关领域信息。

研究也显示,在互联网社交媒体发展的基础上,数据来源除了政府及其他公共机构外,还可以是商业机构与普通民众。如案例《〈卫报〉的数据博客对英国暴动的报道》(The Guardian Datablog's Coverage of the UK Riots)中,《卫报》的数据博客对英国暴动的报道和案例《无所不知的电话》(The Tell-All Telephone)里披露的个人行踪数据皆来源于商业组织。案例《众包水价》(Crowd Sourcing the Price of Water)则显示出数据获取的众包方式能够发挥巨大助益。该案例通过水价网站设计一个众包界面,用户可以扫描水费账单、输入支付水费,在 4 个月内即有 8500 人在界面所在网站注册,并上传了超过 5000 份通过验证的水费单。

在通过数据强化新闻报道叙事能力的过程中,数据新闻工作者既将数据视作其工作最基础与关键的环节,也强调数据只是工具,它仍然是在讲述故事,讲述数字背后关于人的故事。数据新闻工作者会认为数据能够用来核实各个信息来源提供的主张辩解,但也有所反思,如怎样保证数据新闻的真实性和准确性?收集手段是否科学?来源是否可靠?数据是否有代表性和可比性?有数据新闻工作者指出,"相对于其他事实,数字更可能被粗浅地解读,因为数字被戴上了象征严谨的神圣光环,即使是完全捏造的也不例外"。强调记者要增强对数字的批判意识,要正确使用数据,对此开出的"处方"是"数据的熟悉运用"。

（四）一个与普通公众相关的故事

传统新闻故事基于对时效性的追求，以及局限于消息来源的易得性和易用性，其报道所关注焦点的消息来源主要是国家政要、社会精英等，不仅难以全面呈现社会情状，也使得新闻资源和相应权利仅为少数群体所获得。因而美国学者对本国新闻业诊断后提出，新闻故事不仅需要在政府机构周围建立巡逻领域，更要关注民众日常生活，报道与民众密切相关的社会现象、问题等。而数据新闻在数据化、可视化等叙事手段基础上，改变了对新闻重要性的界定，且已经更多地关注政治与经济事件的结构、非个人化的社会过程以及常常处于匿名状态的职员、公务员等。

分析研究文本中除了案例《新闻中的数据玄机：维基解密》(*Data in the News: Wikileaks*)对阿富汗战争的解读日志以及案例《〈卫报〉的数据博客对英国暴动的报道》属于典型的重大且具历史意义的事件外，都将关注点投向了民众日常生活，涉及的题材主要有社会矛盾冲突、卫生和公共安全问题、公共政策问题及其长期深远影响的变化、趋势等。

但如果只关注且呈现宏大主题，则正如甘斯所言，"新闻同样也会变得非个人化，人物故事将会减少，而大量的抽象描述与分析将主导新闻报道"，这也正是当下一些数据新闻所表现出来的局限，对人类叙事心理接受而言可能带来一定疏离感。但已有数据新闻实践在样式上于甘斯的想象之外做了改变，大致有以下两个方面。

其一，在新闻记者采访所获得的人物故事之外，通过界面设计增添了更多个人化叙述的故事。如《华尔街日报》对欧元区垮台的报道在处理海量数据基础上制订好记者的报道计划，要求他们去探索有趣的故事，让读者更近距离感受欧债危机，并且设计交互性页面以获取读者观看后分享的故事，这些故事来自欧洲的不同类型家庭及不同世代、不同经历的人。采用个人逸事来讲述新闻故事被视为"有色彩"的，可以带来"地方感"，使人觉得说话的是活生生的普通人而不尽是官员。且当人们对讨论的事件有直接经验时，会以更具分析性的、联系社会实际的方式来解读新闻，并且采取行动。如威廉·盖莫森指出，有证据表明，当人们把个人经验与政治事件联系起来时，就开始对具有相同经验的人们产生认同感，并采取政治行动。

其二，除了选择主题与公众相关外，在数据新闻编辑的经验论述中强调要帮助公众了解各类事件或主题。如案例《通过 OpenSpending.org 报道公共支出》(*Covering the Public Purse with OpenSpending.org*)中，强调该报道是为了增进新闻工作者和公众对财政的了解，作为项目"花销的故事"里的一部分，该报道让用户将公共支出和有关公共支出的报道相联系，来看"新闻背后的数据和数据背后的新闻"。

BBC 数据新闻编辑室强调数据新闻的报道原则之一，即为帮助读者更好地理解复杂议题，且让故事成为读者可以个人亲自参与的。为此，在新闻实践上他们提供了大型数据库的探索方式，以其 1999 年推出的《学校排行榜》为例，使用政府每年公布的数据所推出的应用能够帮助用户通过邮政编码找到当地学校，并根据一系列指标进行比较。BBC 数据新闻编辑室还制作了简便工具，可以为用户提供个性化信息。如 BBC 推出了一种预算计算器，用户通过使用该计算器，可以预见财政大臣的预算生效后可能产生的更好或更坏的影响，然后分享计算结果。这些工具赢得了那些缺乏时间做冗长分析和搜索的用户喜爱。

案例《机遇鸿沟》(*The Opportunity Cap*)除了就公众相关事务如学校教育情况提供概

览性报道外,还通过交互式的新闻应用帮助读者在宏大的国家数据中理解和寻找与之相关的数据。读者可以找到自己当地的学校,并能与该地区不同贫困程度学校进行对比。读者在参与过程中通过自己已经知道的,如对当地学校的了解,来了解其所不知道或不明白的事,即教育资源的配置,以及贫困在多大程度上决定教育资源的配置。在这个读者参与的过程里,数据新闻描述的不仅是问题所在,还有人们在解决问题的过程中所处的时空位置,以及在其他时间或地点,其他人如何解决了类似的问题。

在新闻编辑室经验分享里,《芝加哥论坛报》新闻应用团队将"帮助读者在数据中发现他们自己的故事"作为数据新闻挖掘的动力和意义,其具体论述如下:

我们真正的动力应该来源于我们的作品对人们的生活、法律以及政治家的监督,等等。文字报道能够反映社会趋势并且通过几个具体的故事使之更加人性化,但当读者读完报道之后他们会做些什么呢?他们的家庭是否安全?他们的孩子是否接受到公平合理的教育?我们工作的意义在于能够帮助读者在数据中发现他们自己的故事。

通过"他们自己的故事",数据新闻在主题上对现实生活中普通民众相关事务的呈现能够引导读者从普通公民的角度来理解公众事务,并且鼓励公众参与。而对新闻工作者而言,当官员成为消息来源的时候,记者与官员定期接触所形成的关系使他们更容易同情这些官员,导致消息来源单一而且"系统性地偏袒某些人物、团体或组织"。而当社会公众成为消息来源和参与者时,新闻工作者在报道上也能更同情民众,真正专注于为民众提供新闻服务。

(五)一个为读者自己讲述的故事

让数据新闻成为个人的。生产数据驱动新闻故事并非大型新闻编辑室的专利,这些对数据新闻工作者而言有用的技能同样能够帮助公民数字记者访问本地数据,并且转化为故事。语料库分析显示,"欢迎参与性用户且为他们服务"的理念在论述经验文本里多有呈现,与之相关的词项有"个人的、亲自的、互动的"等,因为在表述上较为分散,难以采用之前的关键词索引行来呈现,故下文将通过引文来具体分析。

"为读者讲故事"的理念具体体现在数据新闻文本的交互性设计和新闻应用上。就以上涉及的案例文本中,全部都设计了交互性应用,并且会与常用的社交媒体相联系,将 UGC(用户生成内容,user generated content)内容纳入专业新闻文本里。语料文本中主要涉及的社交媒体有 Twitter、Facebook 等,并且在论述里强调了"网络""在线"等,数据新闻因而是一个"在线的故事",它充分利用了互联网及社交媒体的影响力,让新闻变得更具个性和互动性。事实上,这也为其他研究所证实,根据学者对英国《卫报》数据新闻频道中"2012 美国大选报道"专辑中 55 篇相关报道的研究,用社会化媒体吸引用户参与数据新闻的制作与传播是这些报道的重要特点之一。每篇报道都设置了按钮,以方便用户浏览时可以分享到 Facebook、Twitter、Google 等。

回到具体文本,在案例《机遇鸿沟》(*The Opportunity Gap*)中,数据新闻工作者认为不仅需要通过复杂的新闻故事来解读、呈现复杂的社会,还需要让读者能够参与故事生产,这也是数据新闻工作者引以为豪的。该案例相关的新闻作品除了概述性新闻报道外,还在社交媒体 Facebook 上提供了交互式新闻应用,读者登录社交媒体后可以从庞大的数据库中找到自己所在区域或所关心区域的学校并查看该校相关教育资源。而案例《欧元区的垮台》(*The Eurozone Meltdown*)则通过全方位展现欧元区的家庭来讲述欧债危机的故事,让读者能够更近距离地感受欧债危机中不同世代不同经历者的声音。该案例也设计了交互式页面，用来获取不同读者看完照片后的反应和分享的故事，使用的符号有图片、声音、数据等。对这些报道来说，读者被视作能与报道信息互动的人，而不仅是信息的消费者。当公众的故事和观点以这种交互方式得以采集与呈现，人们既是信息接收者，又是信息生产与发送者，在倾听和被倾听的互动过程中，新闻真正成为"对话"的新闻。

除了通过互动设计和应用将 UGC 内容纳入专业新闻文本外，数据新闻报道还向用户开放新闻报道的原始数据，鼓励、教授用户使用软件参与新闻制作，帮助他们讲述自己的故事。如案例《机遇鸿沟》中的数据新闻工作者认为，他们引以为豪的是所设计的新闻应用能够讲述一个复杂的故事，但更为重要的是，能帮助读者讲述他们自己独有的故事。在案例《哪种车型最有保障？MOT 测试失败率报道》中，除了报道所获结论外，还在 BBC 新闻网站上公布了相关的电子数据表，并且任何访问者都可以使用这些数据自己进行分析。前文已经提及的案例《公民数字记者》里，巴西公民媒体项目《珍纽瑞亚之友》的数据新闻工作者同样津津乐道的是，他们成功帮助了毫无新闻背景的用户结合他们当地的情况以及感兴趣的领域来生产制作数据新闻。在这个案例中，数据新闻工作者帮助巴西境内小城市的当地居民学习基础新闻技术，并提出"信息自由"的要求，帮助他们进入互联网上的官方数据库等，在参加完 12 期的研习班后，一些完全没有任何记者背景的年轻人也能够写出由数据驱动的新闻故事，呈现出当地有趣的民生百态。对此，这些数据新闻工作者认为，公民记者能够利用数据来完成新闻稿，并不需要同大批专业人员一起待在大型新闻编辑室中。

这些实践体现了数据新闻中的"开源"理念。开源在技术上指的是一种透明与参与式编码，所有源代码能够被所有人使用、修改，且其他人又都能任意获得这些修改。其蕴含的理念即分享，也是网络诞生以来发展出的黑客伦理之核心，在实践中能够为群体及其行动提供更广泛的平台。可以看到，有些数据新闻团队正在做的便是开放专业生产与把关之门。谁来生产这些"数据故事"？记者、信息设计员、计算机科学工作者？除了这些专业人士形成的职业团队之外，还有对此有兴趣的普通公众。

开放源数据平台也是研究材料中出现频次较高且被视为数据新闻传奇的《卫报》数据博客一直贯彻的，即分享数据、文章和问题。这种新兴的发布平台赋予个体数字化收集、共享数据以及将其转化为信息的能力，以开放式互动提升受众参与制作及解读数据新闻的能力，以求建立良好的数据资源生态。因为参与者和信息的增多会使数据表达的事实更为准确，而且正如数据新闻工作者在实践中指出的，还能够进一步拓展新闻工作者由于时间和技术限制的有限报道。这种参与也能增加用户对新闻的关注度，激发移动与按需时代的公民参与。如巴西公民媒体项目中的一位公民数字记者接受培训后，根据联邦政府数据写出了其所在城市受雇医生数量的新闻报道，成功地提出了对官方数据的质疑。他感受到媒介赋权的力量，他想成为记者的梦想成了现实，相信获取数据是改变当地现状的一个重要工具，他这样说道，"我觉得自己有能力为改变我的家乡、我的国家甚至为整个世界出一份力"。

从开源理念及其实践可以窥见，参与数据新闻的计算机程序员及其理念正在挑战传统新闻常规。如同学者在梳理众多关注与探讨计算机新闻的文献后指出的，以新闻职业为中心来探讨技术创新有可能限制开源所能发挥的能力。开放资源作为一种结构和文化的动力场，预示着一种新的新闻标准与规范。因而，未来将不再仅仅是基于传统新闻工作者视角所考虑的，即世界增加的复杂程度使新闻工作者为公众提供更深入全面的阐释与分析是必要的,新闻工作者不应再以中心化的方式建构道德判断与陈述,不再将数据分析当作其建构价值判断的工具,而应借助于新的技术工具,让用户成为这个建构过程中合法且积极的贡献者。

"每一次技术进步都或多或少地重新界定了公民角色"。如果说在传统新闻故事中,公众更多处于被动解读与消费的位置,那么数据新闻实践正在持续关注普通公众的议题,并致力于在重要议题上让更多民众发表自己的意见,在报道中邀请市民参与并为其创造途径,使其更清楚能够做什么来推动事情的进展。可以认为,数据新闻实践正在贯彻和体现公共新闻学理念,即新闻不应被政府和任何利益集团控制,它应该帮助社区的整体运行和健全社会的民主生活正常运转。数据新闻由此与人们日常生活密切相关,能够帮助与激发人们根据新闻来了解信息以及采取行动,并且也与其他公共新闻、公民新闻实践等一起,成为重构新闻业的力量之一。

(六)一个更为复杂并接近真相的故事

虽然现代新闻业秉承的原则是"要对真实负责",职业信条是"坚守真实,探求真相",但对真相的探求受限于普遍的权力机制,且人类认知结构自诞生以来就只能片面地呈现事实。这已为学者认识并限定了对新闻职能的期待,如沃尔特·李普曼在20世纪20年代探讨舆论一书中指出的,新闻的职能是要凸显一个事件,而真相的职能是"探明隐藏的事实,并使其彼此发生关联"。他认为只有当社会条件达到可以认知和可以测量的状态,真相和新闻才会一致,但显然并不能因为认识到一定时代环境下新闻呈现事实的局限就放弃赋予新闻业的理想和原则。为了更全面地呈现社会事实与接近真相,新闻业务需要发展出一种更有效的信息处理、组织与传播方式。而数据新闻之所以诞生伊始便被赋予厚望,原因之一是它突破了传统新闻中已经认识到的某些不足,在叙事上能够讲述一个更为复杂也更能接近真相的故事。这从研究文本的语料和文本分析可以推出。

数据新闻工作者可收集、合成并呈现各种各样且常很难获取的信息,帮助受众真正深刻理解复杂议题。相比单纯地循环使用新闻稿,将其他地方听到的新闻事件再重述一遍,数据新闻记者能用交互式图表和直接获取的第一手资料给读者一个清晰明了、可理解且更好地量身定制的观点。这些观点不是琐碎的,而是有价值的。

这较为典型地论述了数据新闻工作者对数据新闻叙事能力的认识。数据新闻工作者认为他们可以,也应该讲述一个复杂的故事,让读者能更好地理解复杂议题。正如有学者指出的,一个事件具有新闻价值并不仅仅因为事件本身,还因为我们能用已有的叙述符码对其进行叙述。传统新闻从业者认为读者对较长的故事会更容易丧失兴趣,讲故事力求简短,需要长篇累牍地描述或解释的新闻有时会从故事清单里剔除,因而经济主题、复杂议题常不被触及。但借助于数据化和可视化等叙事手段,这些不愿被触碰但又往往关系到公共生活之必要且有用的信息可以被有效报道,且以一种简单、清晰、更容易为受众所理解的方式。正如来自"德国之声"的一位数据新闻工作者指出的,借助于数据采集、数据分析及视觉化等数据工具和技术,人们越来越有能力去把握和理解那些极其繁杂的议题,如国际金融、债券、人口、教育等。

整体分析研究材料的新闻议题可以发现,数据新闻明显更偏向于社会问题报道(如案例《养老院危机》、案例《无所不知的电话》),更多关注经济事件深层结构(如案例《对欧盟结构基金为期九个月的调查》、案例《欧元区的垮台》)、政治事件深层结构(案例《芬兰议会选举与竞选经费》、案例《选举结果大看板》)以及非个人化的社会过程等(案例《〈卫报〉的数据博客对英国暴动的报道》),事实上,这些案例都涉及复杂的新闻议题。

数据采集与处理是复杂的、更耗时的,数据新闻工作者一般不以第一报道事件为追求,而是要成为值得信任的信息来源。针对一个复杂议题,在空间上,数据新闻工作者收集、整合并呈现多种多样甚至获取困难的信息来给读者提供真正的洞见,通过互动图形以及直接采访主要信息来源,带给读者一个简洁、全面、适宜的视角。在时间上,将事件置于历史语境中。如同一位美国学者所言,最好的新闻报道不会解释了一个事件之后就跳到一个又一个其他的事件,而是长期追踪事件的重要进展,提供信息,使人们了解其利害关系,知道如何参与其中,介绍社区的整体运转状况。

因为往往要深入探析一个复杂的题材,数据新闻会采用调查新闻的模式。"调查"在研究材料中是一个高频词,出现频率为62次,且语义集中度非常高,无论是点明数据新闻作为调查新闻(报道),或者作为动词,都强调了该词本义,即深入考察。另据研究者统计,在2012年首届全球数据新闻奖参赛作品里,数据驱动调查类新闻有121项,占总参赛作品的42.3%。且根据分析,数据新闻目前发挥特长的领域是调查性深度报道。一般认为大数据有助于深度报道之创新,使以往调查事实和舆论所依赖的随机样本可以为更全面的样本所代替,而且还可以利用计算机和互联网进行更深入的数据搜寻。

数据新闻故事与传统新闻故事(这里指的是形成特定生产常规、更多关注戏剧性冲突的新闻故事)在新闻报道的文本组织手段上可以借用传播学者山特·杨格对"插曲式新闻"和"主题曲式新闻"的划分,前者把记者和受众空投到一个情境中,关注的是矛盾、冲突中的人;后者则突破眼前的戏剧场景,挖掘造成新闻报道中所涉及问题的根源,从更深层次上剖析社会、经济或政治背景。个人化的或"插曲式"的故事结构引导受众以一种短期、情感的和个人化的方式来思考诸如经济和社会政策等问题,而这类问题并非简单的故事能够涵盖,毋庸置疑,需要更深入的抽象分析把令人费解的公共事务和社会问题相关信息融入报道中。通过对社会问题的"主题曲式"的探讨,才能触及问题的发展趋势和历史背景,激励人们去思考这些问题的社会、政治和经济的力量,使人们不仅能理解,还能以之为行动指南。其他学者也肯定这类报道具有促进公众参与的力量,认为对复杂事件、主体和过程的解释性报道有助于增强民主。

通过讲述一个复杂故事来抵达真相这一理念也为数据新闻工作者所内化和追求,正如《金融时报》的数据新闻工作者辛西娅·奥墨楚(Cynthia O'Murchu)所强调的,数据新闻在实践上不应该只是有目的性地分析数据或数据可视化,而且应将其作为一种工具来接近世界上正在发生的事情的真相。

基于数据新闻工作者的经验论述文本对"故事"的强调与阐释,可以看到新技术条件下重组后的新闻编辑室对传统新闻价值和故事样式的继承,与此同时,在故事这个样式场域中也可以看到新闻采集、呈现及其理念的变革。

为了抓住人们的注意力,数据新闻依然在讲述新闻故事,但发展出了信息爆炸时代能更好地处理、传送与接收信息的模型和工具,如数据挖掘、数据分析、可视化、交互应用等,从而将传统的新闻敏感和有说服力、感染力的叙事能力与海量数据结合,创造了新的可能。数据新闻为数据驱动,以可视化的方式讲述故事,复杂的故事也能变得清晰。数据新闻增强了互动性,讲述多维故事,帮助读者探索新闻相关信息,且鼓励读者参与到创作和评价新闻故事的过程中。参与、互动、开源成为数据新闻故事的新特征:这不是传统讲述的集中化的故事,而是去中心化的故事。坎贝尔曾将新闻报道比作一个三角板凳,保持凳子稳定的三条腿分别为:强有力的报道、执拗的信息收集以及对时事对话的悉心扶持,并认为这对国家至关重要。数据新闻架构与生产的故事可以并且正在打造这个更稳定的三角板凳。

但任何样式都是信息取舍的框架。起初数据新闻作为一种工具用以接近世界上正在发生的事情的真相,但在特定工具的强化和习惯使用中,借助数据采集、处理、可视化等常规手法来加工新闻事件,其本身会形成"一个读解日常生活片断的认识框架"。它会凸显什么,又遮蔽什么?我们依然需要保持对数据新闻故事模式的反思。认识到故事框架作为一种必然存在有助于带来生产与接受新闻时的警醒,因为无论含蓄或明晰,记者总会将事实裁剪成一种具有内在意义的形式,这种形式会形成其自身的偏见。以数据挖掘为例,数字在象征严谨上的符号特性暗示了叙事的真实性,但数字有可能被粗浅地解读。认识到这些框架的存在并形成反思性实践,有助于利用其对人类认知的积极意义,避免其带来的认知局限以及延伸出来的实践后果。

要谨记的是,"你要把握新闻的真实性,保证自己能很好地讲故事"。

二、如何确定选题

(一)关心时事,从新闻中寻找选题

很多数据新闻选题都来自新闻报道。平时阅读新闻时留意有可能做成数据新闻的选题,并把它记录一下,积少成多,就会形成一个选题库。

例如《134亿学前教育发展基金,你的家乡能分到多少?》的选题,就来自2018年11月20日的一条新闻,有媒体援引财政部网站公开信息,财政部将提前下达2019年学前教育发展基金,总计134亿元。学前教育发展基金是否每年都有?2019年的预算相较以往是增加了还是减少了?这笔预算的分配有什么规律?通过初步的信息梳理发现,与2017年和2018年相比,2019年的学前教育发展基金减少了10%。数据分析还发现,学前教育发展基金每个省区直辖市都获得分配,人口多、城市化率低、农村人口数庞大的省区被分配的发展资金相对多,从一个侧面反映中央财政对欠发达地区的支持。

《端上谈判桌的为什么是大豆?不是小麦玉米!》这篇作品的选题受中美贸易战相关报道所启发,中国反制美国贸易战的"武器"主要是农产品,而农产品中,大豆被经常提及。为什么是大豆?而不是其他农作物?大豆都有哪些用途?为什么中国的大豆不能自给自足?除了美国外,中国还从哪些国家进口大豆?近年来,进口大豆的数据有什么变化?学生并不熟悉这个选题所涉及的专业领域,需要大量阅读文献,查找海关进出口数据,世界谷物协会数据,并采访农科院的技术人员。作品通过多个纬度的数据,解释为什么中国要进口大豆;通过梳理中国大豆生产历史,解释为什么中国从大豆出口国变为进口国;并且还发现一个问题,中国十多年前就提出"大豆振兴计划"口号,但大豆非但没有振兴,反而对进口依赖越来越大。

《一年437万对夫妻离异,有一个原因不容忽视!》这个选题也来自新闻报道。2018年8月,民政部公布《2017年社会服务发展统计公报》,其中提到2017年中国离婚人数437.4万对,不少媒体对此做出报道,但都大同小异,通过简单数据可视化的呈现,告诉读者离婚率高

的事实,但没有告诉读者,中国的离婚率在世界所处的位置是高是低,还是处于平均水平?这么多人离婚,背后的原因是什么?学生们去南京市栖霞区婚姻登记处采访,发现办理离婚手续跟"买菜"一样,手续非常简单,15分钟就可以办完。采访还发现有人为买房而假离婚。通过查找资料和数据,发现新中国成立以来,中国人离婚从不自由到自由,进步的同时,由于离婚手续过于简单,也令婚姻变得不那么神圣。数据分析发现,离婚率与房地产政策变化有关系,房地产限购的年份,离婚率会升高。通过对比国外离婚政策和数据,发现一些国家和地区,离婚手续烦琐,离婚成本高,而中国的离婚率已经超过某些发达国家和地区。

(二)保持好奇心,在熟悉的领域中寻找问题

学生身处高校,最熟悉的领域是教育,只要保持好奇心,就会在学习、实习、考研、求职中发现很多值得探究的问题,其中一些问题就可以变成数据新闻的选题。

每年都有很多大学毕业生选择考研,重点大学的报名人数尤其火爆,为了让考生清楚知道自己有多大机会能考取理想高校的研究生,我们决定做一个考研选题《新闻传播考研,哪家学校最难考?》,作品节选如图 7-1 所示。由于高校数量众多,院系情况各异,我们将分析范围缩窄至 42 所"双一流"高校。通过查找这些学校新闻传播专业研究生(包括全日制学硕、全日制专硕、非全日制专硕)报名人数、录取人数(包括考试录取和保研录取),分析哪些学校研究生招生规模大、容易考,哪些学校接受保研比例高、难考,哪些学校侧重于学术型硕士培养,哪些学校招收的专硕数量最多,从研究生推免率、报录比、就业率等多个维度进行分析,教会考生如何分析数据,做出有利于自己的选择。

社会上不少机构热衷研究大学排名,这些大学排名是怎么计算出来的?学生们对此很好奇。在英国 QS 世界大学排名网站上,学生们发现,QS 虽然公布了排名计算公式,但根据其公布的数据和公式,并不能计算出其公布的结果,而且,有些排名没有统计单项数据,却得出了综合排名,根据所获取到的 QS 网络调查问卷发现,所谓高校学术声誉,就是让被调查者提供国内外各 10 所大学名称而已。于是学生写了《我们调查了 QS 世界大学排名,发现了三个问题!》,揭开 QS 大学排名的神秘面纱,告诉人们,所谓的世界大学排名,原来评选过程

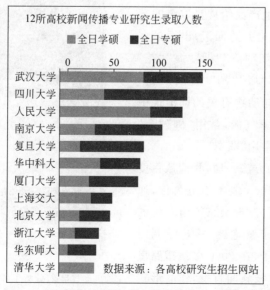

图 7-1 《新闻传播考研,哪家学校最难考?》作品节选

并不严谨。

在高校网站上,可以查到很多公开数据。教育部 2014 年公布《高等学校信息公开事项清单》,要求高校公开包括基本信息、招生考试信息、财务、资产及收费信息、教学质量信息等十大类信息。学生们对其中的财务信息公开产生兴趣,各个高校信息公开做得怎么样?"双一流"大学的经费都从哪里来?都花在什么地方?哪些大学经费多?哪些学校预算做得精准?学生们通过查阅 42 所大学的预决算报告,完成了《"双一流"高校财务公开:哪家经费最多?哪家预算最精准?》这一作品。

教育类选题是学生们做得最多的选题,一是接近性,学生们身处校园,对教育方面存在的问题和现象比较敏感,容易找到选题;二是教育部门和高校在信息公开方面做得比较好,数据容易获取;三是采访对象容易接近,选题容易操作。

(三)举一反三,多看数据新闻案例

初学者要多看数据新闻优秀案例,学习别人的方法,举一反三,对找选题就会有启发。澎湃湃客平台"有数"栏目截至 2020 年 9 月有超过 2800 个以机构、媒体和自媒体为主体的创作者们入驻,"有数"栏目每天发表大量作品,初学者多看作品,就会逐渐培养出数据新闻的选题策划能力。除了澎湃"有数"栏目,新华社、新京报、界面、每日经济、China Daily、网易等媒体都设有数据新闻栏目,初学者可以先从看作品学起。

网易数读曾经做过一个分析楼盘名称的数据新闻《我们分析了 54069 个楼盘后,发现了中国楼盘取名的套路》,作品节选如图 7-2 所示。受该作品启发,我们从恒大、碧桂园、万科三大地产商官网上抓取了 2000 多条楼盘名称信息,分析发现三大地产商给楼盘取名的套路,比如常用与大自然相关的词汇,出现最多的词语包括"天""山""江""湾""湖""海""花""洲""岛"等;常用"府""城""都""公园""庭""台""里""郡"等词汇;与动物有关的词汇最中意"龙"和"凤";喜欢皇家气派,常用"御""金""玺""龙"等词;另外还常用"翡翠"。

与分析楼盘名称的方法一样,我们从百度地图抓取了南京市的 2000 多条街道名称,通过词频分析和内容分析,发现南京街道名称的特点:追求国际化,追求豪宅感,喜欢强调山水。《南京这座古董铺子,在 2000 多条道路里都藏了哪些秘密?》由荔枝新闻首发,作品形式新颖,内容有趣,引发许多互动。

图 7-2 《我们分析了 54069 个楼盘后,发现了中国楼盘取名的套路》作品节选

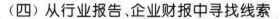

（四）从行业报告、企业财报中寻找线索

很多行业协会、调查咨询机构、中介组织会定期或不定期发布行业报告，阅读行业报告和企业年报，可以从中挖掘到数据新闻的选题。

中国演出行业协会每年都会发布《中国演出市场年度报告》，报告中的每一组数据都可以衍生为一个数据新闻选题，对话剧感兴趣的同学创作了《话剧：小众的狂欢，还是大众的繁荣？》，通过话剧的票房、票价、观众、政府补贴、剧团经营等多个数据维度，结合人物采访，说明话剧"繁荣"背后有多种原因，除了剧团推出优秀剧目外，小众但稳定的话剧观众、政府补贴也功不可没。同样一份报告，除了可以分析话剧市场外，还可以分析音乐剧、农村演出、政府文化补贴等，做出不同选题的数据新闻。

国家卫计委定期公布《全国口腔流行病学调查》，调查涉及大量的牙病调查数据，虽然上次调查已经过去两年，但结合新的采访，学生们创作了《我国竟有64%成年人每天刷牙不足两次》，这个作品在湃客上发表，引发读者共鸣，取得了较好的传播效果。

（五）从生活经验中找选题

使用支付宝用户大多知道"蚂蚁森林"（用户通过步行、地铁出行、在线缴纳水电煤气费、网上缴交通罚单、网络挂号、网络购票等行为，就会减少相应的碳排放量，可以用来在支付宝里养一棵虚拟的树。这棵树长大后，公益组织、环保企业等蚂蚁生态伙伴们可以"买走"用户的"树"，而在现实某个地域种下一棵实体的树），它将电子支付与环保理念绑在一起，既营造了良好的企业形象，又满足了消费者的环保"虚荣心"。蚂蚁森林种树的地方是内蒙古，为什么要到内蒙古去种树？一定是那里的树少！在一般人的印象里，内蒙古除了草原外，还有沙漠，是沙尘暴的发源地。但查找资料却发现，内蒙古的森林面积在全国排第一，内蒙古是怎么做到的？学生们完成的数据新闻《考考你！中国哪个省份森林面积最大？》（作品节选见图7-3）在湃客号发表后，获得了意想不到的热评，被评为澎湃2019年6月数据驱动内容排行榜三等奖。

手机里安装的APP会读取手机里的数据信息，如手机型号、位置、联络人等。APP读取手机数据的情况有多严重？会导致哪些后果？如何防止个人信息泄露？学生们在某应用商城里爬取了数万个APP的应用程序安装包，通过分析这些安装包中的用户权限调取文档，完成了《8.7万条数据告诉你安卓APP里面到底有多少"坑"》，揭露应用商城监管不力，致使众多APP随意调取用户隐私数据，留下安全隐患。

近年来，高铁成为人们出行的常用交通工具。高铁如此便捷，民航是否大受冲击？是不是有了高铁，人们坐飞机少了，民航的业绩会大幅下滑？通过查找数据，学生们发现，民航的收入不减反增，民航采取了哪些手段应对高铁的冲击？通过查找数据和采访民航业内人士，学生们创作了《高铁抢了民航的生意吗？》，通过腾讯位置大数据和飞常准等第三方数据，发现高铁的出行数据以中短程为主，而飞机的出行数据以中远程为主，在"一带一路"影响下，民航开辟了更多的国际航线，与高铁差异化竞争，寻找到新的出路。

日常生活中多观察、多思考，在司空见惯的现象中寻找问题，用数据解读，就有机会发现各种有趣的答案。

（六）从政府信息公开网站中找选题

随着政府部门和教育部门信息公开工作的推进，政府部门网站和高校网站都有很多公

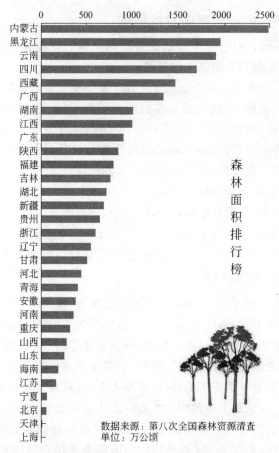

图 7-3 《考考你！中国哪个省份森林面积最大？》作品节选

开信息，有的是结构性数据，有的是非结构性数据，如果有一定的新闻敏感性，就可以从这些公开信息中，寻找到有新闻价值的元素，进而形成新闻选题。

江苏人力资源和社会保障网公布了一份"三支一扶"招募计划名单，有详细的学生姓名、性别、毕业学校、学历等信息。很多学生对"三支一扶"并不了解。什么是"三支一扶"？每年有多少"三支一扶"名额？什么学生选择参加"三支一扶"？参加"三支一扶"有什么好处？"三支一扶"是新一轮"上山下乡"运动吗？……带着这些问题，学生们去寻找答案，除了查找资料和数据，理清大学生村干部、西部计划、"三支一扶"三者之间的关系外，还要采访参加"三支一扶"的大学生，在冰冷的数据之外，增加有温度的人物故事，最终形成了《数据告诉你，哪些大学生选择下基层？》，作品节选如图 7-4 所示。

南京民政局官网每个月都会公布民政统计月

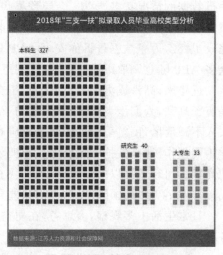

图 7-4 《数据告诉你，哪些大学生选择下基层？》作品节选

报表,学生从中发现,南京市每年火化遗体数约 5 万具,遗体火化后如何处理?墓地够用吗?不够用怎么办?带着这些问题,学生们开始了解南京的殡葬改革,查找数据,并到公墓去采访,最后完成了《你听说过"3D生态云葬"吗?》这篇介绍生态葬的作品,用数据普及了生态葬的知识,内容易懂、有趣。

人口题材是数据新闻常见的选题,人口信息可以从政府统计年报中查到。学生们查找了改革开放 40 年来江苏省人口的变化,创作了《40年中国人口发生了哪两个显著变化,一个江苏省就能体现》,从数据可以清楚地看出,40 年中国人口流动的趋势,就是从农村到城市,从欠发达地区向发达地区流动,一个省如此,全国也如此。学生们也关注了香港地区的人口变化,通过《8 组数据告诉你香港地区人口老龄化有多严重?》,用官方统计数据分析香港地区人口老龄化的原因,即晚婚、晚育、少子、长寿。

2019 年,南京市公安局公布了一份"积分落户"人员名单,名单上有新落户的人名、身份证部分字段、落户区域等。通过数据处理,可以清楚地发现,申请南京"积分落户"的 4000 多人中,一半来自本省,一半来自外省,而外省又以邻近的安徽省为主,居住年限和房产情况是"积分落户"的最大"敲城砖"。用同样的方法分析北京、上海、深圳等外来人口较多的城市,情况可能又不一样。

政府公开信息是数据新闻的"富矿",经常浏览政府网站,就可能有意外的收获。

(七)头脑风暴聊出来的选题

2018 年下半年,有学生想做一个年终盘点的数据新闻选题,但一直没有找到合适的选题。作者在首尔参加全球深度报道网年会时,与每日经济记者聊天,获悉 2018 年内地企业蜂拥到港上市,数量可能是历年来最多的。为什么内地企业要赴港上市?为什么 2018 年赴港上市"井喷"?赴港上市的都是些什么企业?来自哪里?上市后的市值如何?基于这些疑问,学生们与《每日经济新闻》记者合作,完成了《七成赴港上市内地企业都破发了,小米、海底捞们图个啥?》。

没有想法的时候,可以与同伴一起头脑风暴,或许就能找到思路。

做数据新闻有时候是选题先行,之后再去找数据,有时候是先有一个大的方向,在找数据的过程中,逐渐形成选题;还有的时候,是数据先行,从分析数据中确定选题。选题确定之后并非一成不变,有时候在做选题的过程中,发现事先的想法不可行,或者进展不下去,或者有了新的发现,就会临时转换选题的角度。

完成一个数据新闻选题,不亚于做一个行业调查报告,问题意识、采访沟通能力、数据获取与分析能力、写作能力、解释问题的能力都会得到锻炼。

第二节 数据来源与采集

在大数据的背景之下,信息的存储以及挖掘方式多种多样,通过实现信息的快速收集与存储不断推动新闻数据采集工作方式的改进,也为我国新闻事业的发展提供了有力的技术保障。本节将围绕数据来源与采集阐述查找数据的基本方法,并整理相关数据平台及来源供学习者参考使用。

一、查找数据的基本方法

（一）系统日志采集方法

很多互联网企业都有自己的海量数据采集工具，多用于系统日志采集，如 Hadoop 的 Chukwa、Cloudera 的 Flume、Facebook 的 Scribe 等，这些工具均采用分布式架构，能满足每秒数百 MB 的日志数据采集和传输需求。例如，Scribe 是 Facebook 开源的日志收集系统，能够从各种日志源上收集日志，存储到一个中央存储系统（可以是 NFS、分布式文件系统等）上，以便于进行集中统计分析处理，它为日志的"分布式收集，统一处理"提供了一个可扩展的、高容错的方案。

（二）网络日志采集方法：对非结构化数据的采集

非结构化数据的采集就是针对所有非结构化的数据的采集，包括企业内部数据的采集和网络数据的采集等。企业内部数据的采集是针对企业内部各种文档、视频、音频、邮件、图片等数据格式之间互不兼容的数据采集。

网络数据采集是指针对通过爬虫或网站公开 API 等方式从网上获取互联网中相关网页内容的过程，并从中抽取出用户所需要的属性内容。互联网网页数据处理就是对抽取出来的网页数据进行内容和格式上的处理、转换和加工，使其能够适应用户的需求，并将其存储下来，供以后使用。该方法可以将非结构化数据从网页中抽取出来，将其存储为统一的本地数据文件，并以结构化的方式存储。它支持图片、音频、视频等文件或附件的采集，附件与正文可以自动关联。除了网络中包含的内容之外，对于网络流量的采集可以使用 DPI（Deep Packet Inspection，深度包检测）或 DFI（Deep/Dynamic Flow Inspection，深度/动态流检测）等带宽管理技术进行处理。网络爬虫是一种按照一定的规则自动抓取互联网信息的程序或者脚本，它是一个自动提取网页的程序，为搜索引擎从互联网上下载网页，是搜索引擎的重要组成部分。目前网络数据采集的关键技术为链接过滤，其实质是判断一个链接（当前链接）是不是在一个链接集合（已经抓取过的链接）里。在对网页大数据的采集中，可以采用布隆过滤器（Bloom Filter）实现对链接的过滤。

（三）其他数据采集方法

对于企业生产经营数据或学科研究数据等保密性要求较高的数据，可以通过与企业或研究机构合作，使用特定系统接口等相关方式采集数据。尽管大数据技术层面的应用可以无限广阔，但由于受到数据采集的限制，能够用于商业应用、服务于人们的数据要远远小于理论上大数据能够采集和处理的数据。因此，解决大数据的隐私问题是数据采集技术的重要目标之一。现阶段的医疗机构数据更多来源于内部，外部的数据没有得到很好的应用。对于外部数据，医疗机构可以考虑借助如百度、阿里、腾讯等第三方数据平台解决数据采集难题。

（四）数据挖掘的注意事项

虽然，数据新闻已经在既往的实践中有了长足的发展，但数据挖掘（Data Mining）不足仍然是数据新闻发展必须面对的主要问题。数据挖掘指的是对数据库中的数据进行探索的过程，是在海量数据中挖掘有效数据的重要技术。一般而言，数据挖掘在概念的层面分为三个阶段：数据源数据的收集、对于数据源数据的处理以及最终的有效数据的表示。数据挖掘主要通过四个步骤实现：源数据的收集阶段、数据预处理阶段、数据处理阶段、数据评估以及知识表示阶段。具体来说，数据挖掘不足可以体现在以下三个方面：数据收集来源单一、数据处理能力有限和数据可视化表达程度有限。

1. 数据收集来源单一

目前数据新闻面临的首要问题就是缺乏可收集的数据信息源，或者数据库信息过于单一，缺乏全面、结构性的数据源数据库。从我国的情况来看，作为常用来源的商业数据库中的数据通常只集中在某一个方面，其所能描述的用户特征也只是片面和单一角度的认识。腾讯作为目前拥有最大即时通信工具的互联网巨头公司，掌握着大量用户的社交关系数据，虽然通过微信线上支付（红包）的功能，占据了一定移动支付的市场，但比起支付宝（阿里巴巴旗下的个人第三方支付平台）来说，腾讯对于用户消费习惯和财务状况的洞察和了解又远不及后者。图7-5是2016年第二季度的第三方互联网支付市场交易份额，财付通（腾讯在线支付平台）虽然仅次于支付宝占据了移动支付市场的第二位，但仍然无法与支付宝等量齐观。从整体数据库类型的情况看是这样，落实到具体的依靠数据挖掘实现个性化新闻生产的实践中时，依然面对着信息来源单一的挑战。

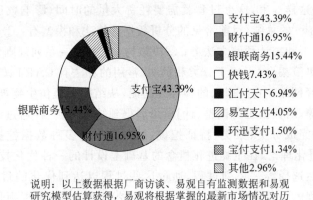

图 7-5　2016 年第二季度中国各第三方支付平台所占市场份额

以今日头条为例，作为国内第一个个性化推送新闻的产品类实践者，今日头条自2012年创建后，到2020年8月，已经拥有装机用户超过6亿，活跃人数超过2.4亿。从其CEO对今日头条有关用户的数据信息来源的介绍来看，主要是三个方面：第一，今日头条通过对用户的行为，如点击、停留、评论、转发等数据的搜集和聚合分析，获得用户对新闻信息的个人喜好和需求的推算；第二，根据用户所处的环境特征，上网环境是Wi-Fi还是付费流量、GPS所在地，是在常驻地还是旅游，是白天还是晚上等获得用户地理方面的数据信息；第三，基于用户使用社交网络账号关联登录后，系统对于用户社交圈和社交关系的分析，得到关于用户更清楚的社会化画像，从职业身份或共同爱好入手计算用户的兴趣和需求；最后，系统通过把用户行为、地理、社交三方面特征组合，利用算法综合实现对用户偏好和个性需要的挖掘。

但是，随着个性化推送新闻的发展，也出现了"信息茧房"这种对现代人接收信息弊大于利的问题。有学者认为出现"信息茧房"的主要原因是，在互联网时代，人们可以完全根据自己的爱好定制信息，从海量信息中随意选择自己关注的话题，久而久之，这种"个人日报"式的信息选择行为会导致网络茧房的出现。当商业信息服务利用个人定制的需求开始为个人提供个性化新闻时,人们会不自觉地失去了解不同事物的能力和接触机会,深陷个人"信息茧房"之中。减轻"信息茧房"负面影响的方法首先是要提高算法对个人信息需求的全面了解,不但要满足受众显性的,比如根据行为特征收集到的需求,还要结合其社交圈子,综合改善个性化推送新闻对用户需求的完整定义和把握,尽可能避免越推送越窄,越推送越偏的现象。

2. 数据处理能力有限

除了数据来源单一以外,数据新闻目前存在的第二个问题是,处理数据能力有限。而数据处理和分析能力是决定数据挖掘的关键环节。目前,我们所使用的数据处理工具和算法都还比较传统,不适用大数据规模大、体量大的特点。祝建华教授[①]说过,虽然大数据正在发生,但是我们对大数据的了解、处理能力还处在早期阶段。这就势必会影响数据新闻未来的发展。有学者认为成熟的数据处理技术涉及三个方面:存储、提取和统计分析。

目前,在存储方面,我们计算机的存储水平还是远远跟不上大数据的规模,分析数据前先要把数据读到内存里,而现在功能比较强大的计算机内存也远远满足不了一个大型网站一天所产生的数据,这样一来,这个过程就需要耗费大量的时间,影响数据处理速度。根据 2014 年万璞和王丽莎[②]的总结,目前常见的分析数据的算法和模型有:①传统统计方法:抽样技术、多元统计分析和统计预测方法等;②决策树:它利用一系列规则划分,建立树状图,用树形结构来表示决策集合,可用于分类和预测,常用的算法有 CART、CHAID、ID3、C4.5、C5.0 等;③人工神经网络:它模拟人的神经元功能,从结构上模仿生物神经网络,经过输入层、隐藏层、输出层等,对数据进行调整、计算,最后得到结果,是一种通过训练来学习的非线性预测模型,它可以完成分类、聚类、特征挖掘、回归分析等多种数据挖掘任务;④遗传算法:它是基于自然进化理论,在生物进化概念的基础上设计的一种优化技术,它包括基因组合、交叉、变异和自然选择等一系列过程,通过这些过程以达到优化的目的,是模拟基因联合、突变、选择等过程的一种优化技术;⑤关联规则挖掘算法:关联规则是描述数据之间存在关系的规则,一般分为两个步骤:第一步,求出频繁数据项集;第二步,用频繁数据项集产生关联规则;⑥最近邻技术:这种技术通过已辨别历史记录的组合来辨别新的记录,它可以用来做聚类和偏差分析。

根据以上方法可以看出,现有的大数据分析技术都是基于计算机技术辅助统计技术实现的,除了遗传算法和人工神经网络外,都是经典的统计学算法,这些算法从 19 世纪七八十年代开始发展,到 20 世纪 20 年代初成型,距今已有 80~120 年的历史。虽然它们具有极高的稳定性且较为成熟,但它们是为分析普通数据设计的,对于大数据的特点来说,难免有不能契合的方面。

3. 数据可视化表达程度有限

数据挖掘的第三个环节是数据展示,即可视化表达数据处理结果。米尔科·劳伦兹于 2010 年在阿姆斯特丹召开的第一届国际数据新闻圆桌会议中指出,数据新闻要以可视化的呈现数据并合成新闻故事为最后一个流程。

数据可视化在今天已经是一个固定的概念,指的是将数据信息的"量值"或"关系"等转

---

① 祝建华. 从大数据到数据新闻[J]. 新媒体与社会,2014(11):11-13.
② 万璞,王丽莎. 数据挖掘与人工智能技术研究[J]. 无线互联科技,2016(5):113-114.

变为直观的图形。数据的可视化加工,目前主要包括将数值型、文本型的数据及其关系用视觉化手段,例如图片、动画等形式呈现出来。

可视化新闻是随着数据在新闻中的广泛运用出现并发展起来的,它是以数据为核心、信息为支撑、可视化为基本载体的跨媒体新闻报道形式。可视化新闻的价值一方面取决于它的表现形式,另一方面取决于它对隐藏在宏观、抽象数据背后的新闻故事性的展示。

然而,并不是所有的新闻事实都适合用数字或数字化的方式来表现。数据的可视化表达一方面受表达形式的局限,在告诉受众"发生了什么"的方面要强于告诉受众"为什么发生"。当数据的可视化仅限于告知事实时,可视化新闻或者数据可视化手段就只能用于最基础的新闻报道。像深度报道这一类新闻,就不能很好地涉足。另一方面,即便可视化技术有所改善,也很难改变数据本身不擅长表现复杂因素和关系的特点。

二、数据离散化

由于现实世界的连续性,所以传感设备采集到的数据都是连续数据,而计算机只能处理以 0 和 1 形式存储的离散数据,把连续数据转化成计算机可以处理的离散数据的技术就成为数据的离散化。通过将属性域划分为区间,离散化技术可以用来减少给定连续属性值的个数。区间的标号可以替代实际的数据值。如果使用基于判定树的分类挖掘方法,减少属性值的数量特别有好处。通常,这种方法是递归的,大量的时间花在每一步的数据排序上。因此,待排序的不同值越少,这种方法就应当越快。许多离散化技术都可以使用,以便提供属性值的分层或多维划分。离散化数据的方法主要有①等距:将连续变量的取值范围均匀划成 n 等份,从而实现数据的离散化;②等频:把观察点均分为 n 等份,每份内包含的观察点数相同;③优化离散:将自变量和目标变量联系起来考察。

三、数据来源推荐

(1)政府机构网站

① 国家统计局:国家数据。

② 中国互联网信息中心:中国互联网络信息中心。

③ 国家信息中心。

④ 中华人民共和国国家卫生健康委员会。

⑤ 中华人民共和国财政部。

⑥ 中华人民共和国人力资源和社会保障部。

⑦ 中华人民共和国交通运输部。

⑧ 中华人民共和国教育部。

(2)行业数据

① 阿里研究院。

② 腾讯研究院。

③ 企鹅智酷。

④ 第一财经商业数据中心。

⑤ 艾瑞咨询。

⑥ 易观数据。

⑦ 克而瑞(房地产数据)。
⑧ 中国经济信息网:中国行业发展报告。
⑨ 移动观象台。
⑩ 36氪。
⑪ 艺恩票房。

(3) 国外机构

① 联合国开发计划署在中国(https://www.cn.undp.org/content/china/en/home/library.html)。
② 欧盟统计局(http://ec.europa.eu/eurostat/web/products-eurostat-news/-/EDN-20170414-1?inheritRedirect=true&redirect=%2Feurostat%2F)。
③ 世界银行统计数据(https://databank.shihang.org/home.aspx)。
④ 世界卫生组织(https://www.who.int/data/gho)。
⑤ 国际货币基金组织(https://www.imf.org/en/publications)。
⑥ CEIC全球经济数据库(https://www.ceicdata.com/zh-hans)。
⑦ WTO database(https://data.wto.org)。
⑧ 经济合作与发展组织数据库(https://stats.oecd.org/)。
⑨ Economy Watch(http://www.economywatch.com/economic-statistics/#stats)。
⑩ FRED:Federal Reserve Economic Data(https://fred.stlouisfed.org)。
⑪ 世界经济论坛(https://www.weforum.org/reports)。
⑫ 联合国环境署下的无现金联盟(https://www.betterthancash.org/tools-research)。这个网站经常发布一些电子、移动支付的报告和数据。
⑬ 联合国儿童基金会(妇女和儿童数据)(https://data.unicef.org)。
⑭ European Union Open Data Portal(http://data.europa.eu/euodp/en/data/)。
⑮ 德勤(https://www2.deloitte.com/global/en.html?icid=site_selector_global)。
⑯ 德勤中国(https://www2.deloitte.com/cn/zh.html)。
⑰ Linkedin中国(https://business.linkedin.com/zh-cn/talent-solutions/recruiting-resources-tips)。
⑱ 智联白皮书(https://landing.zhaopin.com/resume-templates?source=article)。
⑲ 毕马威(https://home.kpmg.com/xx/en/home.html)。
⑳ 普华永道(https://www.strategyand.pwc.com)。
㉑ 普华永道中国区(https://www.strategyand.pwc.com/cn-s/home/what-we-think/reports)。
㉒ 麦肯锡(http://www.mckinsey.com/business-functions/digital-mckinsey/our-insights)。
㉓ 麦肯锡大中华区(http://www.mckinsey.com.cn/insights/)。

四、数据平台

(一) 网络趋势分析

(1) 5118(http://www.5118.com)和chinaz(http://tool.chinaz.com/)——主要用户:

SEO 专员。支持查询网站排名及发展趋势、百度收录情况等信息。5118 页面截图如图 7-6 所示。

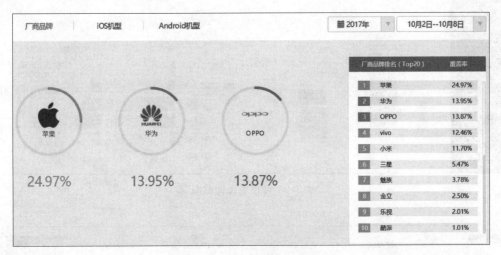

图 7-6　5118 页面截图

（2）艾瑞指数（http://data.iresearch.com.cn/iRIndex.shtml）——主要用户：互联网从业者。艾瑞旗下包括移动 APP 指数、PC Web 指数、影视指数、广告指数、移动设备指数五类指数查询工具，其页面截图如图 7-7 所示。

图 7-7　艾瑞指数页面截图

（3）百度指数（http://index.baidu.com/v2/index.html#/）——主要用户：营销人。百度旗下以百度网民行为数据为基础的数据分享平台，支持查询需求图谱，其页面截图如图 7-8 所示。

（4）微指数（https://data.weibo.com/index）——主要用户：微博营销人。新浪微博旗下反映微博舆情或账号发展走势的数据分析工具，其页面截图如图 7-9 所示。

（5）搜狗指数（http://zhishu.sogou.com/）——主要用户：营销人。搜狗旗下基于搜狗用户行为的数据分享平台，同时支持搜索微信热度，其页面截图如图 7-10 所示。

（6）微信指数——主要用户：微信公众号运营人。微信旗下基于微信大数据分析的移动端指数，打开微信→搜索"微信指数"即可使用，其页面截图如图 7-11 所示。

165

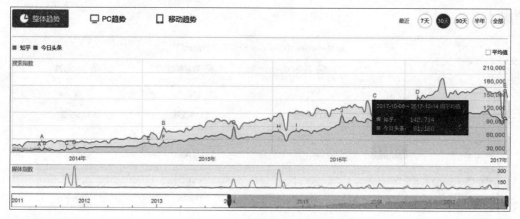

图 7-8　百度指数页面截图

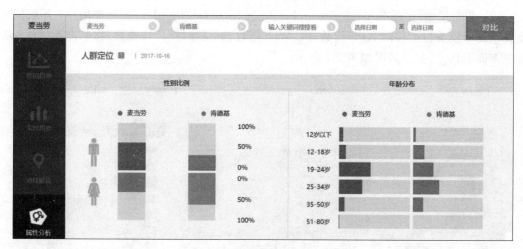

图 7-9　微指数页面截图

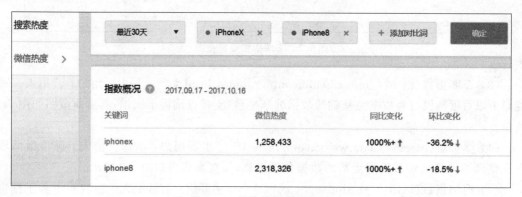

图 7-10　搜狗指数页面截图

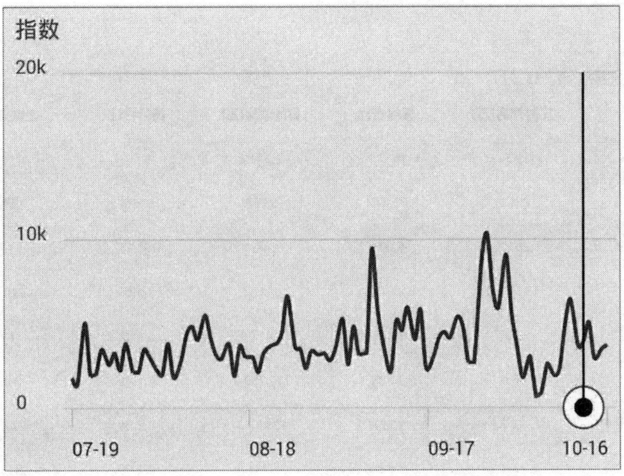

图 7-11　微信指数页面截图

（二）细分行业趋势分析

（1）阿里指数（https://index.1688.com/）——主要用户：淘宝卖家。阿里旗下反映淘宝平台市场动向的数据分析平台，其页面截图如图 7-12 所示。

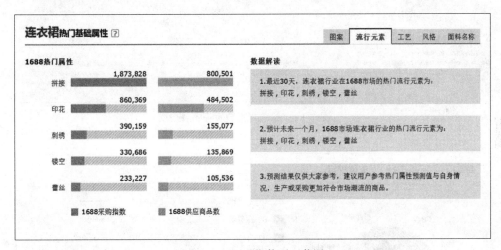

图 7-12　阿里指数页面截图

（2）CBO 中国票房（http://www.cbooo.cn/）——主要用户：电影行业从业人员、爱好者。基于国内票房数据，统计票房排行、上座率等信息，其页面截图如图 7-13 所示。

（3）爱奇艺指数（http://index.iqiyi.com/）——主要用户：爱奇艺用户/视频行业研究人员。爱奇艺旗下基于爱奇艺播放数据，展现视频播放趋势、视频受众画像等信息，其页面截图如图 7-14 所示。

（4）360 大数据平台——主要用户：网络安全相关人员。

（5）易车指数（http://index.bitauto.com/login）——主要用户：购车者、汽车从业者。反映国内汽车销售市场，为购车者或汽车从业者提供参考的数据指数，其页面截图如图 7-15 所示。

实时票房榜

2020-08-14 周五 今日大盘：3,741.8万

	影片名称	实时票房(万)	票房占比	累计票房(万)	排片占比	上映天数	
1	哈利·波特与魔法石	2,106.2	56.29%	2,132.4	33.09%	6771	↑9
2	八佰	855.7	22.87%	855.7	3.29%	点映	NEW
3	绝地战警：疾速追击	261.7	6.99%	263.7	20.22%	1	NEW
4	星际穿越	109.8	2.93%	85,633	7.49%	2103	↓3
5	1917	92.6	2.47%	5,417.9	6.99%	8	↓3
6	误杀	86.9	2.32%	130,759.9	6.73%	246	↓3
7	多力特的奇幻冒险	51.2	1.37%	12,458.3	4.82%	22	↓3
8	雪人奇缘	23.1	0.62%	13,784.8	3.23%	319	NEW
9	哪吒之魔童降世	16.4	0.44%	502,099.8	0.81%	386	↓2

图 7-13　CBO 中国票房页面截图

图 7-14　爱奇艺指数页面截图

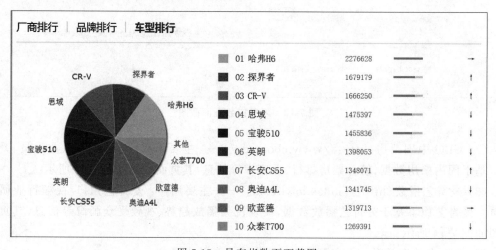

图 7-15　易车指数页面截图

（6）高德地图（https://report.amap.com/detail.do?city＝110000）——主要用户：交通情况关注者，支持实时查看国内交通情况，此外高德周期性提供一系列交通数据报告，其页

面截图如图 7-16 所示。

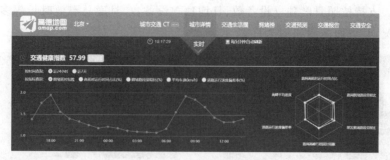

图 7-16　高德地图页面截图

(7) 房天下(https://fdc.fang.com/index/)——主要用户：房地产从业者及相关人士。网站数据来源于中国指数研究院和 CREIS 中指数据，主要展示国内房地产数据情况，其页面截图如图 7-17 所示。

城市	样本均价(元/m²)	环比涨跌(%)	城市	样本均价(元/m²)	环比涨跌(%)
北京	42804	0.39	上海	49369	0.03
天津	14814	-0.06	重庆	11033	0.88
深圳	54566	-0.02	广州	22399	1.77
杭州	27276	0.96	南京	23180	0.96
武汉	12705	0.81	成都	11482	0.58
苏州	17516	0.30	大连	13592	0.59
厦门	28809	-0.10	西安	10527	0.41
长沙	8760	0.51	宁波	18107	1.83
东莞	17292	1.54	无锡	13108	0.45
福州	17049	-0.12	沈阳	9698	0.79

图 7-17　房天下页面截图

（三）移动端数据监测

(1) 移动观象台(http://mi.talkingdata.com/)——主要用户：移动行业从业人员/关心者。基于移动设备用户的操作行为，提供应用、公众号排行等，此外还发布大量数据报告，其页面截图如图 7-18 所示。

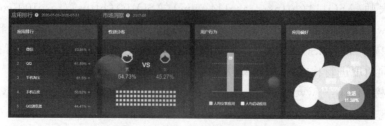

图 7-18　移动观象台页面截图

(2)艾瑞 APP 指数（http://index.iresearch.com.cn/App/List）——主要用户：移动行业从业人员。支持按照月度独立设备数、日均独立设备数、月度总有效时长等多角度展示移动端数据情况，其页面截图如图 7-19 所示。

图 7-19　艾瑞 APP 指数页面截图

(3)APP annie（https://www.appannie.com/cn/）——主要用户：ASO 专员。付费产品，支持用户监测 APP 在线数据情况，市场监测范围可拓展到全球，其页面截图如图 7-20 所示。

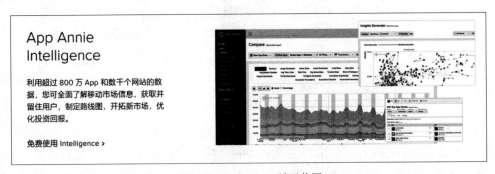

图 7-20　APP annie 页面截图

(4)蝉大师/ASO114（https://aso114.com）/ASO100（https://aso100.com）/CQASO（http://www.cqaso.com）/APPBK（http://appbk.com）。以上几款工具比较类似，支持 APP 监测，主要用户：ASO 专员。支持查询 APP 在应用市场的数据情况，可根据手机、应用市场等不同角度进行检索。其中，蝉大师页面截图如图 7-21 所示。

(5)新榜（http://www.newrank.cn/public/info/list.html?period=week&type=data）/微小宝（http://data.wxb.com/rank）/易赞（http://www.yeezan.com/web/public/search）——主要用户：新媒体工作者。以上几款工具比较类似，支持查看公众号排行、查看公众号人群画像等功能。其中，新榜页面截图如图 7-22 所示。

图 7-21　蝉大师页面截图

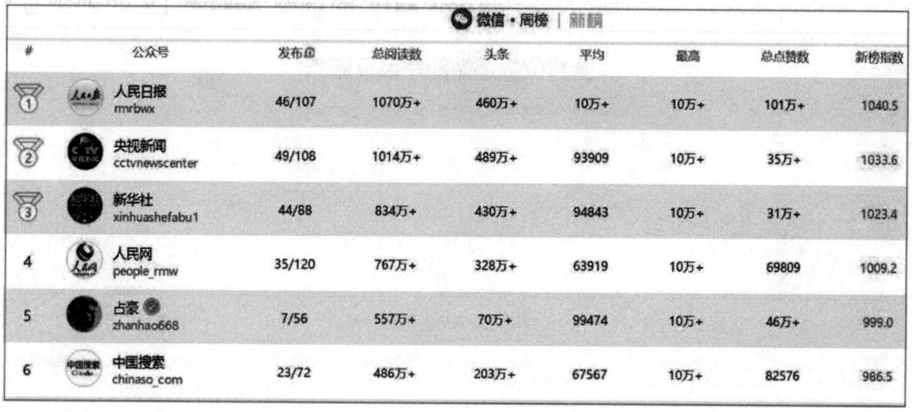

#	公众号	发布®	总阅读数	头条	平均	最高	总点赞数	新榜指数
1	人民日报 rmrbwx	46/107	1070万+	460万+	10万+	10万+	101万+	1040.5
2	央视新闻 cctvnewscenter	49/108	1014万+	489万+	93909	10万+	35万+	1033.6
3	新华社 xinhuashefabu1	44/88	834万+	430万+	94843	10万+	31万+	1023.4
4	人民网 people_rmw	35/120	767万+	328万+	63919	10万+	69809	1009.2
5	占豪 zhanhao668	7/56	557万+	70万+	99474	10万+	46万+	999.0
6	中国搜索 chinaso_com	23/72	486万+	203万+	67567	10万+	82576	986.5

图 7-22　新榜页面截图

（四）以研究报告形式发布的数据信息

（1）艾瑞网（http://report.iresearch.cn/）——主要用户：互联网从业者。艾瑞旗下支持查看较新的数据报告，主要研究网络媒体、电子商务、网络游戏等新经济领域，其页面截图如图 7-23 所示。

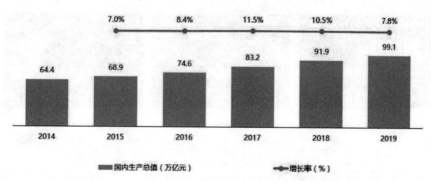

图 7-23　2020 年中国大中型企业差旅采购及管理页面截图

（2）艾媒网（http：//www.iimedia.cn/#shuju）——主要用户：移动互联网行业从业者。艾媒网发布的研究报告多偏向移动互联网方向，其页面截图如图7-24所示。

图7-24　艾媒网页面截图

（3）易观智库（https：//www.analysys.cn/analysis/8/）——主要用户：互联网从业者。易观智库主要推出新媒体经济方向的行业信息报告，其页面截图如图7-25所示。

图7-25　易观智库页面截图

（4）DataEye（https：//www.dataeye.com/report）——主要用户：游戏行业、汽车行业从业者及爱好者。基于国内游戏、汽车行业数据，进行多角度的行业调查报告撰写发布，其页面截图如图7-26所示。

图7-26　DataEye页面截图

(5) 投中研究院（https://www.chinaventure.com.cn/cmsmodel/report/list.shtml）——主要用户：关心投资信息的人群。该网站保持着较高的频率，为用户推送投资领域的分析报告，其页面截图如图 7-27 所示。

图 7-27　投中研究院页面截图

(6) CBNDdata(http://www.cbndata.com/report)——主要用户：电商行业人士。以阿里巴巴的商业数据库为基础，输出产业经济分析报告，其页面截图如图 7-28 所示。

图 7-28　CBNDdata 页面截图

(7) QuestMobile(http://www.questmobile.com.cn/blog.html)——主要用户：移动互联网关注者。网站周期性地发布一些关于 APP 的研究报告，其页面截图如图 7-29 所示。

173

图 7-29　QuestMobile 页面截图

（8）阿里研究院（http://www.aliresearch.com/blog/index/lists/tag/3831.html）——主要用户：电商行业从业者。主要发布研究电商等方向趋势的数据报告，内容多与阿里相关，其页面截图如图 7-30 所示。

图 7-30　阿里研究院页面截图

（9）腾讯大数据——主要用户：互联网从业者。主要发布与腾讯息息相关的研究报告，经常会出现一些比较有趣味性的专题。

（10）360 研究报告（https://zt.360.cn/report/）——主要用户：互联网安全关心者。主要集中在移动、PC、网站、企业、诈骗等安全领域的研究，以及大数据等非安全领域的研究，其页面截图如图 7-31 所示。

（11）艺恩（http://www.entgroup.com.cn/bg.aspx）——主要用户：影视从业人员、爱好者。CBO 中国票房数据的提供方，提供一些行业数据报告，如动漫 IP 价值研究报告，其页面截图如图 7-32 所示。

企业安全

网络诈骗

综合研究

图 7-31　360 研究报告页面截图

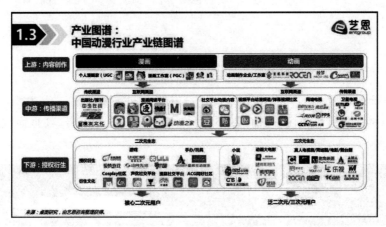

图 7-32　艺恩页面截图

（12）199IT（http://www.entgroup.com.cn/bg.aspx）——主要用户：互联网从业者。容纳众多互联网数据报告，其导航网站收集了众多数据相关的网站链接，其页面截图如图 7-33 所示。

图 7-33　199IT 页面截图

(五)官方发布数据

(1) 国家数据(http://data.stats.gov.cn/)——主要用户:社会情况研究人员。国家统计局开设的网站,公布我国各个领域的宏观经济情况,权威度高,其页面截图如图 7-34 所示。

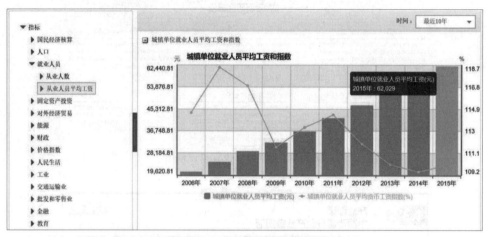

图 7-34　国家数据页面截图

(2) 国家统计局(http://www.stats.gov.cn/tjgz/wzlj/dftjwz/)——主要用户:社会情况研究人员。链接各省市地区的统计网站,提供更多官方统计报告,其页面截图如图 7-35 所示。

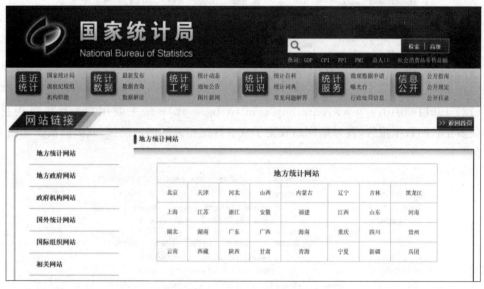

图 7-35　国家统计局页面截图

(3) 中国裁判文书网(http://wenshu.court.gov.cn/)——主要用户:法律从业/学习/爱好者。中国最高人民法院开设,权威可信,可用于查询国内裁判文书,可作为数据统计来源,其页面截图如图 7-36 所示。

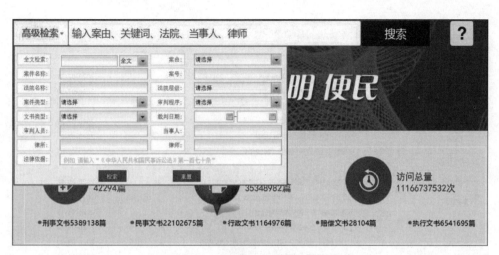

图 7-36　中国裁判文书网页面截图

（4）中国互联网信息研究中心（http://www.cnnic.net.cn/hlwfzyj/）——主要用户：互联网研究人员。经国家主管部门批准组建的管理和服务机构，经常发布一些有价值的互联网信息报告，其页面截图如图 7-37 所示。

图 7-37　中国互联网信息研究中心页面截图

（5）中国信通院（http://www.caict.ac.cn/kxyj/qwfb/bps/）——主要用户：互联网研究人员。针对互联网多个行业的发展趋势，发布白皮书，角度较为宏观，其页面截图如图 7-38 所示。

（6）国土资源部——主要用户：相关研究人员。国土资源部对外公开的信息报告，内容权威，其页面截图如图 7-39 所示。

（7）中国气象局（http://www.cma.gov.cn/root7/auto13139/）——主要用户：气象相关研究人员。中国气象局对外公开的年度报告，支持下载查看，其页面截图如图 7-40 所示。

以上是整理好的、确定目前可以顺利使用的网站，相比较而言，政府官方出具的数据报告权威性更高，部分第三方出具的报告数据来源存疑，争议较多，请慎重使用。

177

研究成果		首页 > 研究成果 > 权威发布 > 白皮书
-- 权威发布	白皮书	
· 白皮书	- 中国互联网行业发展态势暨景气指数报告（2020年）	2020-07-31
· ICT深度观察	- 研发运营安全白皮书（2020年）	2020-07-30
· 权威数据	- 云原生发展白皮书（2020年）	2020-07-29
· 专题报告	- 云计算发展白皮书（2020年）	2020-07-29
	- 5G行业虚拟专网网络架构白皮书	2020-07-28
-- CAICT观点	- 中国数字经济发展白皮书（2020年）	2020-07-02
-- 成果概况	- 2020数字中国产业发展报告（信息通信产业篇）	2020-05-18
	- 基于用户体验的移动网络品质白皮书（2020年）	2020-05-15
-- 专家团队	- 5G智慧城市安全需求与架构白皮书	2020-05-13
	- 工业互联网产业经济发展报告（2020年）	2020-03-24
	- "互联网+行业"个人信息保护研究报告（2020年）	2020-03-01
	- 《5G安全报告》中英文版	2020-02-04

图 7-38　中国信通院页面截图

图 7-39　国土资源部页面截图

序号	名称	发布日期
1	修购专项-青藏高原边界层大气结构观测系统建设（第一包）采购公告	2020年07月15日
2	修购专项-青藏高原边界层大气结构观测系统建设（第二包）采购公告	2020年07月15日
3	中国气象局气象业务教学能力建设第一包(重新招标)采购结果公告	2020年07月14日
4	中国气象局气象业务教学能力建设第一包(重新招标)采购公告	2020年07月14日
5	中国气象局医院信息系统改造采购公告	2020年07月11日
6	全自动探空系统升级采购结果公告	2020年07月11日
7	中国气象局医院信息系统改造采购结果公告	2020年07月11日
8	2020年山洪项目地市实验室气象计量检定系统建设项目采购结果公告	2020年07月10日
9	西藏自治区"藏东三江流域生态保护区"人影地面作业能力建设之昌都市人影能力建设项目采购结果公告	2020年07月10日
10	自动气象站备件采购(DZZ5)采购结果公告	2020年07月10日
11	自动气象站备件采购（DZZ6)采购结果公告	2020年07月10日
12	自动气象站备件采购(DZZ4)采购结果公告	2020年07月10日
13	自动气象站备件采购（DZZ1-2及WP3103)采购结果公告	2020年07月10日
14	中央水利救灾资金(DZZ4自动站备件采购)采购结果公告	2020年07月10日
15	风云三号（02批）气象卫星地面应用系统工程业务应用软件（海南生态环境安全卫星遥感监测服务应用）研制	2020年07月09日
16	2020年多普勒天气雷达技术服务与备件采购项目第三包采购结果公告	2020年07月09日

图 7-40　中国气象局页面截图

第三节　数据整理与分析

数据整理分析一般分为两个步骤：数据整理和数据分析。数据整理是数据分析的基础，好的数据整理可能会为数据分析结果带来不少好处。数据分析是数据整理的目的，数据整理之后，只有用到，才能体现数据整理的意义。数据整理分析最主要目的是从数据中得到有价值的信息。

数据整理是数据分析过程中最重要的环节，在大数据分析过程中也是如此。在小数据时代，数据整理包括数据的清洗、数据转换、归类编码和数字编码等过程，其中数据清洗占据最重要的位置，就是检查数据的一致性，处理无效值和缺失值等操作。在大数据时代，这些工作被弱化了，在有些大数据的算法和应用中，基本不再进行数据清洗了，因为大数据的多样化使其数据有一定的不精确性，但数据转换和编码过程还是需要的。

一、数据整理技术

从商业角度来看，从未知的统计分析模式或趋势的发现为企业提供了非常有价值的洞察力。数据整理技术能够为企业对未来的发展提供一定的预见性。而OLTP（联机事物处理过程，on-line transaction processing）仅能够实现对过去的数据进行分析。数据整理技术可以分成3类：群集、分类和预测。

群集技术就是在无序的方式下集中信息。群集的一个例子是对未知特点的群体商业客户的分析，对这一例子输入相关信息就可以很好地定义客户的特点。

分类技术就是集中和指定对象以预先确定事先定义好值的集合。集合通常用数据整理技术来形成，例如把客户按照他们的收入水平分成特定的销售群体。

预测技术就是对某些特定的对象和目录输入已知值，并且把这些值应用到另一个类似集合中以确定期望值或结果。比如，一组戴头盔和肩章的人是橄榄球队的，那么我们认为另一组戴头盔和肩章的人也是橄榄球队的。下面是常用的数据整理技术，每种技术都存在集中变异，而且可以应用到上面几种技术中。

（1）回退模型。这一技术把标准统计技术应用到数据中来证明或推翻事先的假设。一个例子就是线性回退，这种情况下，变量是根据一定时间内标准或变化路径来衡量的。另一个例子是逻辑回退，这种情况下，变量是根据以前相似事件发生的已知值来确定事件发生的可能性。

（2）可视化。这一技术是建立多维图形，让数据分析人员确定数据的变化趋势、模式以及相互关系。

（3）相关性。这一技术用来确定数据集合内两个或多个变量间的相互关系。

（4）变化分析。这一统计技术是用来确定目标或已知变量与非独立变量或可变数据集合间平均值的差异。

（5）差异分析。这一分类技术用于确定或区别集合中的关系要素。

（6）预测。预测技术是根据过去事件的已知值来确定未知结果。

（7）群集技术。群集技术是把数据分成很多组，并分析这些组的特性。

(8) 决策树。决策树是采用能用 if-then-else 语言表示的规则来分配数据。

(9) 神经网络。神经网络是用来模拟已知函数的数据模型,这一技术通过对数据进行迭代,同时在确定变化模式和趋势上有更大的灵活性。

二、如何让数据说话

(一) 数据新闻生产中的数据分析应用

数据分析是运用适当的统计方法对收集的资料进行分析,最大化开发数据资料的功能,发挥数据的作用,是为提取有用信息和形成结论而对数据加以详细研究和概括总结的过程。

数据分析方法主要有三类:①描述性分析,采用数据统计中的描述统计量、数据可视化等方法描述数据的基本特征,如总和、均值、标准差等;②预测性分析,通过因果分析、相关分析等方法,基于过去/当前的数据得出潜在模式、共性规律或未来趋势;③规范性分析,根据所拥有的已知数据,结合诸多影响因素,提供最佳决策方案。数据分析在数据新闻生产中的应用主要有以下四种情况。

1. 描述问题

描述问题即通过数据分析对事实、现象的现状、特征、演变等方面进行总结、判断和呈现。描述问题是数据分析最基本的功能,多运用描述性数据分析得出结论。描述性数据分析是指对一组数据的各种特征进行分析,描述测量样本的各种特征及其所代表的总体特征。例如记者拿到数据并经过评估、清洗之后,通过对比分析法、平均分析法、交叉分析法等分析数据的集中趋势、离散程度、分布情况。

在 2013—2016 年获全球数据新闻奖的报道样本中,73% 的获奖作品主要功能在于信息告知。笔者在对 2013—2018 年全球数据新闻奖作品数据分析方法统计后,发现 93.5% 的样本运用了描述性分析。当然,描述问题并不意味着描述性分析方法就一定简单。一些数据调查型报道和复杂的大型数据新闻作品,其数据分析的主要功能虽重在描述问题,但数据分析方法比较复杂,有的甚至使用了机器学习。

2. 解释问题

解释问题是通过数据分析探讨、揭示某一问题、现象发生、发展的原因。通常需要记者综合运用多种数据分析方法探索、验证,有时还需定性分析。

2011 年 8 月发生的英国骚乱,五天内从伦敦蔓延到英国六大城市,骚乱原因各方解释不同。《卫报》推出数据新闻报道专题《解读骚乱》(*Reading the Riots*)让公众更好地理解谁是趁乱打劫者,以及为何参与抢劫。针对政客认为骚乱与贫困无关的言论,《卫报》运用描述性分析,将骚乱爆发地点与贫困人口分布地图结合,证明并驳斥了骚动与贫困无关的言论。

在 2013—2016 年获全球数据新闻奖的报道样本中,39% 的获奖作品有解释功能,如在选举时数百万少数族裔是如何基于计算机程序识别违规的规则被无意中阻止投票。

3. 预测问题

预测问题是对某一事件、事态、现象在未来一段时间内某个属性的水平值或发生概率进行预测。记者在预测问题前要建立分析模型,常用的方法是回归预测模型和分类预测模型。在回归预测模型中,目标变量通常是连续型变量,如预测股票价格,在分类预测模型中,目标变量通常是分类变量。2016 年美国总统大选期间,《纽约时报》的 *The Upshot* 不仅推出了全国层面的预测性报道,还推出了包括50个州的预测性报道。

当然预测问题存有风险,尤其是对短期内可以看到结果的预测,如果预测失败,则影响数据新闻的声誉。如2016年美国总统大选时美国主流媒体的预测遭遇了"滑铁卢"。而长期内才能看到结果的预测,面临的风险则较小。如获得全球数据新闻奖的作品《二氧化碳的过去、现在和未来》(Visualizing the Past,Present and Future of Carbon Emissions)描述了当前碳收支给地球生态环境带来的问题,分析了造成这种现状的原因,预测了未来低、中、高、极高四种二氧化碳排放状况下的地球生态面貌。这种预测需要在未来相当长一段时间内才能被证明,且问题性质与大选不同,公众更倾向于将其视为科普的一种方式。

4. 决策问题

决策问题是通过数据获取有关未来行动的最优方案,提供智力支持,主要采用规范性分析。当选择的选项较少时,基于描述性分析和预测性分析,可选择出最优方案,更多的情况下,由于数据量的庞大和排列组合的方案太多,需运用规范性分析帮助人们从众多选择中选出一个最优方案。现阶段数据新闻的数据分析还较少涉及决策问题层面,对于大数据时代的数据新闻生产而言,海量数据、关联数据可以使数据完成从信息到知识,再到智慧的进阶,数据价值的终极目标是提供决策,提供个性化服务。

当前一些数据新闻作品已经触及了决策层面。《纽约时报》的《租房还是买房》,用户输入居住年限、抵押贷款利率以及首付等数值可判断租房划算还是买房划算。ProPublica的《拯救心脏病患者》(HeartSaver: An Experimental News Game)中,运用真实数据,让用户体验在具体情境下(如医院治疗水平、患者距医院的距离)的不同决策对病人存活率的影响。

(二)数据新闻生产中的数据分析误区

洞察复杂的社会现实需要丰富的数据、多元的数据分析方法,而数据和数据分析都有其局限性。因此数据新闻生产是借由数据和数据分析表征现实而非镜像现实。纽约大学教授丽莎·吉特曼在《原始数据是矛盾修辞法》(Raw Data Is an Oxymoron)中认为数据分析的结果看似公正客观,价值判断选择实际上贯穿了从构建到解读的整个过程。通过诚实的推理过程,人们在数据中可找到真相,也可能找到假象。作为一种专业技能,数据新闻生产中数据分析不一定抵达真相,却提供了抵达真相的可能。

在实践中,并非所有的记者在数据分析领域都很专业,由于记者数据分析的不专业,报道偏颇、结论有误时有发生。

1. 忽视数据质量,对数据不加批判

数据是数据分析的起点。无论是开放数据、申请获得的数据,还是媒体自行采集的数据,记者获得数据后首先要做的是对数据质量进行全面、客观地评估,批判地看待数据,而不是"拿来主义"。

数据质量的评价维度包括:①无误性,数据是否正确;②完整性,包括架构完整性、列完整性、数据集完整性;③一致性,包括一张或多张表中的多副本数据的一致性、相关数据元素之间的一致性、不同表中相同数据元素形式的一致性;④数据可信度,数据的真实程度和可信程度,包括数据源的可信度、与内部的惯用标准相比的可信度和基于数据年龄的可信度;⑤数据适量性,解决这一数据问题所需要的数据量;⑥及时性,对于使用该数据的任务来说,数据更新的程度;⑦可访问性,获取数据的难易程度。

记者拿到数据后应从以上方面进行核查、评估、确认,如果对原始数据集不加质疑地使用,就可能犯错。2014年9月,美国医疗保险和医疗补助服务中心发布了国家医生收入透明项目数据库,记者检索发现,该数据库存在诸多不足,未包含医生所有的收入数据,三分之一的数据存在错误。《得克萨斯论坛报》的一篇报道让当地一名男子莫名其妙被扣上了"罪犯"的帽子,最后发现是该州犯罪数据库数据本身有问题。

2008年和2012年连续两次预测对美国大选结果的538网站负责人纳特·西尔弗在2016年大选预测中失利,一个重要原因在于他的预测模型依赖民调数据。大选民调的抽样,点分布不均匀,支持特朗普的人表示沉默或者说假话,导致了数据一边倒。而抽样方法、样本选取等都与结果紧密相关,如果没有足够的有效数据,就不能进行精准预测,这些都属于数据质量的维度。

2. 忽视数据原初语境,再语境化扭曲数据本义

任何文本意义的生产都依赖特定的生成语境。语境强调意义发生的底层规则或外部环境,不仅确立了阐释的边界,还作为一种生产性的元素参与意义的直接建构。对数据而言,没有语境就不可能有意义。数据新闻生产涉及两个语境:数据的原初语境和新闻文本设定的语境。

数据的原初语境主要涉及数据是基于何种目的、何种方法、解释何种问题而被收集的,涉及数据自身的阐释边界问题。新闻文本设定的语境是指新闻文本基于何种主题、意图利用数据,涉及数据的适用性问题。将数据从原初语境置换于新闻文本设定的语境之中,就会发生再语境化。英国社会语言学家费尔克劳夫认为,再语境化是新视角化,是权力运作的一种手段。在再语境化中,抽象的数据通过语境的置换、转移,可能"再生"出新的意义,甚至导致意义偏差。因此需要记者全面、综合地考虑问题,而非对语境断章取义。一般来说,数据的原初语境和新闻文本设定的语境契合度越高,人们对数据的理解就越准确,数据表征的现实就越可信。

《华盛顿邮报》的《世界种族宽容度地图》呈现了不同国家和地区公众在种族宽容度上的差异。记者利用调查机构30年的历时数据时,未考虑问卷设计的差异以及对种族宽容度的理解问题,导致对数据进行盲目比较,被专家批评。这反映出一些记者认为针对同一问题的调查,数据的原初语境和新闻文本设定的语境是相同的。因此对历时数据以及不同机构对同一话题的调查数据进行数据标准化处理时,要了解数据间是否有可比性。还有一种情况是大语境相同,由于对历时语境的截取不合理,导致再语境化后的数据在表征现实时出现较大偏差,甚至失真。2015年被美国媒体广泛报道的美国犯罪潮,其实只是一些特定城市近年来出现了短暂的高犯罪率时期。如果记者能在更长的时间范围内求证一下,会发现之前的美国犯罪率比2015年时要高得多。

3. 忽视分析方法适切性,结论得出不可靠

2016年9月《纽约时报》做了一次民意调查结果分析的实验,对867名可能的佛罗里达选民投票进行分析,分析结果是希拉里会以一个百分点的优势获胜。该报将原始数据发送给四位知名的民意调查分析师,结果四人反馈的结果各不相同,其中一人的分析结果是特朗普会获胜,原因在于研究设计的差异。可见数据分析方法的选择、结合对结论的得出至关重要。选用哪些方法、变量、模型、算法等需从整体考虑,否则得出的结论可能会出错。

538网站的《灾难损失多过以往,但不是因为气候变化》(*Disasters Cost More Than Ever, But Not Because of Climate Change*)认为过去30年灾害造成的损失越来越大,不是气候变化造成的,而是全球GDP的增长造成的。作者为了证明自己的观点,将灾难损失换算成GDP占比,得出灾难损失占全球GDP比重下降这一结论。该报道被众多美国气象科学家批评,被列出诸多错误:报道没有包括更多可能的数据;没有看到社会为抵御灾害进行的投入;是否与气候变化有关,30年的时间长度显然不够;更为重要的是作者自己没有充分证明灾难损失是否真的和气候变化无关。

英国《卫报》的《FBI数据显示:自1971年以来谋杀案的最大增长》(*Murders up 10.8% in biggest percentage increase since 1971, FBI data shows*)呈现了1960年至2015年美国死于谋杀的人数变化。从中可看出死亡人数在20世纪90年代达到峰值,此后虽有降低,但一直在中等区间徘徊。通过图表很难得出2000年以后是社会治安最好的时期。1960—2015年美国人口增长了80%,实际上如果按照每十万人案发比例测算,2015年的数据接近1960年以来的最低值。记者只进行总人数的比较,对这个问题的分析无疑是片面的。

当然每十万人案发比例的计算方式在类似报道中也未必永远客观。Mises Wire发布的《缺乏枪支法,新罕布什尔比加拿大更安全》(*With Few Gun Laws, NewHampshire Is Safer Than Canada*)比较了美国和加拿大各州(省)的谋杀率,得出的结论是加拿大西北地区的谋杀率处于高位,排名第三,十万人案发率在排名第八到第十之间。实际上加拿大地广人稀,该地区的总人口没有达到10万人,数据只比较2014年的,该年度该地区有三起谋杀案,之前三年则是零。

以上的案例中,记者运用简单的数据分析就可以避免错误。还有一些复杂的数据分析可能会用到算法、模型,但并非用到算法、模型就能保证结论的可靠,方法的适切性对结论的影响更大。算法有优劣和适用性之分,模型的构建也并非随意。以预测模型为例,不同的预测模型可适用于不同结构的样本数据,正确选择预测模型在数据挖掘过程中是关键的一步。2016年美国大选时,美国媒体的预测普遍失败,有分析认为预测模型没有充分考虑州民调会同时出错的可能性。民调出错一般是因为民调机构没有接触到某类选民或错误估计了某类选民的投票率,在这种情况下,人口组成相似的州很有可能同时出现民调错误。

4. 忽视逻辑关系,相关关系误作因果关系

面对客观世界的种种不确定性,人们喜欢寻找原因并将不确定性转化为某种程度上的确定性。变量间存在的不确定的数量关系被称为相关关系。在商业领域,相关关系对于决策已足够,新闻业对数据新闻的要求不只探究是什么,更要回答为什么。这对数据分析的要求更进一步:在相关关系的基础上进一步探讨可能的因果关系,但不能将相关关系误作因果关系。

假设持枪率更高的国家有更多的枪杀案(两者是相关关系),原因是:拥有枪支滋生了杀人案(人们有了枪就会用它杀人);杀人案的存在导致更多人拥有枪(在不安全的地方住,会买枪自卫);其他某种可以同时导致杀人案与拥有枪支的原因(可能是贫困);这只是巧合(可用统计检验来排除这个可能性)。相关关系不等于因果关系,持枪率高不必然导致更多的枪杀案。在数据新闻实践中,由于逻辑关系辨识不清,将相关关系误认因果关系的情况时有发生。

在538网站的《工会越少,国家越有竞争力吗?》(*Do Fewer Unions Make Countries*

More Competitive?》中，记者将几十个发达国家工会与全球竞争力指数进行分析，最后得出结论：工会密度越高，越有竞争力。有数据专家根据记者的原始数据重新进行了数据分析，发现记者在报道中混淆了相关关系和因果关系，由于 r 方值较小，线性相关性不强。

利用相关关系分析问题还需要避免虚假相关：有些看似的相关只是巧合，两变量之间的相关是表面的，不代表两变量间具有真的因果性。两个变量沿同一方向变动，可能是由于第三变量的变动引起的。因此在二重变量中，用一个变量去解释一个独立变量中的所有变量，这种处理数据的方式本身就是武断的，数据新闻《工会越少，国家越有竞争力吗？》就犯了这个错误。因为工会与很多变量有相关关系，而该研究只用两个变量去探讨，有失偏颇。

大数据时代造就了大量的虚假相关，如果人们在大数据集上有足够的处理能力，就可以挖掘出大量的相关性。这些案例很多具有统计学上的显著性，但想发现真正的因果关系，要比找到相关关系更困难。

数据分析中还有一个常见的逻辑错误是将非线性现象进行线性式的长期预测。如 538 网站的《大多数人反对死刑要等到 2044 年》(An Anti-Death-Penalty Majority Might Be on Its Way in 2044)分析了 2000 年以来美国公众对死刑态度的数据，记者得出结论：2044 年大部分美国人可能会反对死刑。人们对死刑的态度是由多种因素决定的，是非线性现象，记者没有看到其他影响因素，只是进行数据间的比较分析，用线性逻辑去预测，这种预测毫无意义。

（三）提升数据新闻数据分析水平的路径

1. 提高记者数据分析能力

作为一种新兴的新闻实践，国内外数据新闻生产主要依赖内生模式，即媒体依靠吸纳、整合、优化、提升内部资源进行数据新闻生产。许多媒体的数据新闻团队是在原有记者团队的基础上重新整合而成的。团队的名称变了，但记者的知识结构并没有发生质的变化。一些媒体生产数据新闻不是基于自身发展战略，而仅仅因为数据新闻很火，可以体现媒体的业务创新。调查显示，全球数据新闻记者中超过 80% 接受过专业级别的新闻训练，而数据分析、编程、统计学、数据科学、机器学习及数据可视化等方面的训练较少或一般。

提升数据分析水平的关键在于提升记者自身的数据分析能力。而提升这方面能力，打造学习型团队、进行专业培训、加大人才引进是有效的方式。《卫报》数字业务执行编辑菲尔霍夫在对美国数据新闻业进行考察后认为，培训在美国媒体推广数据新闻的过程中非常有效。与此同时，一些国内媒体为快速提升数据分析水平，在引进人才方面侧重引进国外新闻传播人才，因为国外的数据新闻人才培养模式较为成熟。超过一半的美国新闻院校开设了数据新闻课程，部分学校有专门的数据新闻方向或专业。

2. 引入专家介入生产流程

记者可以完成简单的数据分析，而面向复杂事件、复杂数据集的数据分析则需要依靠专家完成。与传统新闻生产将专家视为消息来源不同，数据新闻生产应将专家纳入新闻生产流程中，让专家嵌入编辑部中，成为内容生产者。如《卫报》的《解读骚乱》是由 30 位通过专业培训的数据新闻工作者与伦敦政经学院的五位分析专家组成项目团队，对数据进行挖掘、分析、统计、归类。专家在数据分析中可承担两种功能。

（1）对记者的数据分析全过程进行把关。这一功能中，记者自身是把关者，专家在记者把关的基础上进行二次把关，以确保记者数据分析的可靠与可信。这种行为也符合数据新闻实用主义客观性的主体间客观性检验标准,即记者对数据分析方法及其结论本身要与专家、同行进行交流探讨,而不是自己单独做决定,通过倾听不同的意见或建议,完善数据分析和对结论的解读。

(2)直接负责数据分析环节,将数据分析环节"外包"给专家。实际上许多大型的数据新闻作品都类似于科学研究,媒体囿于生产周期、人力、物力等因素,并不一定能顺利完成任务。专家在数据分析环节中起主导作用,这种合作方式不仅提升了数据分析的专业性、科学性,还提供了记者学习的机会,密切了业界与学界的关系。

作为一种正在兴起的专业实践,数据新闻用数据分析提升了自身的专业性,但在实践中,由于记者在数据分析专业能力上的不足,数据分析还存在很多问题。在后真相时代,信任是稀缺资源。数据新闻业者唯有提升自身专业水平,才能保证新闻品质,赢得公众信任。从数据分析的角度看,数据新闻的专业化还有很长的路要走。

三、数据分析的内涵

数据分析的目的是把隐没在一大批看来杂乱无章的数据中的信息集中、萃取和提炼出来,以找出所研究对象的内在规律。大数据具有数据量大、数据结构复杂、数据产生速度快、数据价值密度低等特点,这些特点增加了对大数据进行有效分析的难度,大数据分析成为当前探索大数据发展的核心内容,因此,必须对大数据分析的内涵和外延进行深入剖析。

大数据分析是在数据密集型环境下,对数据科学的重新思考和进行新的模式探索的产物。严格来说,大数据更像是一种策略而非技术,其核心理念就是以一种比以往有效得多的方式来管理海量数据并从中提取价值。大数据分析(Big Data Analytics,BDA)是大数据理念与方法的核心,是指对海量类型多样、增长快速、内容真实的数据(即大数据)进行分析,从中找出可以帮助决策的隐藏模式、未知的相关关系以及其他有用信息的过程。有两大技术问题非常关键:一个是文本的分析学,另一个就是机器学习。因此,大数据分析是根据数据生成机制,对数据进行广泛的采集与存储,并对数据进行格式化清洗,以大数据分析模型为依据,在集成化大数据分析平台的支撑下,运用云计算技术调度计算分析资源,最终挖掘出大数据背后的模式或规律的数据分析过程。大数据分析是伴随着数据科学的快速发展和数据密集型范式的出现而产生的一种全新的分析思维和技术,大数据分析与情报分析、云计算技术等内容存在密切的关联关系。

四、数据分析的步骤

典型的数据分析可能包含以下三个步骤。

(1)探索性数据分析:当数据刚取得时,可能杂乱无章,看不出规律,通过作图、造表、用各种形式的方程拟合,计算某些特征量等手段探索规律性的可能形式,即朝什么方向和用何种方式去寻找和揭示隐含在数据中的规律性。

(2)模型选定分析:在探索性分析的基础上提出一类或几类可能的模型,然后通过进一步的分析从中挑选一定的模型。

(3)推断分析:通常使用数理统计方法对所定模型或估计的可靠程度和精确程度作出推断。

五、数据分析的方法

大数据分析方法是大数据分析中最重要的研究内容之一,分析方法的优劣将决定分析结果的有效与否,将最终影响大数据分析成果的应用。不同类型的大数据需要不同的分析处理方法。复杂数据上的实体识别与传统文本和关系数据上的实体识别不同,给数据分析带来了新的技术挑战。

(一)列表法

将实验数据按一定规律用列表方式表达出来是记录和处理实验数据最常用的方法。表格的设计要求对应关系清楚、简单明了,有利于发现相关量之间的物理关系;此外还要求在标题栏中注明物理量名称、符号、数量级和单位等;根据需要还可以列出除原始数据以外的计算栏目和统计栏目等。最后还要求写明表格名称、主要测量仪器的型号、量程和准确度等级、有关环境条件参数如温度、湿度等。

(二)作图法

作图法可以最醒目地表达物理量间的变化关系。从图线上还可以简便求出实验需要的某些结果(如直线的斜率和截距值等),读出没有进行观测的对应点(内插法)或在一定条件下从图线的延伸部分读到测量范围以外的对应点(外推法)。此外,还可以把某些复杂的函数关系,通过一定的变换用直线图表示出来。

(三)其他方法

描述性分析方法(descriptive analytics)是一种常见的项目调研分析方法,是指对所面临的不同因素、不同方面现状的调查研究,其资料数据的采集和记录着重于客观事实的静态描述。

预测性分析方法(predictive analytics)涵盖了各种统计学技术,包括利用预测模型、机器学习、数据挖掘等技术分析当前及历史数据,从而对未来或其他不确定的事件进行预测。

规范性分析方法(prescriptive analytics)吸收描述性分析方法与预测性分析方法中的结论,通过推荐最佳的可行方案得到行动建议。这是业务分析过程中最复杂的阶段,需要结合数据分析与专业知识,因此,它很少用于日常业务运营中。

六、数据的清洗与精简

数据清洗路径如图 7-41 所示。

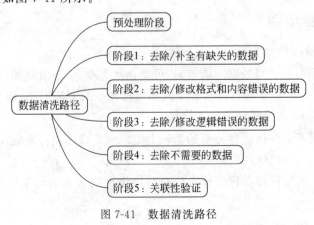

图 7-41 数据清洗路径

预处理阶段主要做以下两件事情。

一是将数据导入处理工具。通常来说,建议使用数据库。如果数据量大(千万级以上),可以使用文本文件存储＋Python 操作的方式。

二是看数据。这里包含两个部分:一是看元数据,包括字段解释、数据来源、代码表等一切描述数据的信息;二是抽取一部分数据,使用人工查看方式,对数据本身有一个直观的了解,并且初步发现一些问题,为之后的处理做准备。

(一) 缺失值清洗

缺失值是最常见的数据问题,处理缺失值有很多方法,建议按照以下四个步骤进行。

(1) 确定缺失值范围。对每个字段都计算其缺失值比例,然后按照缺失比例和字段重要性,分别制定策略,可用图 7-42 表示。

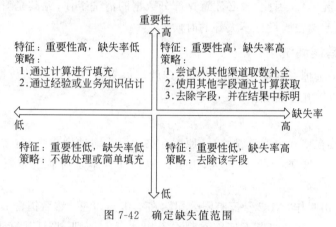

图 7-42 确定缺失值范围

(2) 去除不需要字段。这一步很简单,直接删掉即可。但强烈建议清洗时每做一步都进行备份,或者在小规模数据上试验成功再处理全量数据,不然删错了会追悔莫及。

(3) 填充缺失内容。某些缺失值可以进行填充,方法有以下三种。

① 以业务知识或经验推测填充缺失值。

② 以同一指标的计算结果(均值、中位数、众数等)填充缺失值。

③ 以不同指标的计算结果填充缺失值。

(4) 重新取数。如果某些指标非常重要又缺失率高,就需要和取数人员或业务人员了解是否有其他渠道可以取到相关数据。

(二) 格式内容清洗

如果数据是由系统日志而来,那么通常在格式和内容方面,会与元数据的描述一致。而如果数据是由人工收集或用户填写而来,则有很大可能性在格式和内容上存在一些问题,简单来说,格式内容问题有以下几类。

(1) 时间、日期、数值、全半角等显示格式不一致

这种问题通常与输入端有关,在整合多来源数据时也有可能遇到,将其处理成一致的某种格式即可。

(2) 内容中有不该存在的字符

某些内容可能只包括一部分字符,比如身份证号是数字＋字母,中国人姓名是汉字(姓

名是汉字+字母的情况占少数,如赵 C)。最典型的就是头、尾、中间的空格,也可能出现姓名中存在数字符号、身份证号中出现汉字等问题。这种情况下,需要以半自动校验、半人工方式来找出可能存在的问题,并去除不需要的字符。

(3) 内容与该字段应有内容不符

姓名写成性别,身份证号写成手机号等错误均属这种问题。但该问题特殊性在于:并不能简单地以删除来处理,因为成因有可能是人工填写错误,也有可能是前端没有校验,还有可能是导入数据时部分或全部存在列没有对齐的问题,因此要详细识别问题类型。

格式内容问题是比较细节的问题,很多分析失误都是在这里出错的,比如跨表关联或 VLOOKUP 失败(如多个空格导致工具认为"陈丹奕"和"陈 丹奕"不是一个人)、统计值不全(如数字中掺入一个字母,求和时结果就有问题)、模型输出失败或效果不好(如数据对错列了,把日期和年龄混了)。因此,务必注意这部分数据的清洗工作,尤其是对于人工收集而来的数据,或者产品前端校验设计不太好的时候。

(三) 逻辑错误清洗

这部分工作是去掉一些使用简单逻辑推理就可以直接发现问题的数据,防止分析结果走偏。主要包含以下几个步骤。

1. 去重

建议把去重放在格式内容清洗之后,原因在格式内容清洗中有提到(多个空格导致工具认为"陈丹奕"和"陈 丹奕"不是一个人,去重失败),并且不是所有的重复都能这么简单地去掉。

例如,一家公司叫作"ABC 管家有限公司",在销售 A 手里,然后销售 B 在系统里录入一个"ABC 官家有限公司"。如果不仔细看都看不出两者的区别,并且就算看出来了,也无法确定没有"ABC 官家有限公司"这个公司的存在。

去重不到位也会为用户带来困扰,如图 7-43 所示。

图 7-43 去重不到位的困扰

当然,如果数据不是人工录入的,那么简单去重即可。

2. 去除不合理值

例如,有人填表时胡乱填写,年龄填 200 岁,年收入填 100000 万元,这种数据直接删除或者按缺失处理。

3. 修正矛盾内容

有些字段是可以互相验证的,例如,身份证号是 1101031980××××××××,但是年龄填写的是18岁。在这种时候,需要根据字段的数据来源,来判定哪个字段提供的信息更为可靠,去除或重构不可靠的字段。

逻辑错误除了以上列举的情况,还有很多未列举的情况,在实际操作中要酌情处理。另外,这一步骤在之后的数据分析建模过程中有可能重复,因为即使问题很简单,也并非所有问题都能够一次找出,能做的是使用工具和方法,尽量减少问题出现的可能性,使分析过程更为高效。

(四) 非需求数据清洗

这一步说起来非常简单,即把不要的字段删了。但实际操作起来有很多问题,例如,把看上去不需要但实际上对业务很重要的字段删了;某个字段觉得有用,但又没想好怎么用,不知道是否该删;一时看走眼,删错字段了。

对于前两种情况笔者建议:如果数据量没有大到不删字段就没办法处理的程度,那么能不删的字段尽量不删。对于第三种情况,笔者建议勤备份数据。

(五) 关联性验证

如果你的数据有多个来源,那么有必要进行关联性验证。例如,你有汽车的线下购买信息,也有电话客服问卷信息,两者通过姓名和手机号关联,那么要看一下,同一个人线下登记的车辆信息和线上问卷回答的车辆信息是不是同一辆,如果不是,则需要调整或去除数据。

从严格意义上来说,这已经脱离数据清洗的范畴了,而且关联数据变动在数据库模型中就应该涉及。笔者提醒大家,多个来源的数据整合是非常复杂的工作,一定要注意数据之间的关联性,尽量在分析过程中不要出现数据之间互相矛盾,而自己却毫无察觉的情况。

第四节 数据可视化

数据可视化作为制作数据新闻的最后一个步骤,其做得优秀与否是决定数据新闻质量的关键。本节将阐述数据可视化的基本概念,指导学习者理解可视化,并提供可视化基本框架、步骤及应用图表等,为提高新闻信息传达效率及艺术感染力的设计实践提供方法参考。

一、数据可视化的释义

随着数据运营技术的不断成熟,数据可视化工具也开始增多,数据可视化的目的是让用户更好地使用数据。

(一) 数据可视化的意义

1. 数据可视化带来的好处

第一,可以让用户更加直观地参考数据。用户并不关心数据的采集以及计算方式等,直接给出用户想要的数据并且以最简单的视图呈现出来是最实用的。

第二,帮助用户使用数据。其实一直以来数据都是存在且被人们使用的,比如很多企业都会收集数据以表格的形式呈现,静态烦琐的数据往往让用户的使用体验降低,很多人看到密密麻麻的数据就"头痛",数据可视化是动态的,直接提供给用户需要的数据,而不是不加任何加工地把数据都呈现出来。

第三，可以更好地寻找关系。比如使用同样的数据可以找出某个数据全部的变化以及局部的数据变化，而当这些数据以最简单的方式呈现出来之后，我们还可以看到全部和局部的关系。如果说数据运营给人们的生活带来便捷，那么数据可视化工具就让这个过程变得快速简捷。

随着数据可视化工具的种类越来越多，无论是个人还是企业都可以找到最适合自己的可视化工具，这样确保了数据运营的价值发挥到最大，让数据更好地为客户服务。

2. 数据可视化的应用

数据可视化的开发和大部分项目开发一样，也是根据需求对数据维度或属性进行筛选，根据目的和用户群选用表现方式。同一份数据可以可视化成多种形式。

（1）有的可视化目标是为了观测、跟踪数据，所以强调实时性、变化、运算能力，可能会生成一份不停变化、可读性强的图表。

（2）有的为了分析数据，所以强调数据的呈现度，可能会生成一份可以检索、交互式的图表。

（3）有的为了发现数据之间的潜在关联，可能会生成分布式的多维图表。

（4）有的为了帮助普通用户或商业用户快速理解数据的含义或变化，会利用漂亮的颜色、动画创建生动、明了、具有吸引力的图表。

（5）有的用于教育、宣传或政治，被制作成海报，出现在街头、广告手持、杂志和集会上。这类可视化数据拥有强大的说服力，使用强烈的对比、置换等手段，创造出极具冲击力的图像。国外许多媒体会根据新闻主题或数据，雇用设计师创建可视化图表对新闻主题进行辅助。

数据可视化的应用价值，其多样性和表现力吸引了许多从业者，其创作过程中的每一环节都有强大的专业背景支持。无论是动态还是静态的可视化图形，都为我们搭建了新的桥梁，让我们能洞察世界的究竟、发现形形色色的关系，感受每时每刻围绕在我们身边的信息变化，还能让我们理解其他形式下不易发掘的事物。

（二）数据可视化的分类

传统的数据可视化起源于统计图形学，与信息图形、视觉设计等现代技术相关，其表现形式通常在二维空间。与之相比，大数据可视化（尤其是在信息和网络领域的可视化）往往更关注抽象的、高维的数据，空间属性较弱，与所针对的数据类型密切相关。因此其通常按照数据类型进行分类，大致有以下几种。

（1）时空数据可视化：时间和空间是描述事物的必要元素，因此，时变数据和地理信息数据的可视化非常重要。对于前者，通常具有线性和周期性两种特征；对于后者，合理选择和布局地图上的可视化元素，尽可能呈现更多的信息是关键。

（2）层次与网络结构数据可视化：网络数据是网络安全世界中最常见的数据类型。网络之间的连接、层次结构、拓扑结构等都属于这种类型。层次与网络结构数据通常使用点线图来可视化，如何在空间中合理有效地布局节点和连线是可视化的关键。

（3）文本和跨媒体数据可视化：各种文本、跨媒体数据都蕴含着大量有价值信息，从这些非结构化数据中提取结构化信息并进行可视化，也是大数据可视化的重要部分。

（4）多变量数据可视化：用来描述现实世界中复杂问题和对象的数据常常是多变量的

高维数据,如何将其呈现在平面上也是可视化的重要挑战。我们可以将高维数据降维到低维度空间,采用相关联的多视图来表现不同维度。

(三) 如何理解数据可视化

1. 从新闻呈现形态的角度理解"数据可视化"

数据可视化是一种新型的技术,它存在媒体的方方面面,是现代社会不可缺少的一个新兴可视化技术,可视化是新闻的核心,新闻呈现形式有传统媒体和新媒体,但是无论是传统媒体还是新媒体都离不开数据的可视化,可视化将生动形象的数据展现在受众面前,将平面的数据立体化、多样化,使受众能够轻而易举地理解并且迅速察看消息的内容。如今是一个快速发展的多元化世界,我们所追求的是信息高速发展和接受能力高速发达的信息社会。数据可视化以一种新的历史形态展现给受众,信息是数据的核心部分,呈现形态丰富多彩。数据可视化是历史的进步、社会的发展、传播进步的产物。自从数据诞生就有了可视化,他们是同步出现的,是同一时期的产物,数据可视化呈现的方式使我们生活更加丰富而有意义。

数据可视化呈现的方式是多种多样的,信息是数据可视化的载体,是数据可视化的中心内容,数据可视化要以信息为载体,以现代化的手段为支撑,将原始的新闻可视化更加进步,更加现代化。媒体的发展日新月异不断进步,我们应该跟紧时代的步伐,将可视化的呈现形态做到更好,更加贴近生活和实际。数据可视化呈现的方式同时也体现了时代的进步。

2. 从新闻生产流程的角度理解"数据可视化"

数据可视化的生产流程是根据时代的变迁而改变的,在传统媒体时代,新闻记者和新闻编辑采用采、写、编三个过程来实现数据可视化。采集数据就是将数据统一收录到一起,整理数据是将采集来的数据经过筛选加工将数据信息做一个统一的规划和研究,编辑是新闻制作的核心部分,新闻质量的好坏由编辑阶段决定。通过对数据的采、写、编,将数据信息完整清晰地展现在受众面前,展现的手段是经过处理并且挖掘。

如今社会高速发展,在信息传播速度超级快的情况下,传统媒体向新媒体发展,在新媒体快速发展的驱使下,新闻的生产流程也发生了巨大的变化。例如,电视节目制作就是将过程分为前期采集、中期筛选、后期制作和推敲四个步骤。在每一个阶段的信息传播中都离不开数据的可视化。如今微信、微博等的出现加速了信息传播的多样化,从原来的平面化方式变为立体化方式;视频在传播中占据重要的地位,视频将数据可视化推向了一个高峰,成为我们现在接收信息的主要方式。在微信、微博客户端的平台上,我们可以研究数据可视化的生产流程。生产流程是越来越先进化的,在电视类节目制作的过程中我们要将信息更加快速地呈献给受众,运用可视化的技术将我们所要表达的信息全部表现出来,数据可视化与新闻可视化是相互促进进步的。

3. 从新闻行业发展的角度理解"数据可视化"

随着大数据时代的到来,数据可视化发生着日新月异的变化,以数据为中心,信息化程度越来越高,信息不再是闭塞而是日益公开化和透明化。新闻行业的发展越来越受到政府和社会的重视。随着新媒体时代的到来,传播途径和传播手段日益多样化,新闻行业的发展不仅局限在新闻行业,在大数据时代每个人都拥有发表新闻信息的权利,手段和方式也日益多样化,手机是我们最常见的交流和传播方式。当使用微信和微博时,我们就是一个媒体发言人,我们有权利传播最新接收和看到的信息,这是一个开放并且传播手段多样化的世界。

随着,人们的思想观念、生活价值改变和生活节奏的加快,需要快速地浏览信息,这就促使媒体向更高和更广的方向发展。如今是一个信息开放的时代,政府机关和金融部门是放宽了对信息交流的限制。当新近发生了一事件,每个公民都可以成为一个媒体人,用自己的传播手段微信、微博、QQ、发送视频和文字信息,以便信息更快速和便捷地传播,传播内容也更加多样化。大背景下政治制度改变,经济的发展,文化水平的提高都为数据可视化创造了更加有利的条件,尤其是文化水平的提高丰富了数据可视化的内容和传播途径,数据可视化从原来单一的文字和图片如今已经发展到了视频和微电影阶段。

如今新闻行业的发展受到了国家政策的支持和鼓励,一个国家的新闻报道形式体现着国民素质和修养,因为新闻是要传播到世界各个地方并且代表着中国人的形象,为中国形象化的展现起到了重要的作用。数据可视化从行业发展的角度来说是一个必然的趋势,在新闻历史发展的进程中是必不可少的一个阶段,如今随着大数据时代的到来,信息更加飞速的发展对新闻也是一个重要的挑战,人人都可以当作一个媒体人,利用自己的传播手段来丰富新闻,政策的改进和技术创新也让受众体会到了高质量的数据可视化。

(四) 一个以可视化方式讲述的故事

"可视化"在论述经验文本中是排行前列的高频词,是目前数据新闻工作流程中的一个关键环节,《数据新闻手册》开辟出专门篇幅集中论述如何实现可视化操作。

数据新闻工作者认为利用可视化技术可以将抽象变得具体,将复杂变得简单,以往需要长篇累牍地描述或解释的新闻故事现在可以在大数据信息处理技术条件下变成清晰易掌控的静态或动态视图。如《卫报》数据博客的新闻工作者强调可视化对英国暴动报道的重要意义,认为关于谣言在推特上传播方式的可视化作品"对故事的讲述大有帮助""有力地展现那些难以描述的东西,表明了谣言病毒传播的本质,以及谣言的生命周期如何随时间变化的方式"。BBC编辑室则列举了一个欧元区债务网上的专题报道,该报道的主题是欧元区各国错综复杂的国内贷款,为了鼓励用户去关注而不是被数字吓着,该报道通过运用颜色和比例箭头,并辅之以简明易懂的文字,以视觉化的方式来阐释复杂议题。

这些数据可视化手段在数据工作者的眼里,能够提升读者对故事的接受程度,也是整个编辑团队展示内容的一种很有吸引力的方式。如 Zeit 在线的数据新闻工作者指出,他们参与的案例《基于 PISA 的财富比较项目》试图比较不同国家的生活标准,这是一个宏大的复杂主题,但该项目对经济合作与发展组织(OECD)一份报告所提供的数据进行分析与可视化,通过将财富、家庭情况、获取知识的来源等指标转换成自我解释性的图标,可以像纸牌游戏一样实现不同国家之间的比较,并且基于 Raphael-Javascript 类库创作出了高质量且漂亮的交互气泡图,带来了巨大的访问量。

可视化经常会调用互动手段,交互性可视化、互动式地图是研究文本里较为频繁出现的词项搭配。互动是互联网平台相比传统媒体而言的一大优势,从已有案例来看,这些数据新闻实践绝大部分都调用了互动手段,认为通过互动设计可以提升用户的兴趣、参与感和使用体验。如 BBC 使用联合国人口发展基金提供的数据所做的专题《70 亿人口的世界:你是第几个出生的人?》,用户只要输入自己的出生年月日,就可计算出自己是全球第几个出生的人,并可以通过 Twitter 和 Facebook 分享其排名。这个专题成为英国 2011 年 Facebook 上人气最旺的分享链接。

另外,互动本身能够成为新闻的一部分。通过互动可以获取更多的用户信息和数据,并且能赋权于普通公众。如前文提到的案例《众包水价》通过交互界面来获取用户上传的水费单。案例《欧元区的垮台》则通过交互性页面获取用户分享的欧债危机下家庭、个人的回应与故事。案例《MOT测试失败率报道》则通过交互设计向用户开放报道中涉及的原始数据,鼓励用户使用软件参与新闻制作。在经验论述中,来自BBC的马丁·罗森鲍姆(Martin Rosenbaum)认为,数据新闻工作者的任务是发现与共享,其他人或许能够找出已有新闻工作者所遗漏或忽略的,可以在已有基础上进一步深入细致地研究数据,或运用不同方式呈现数据,实现视觉化,并且这种分享还将问责制和透明度融入新闻报道过程中。可以看到,借助于交互手段,数据新闻故事更容易与普通公众相关,普通公众更易于参与生产和传播。

数据新闻实践中的可视化手段往往是综合的。以澳大利亚广播公司ABC举例提到的数据新闻作品《数字上的煤层气》为例,这个数据新闻作品的叙事手段包括了交互地图、数据可视化以及文本。其中交互地图涉及的是澳大利亚煤层气气井分布和租赁情况,读者可以按地理位置搜索查看,除了整体分布及气井周围情况外,提供的信息具体涉及气井的当下状态、深度、开发商名称以及钻井日期等,且读者可在租赁情况和气井分布两种模式之间自由切换。另外,还采用数据可视化的方式来分析煤层气开发带来的废盐、废水等问题。在叙事策略上,通过联想、比喻、对比等可视化的具体手段让抽象晦涩的现象统计变得简洁易懂。如采用"水滴"图形来标识澳大利亚人的用水指标,用地图将空间可视化等。

可视化手段的实现依赖于一系列工具,被数据新闻工作者提到的主要有:地图(尤其是谷歌地图)、矢量图形库、Excel宏、绘图产品Tableau Public、谷歌免费分享数据的网络工具Fusion Tables、Junar开放数据平台等。由此,可视化与数据采集和处理一样意味着新闻工作者需要掌握新的技能,包括图形可视化和高级研究技能等。为了掌握和利用这些技能,有的媒体机构会自己组建传统记者、程序员、设计师、学术研究员等合作团队,有的则会咨询对应专家。不管采取哪些方式,与数据采集和处理技术一样,可视化技术成为新闻工作者所需的技能之一。

与对数据的反思一样,从数据新闻工作的讲述里也可以看到他们对可视化的反思。如可视化技术里表格和地图是目前常见的视觉表达手段,但有新闻工作者认为,仅以表格或地图呈现,会让原本整个连贯的故事显得断裂,需要更好地进行可视化设计,以呈现生动的新闻故事。BBC的数据新闻经验分享则强调用户体验,提出数据可视化团队的工作就是将一些很棒的设计和编辑叙述结合起来,从而为用户提供引人入胜的体验。从这些论述里可以发现,美观与信息、设计与编辑是可视化的两个基本点,并且数据新闻工作者认为可视化的美化设计元素最终植根于事实的故事讲述。如来自《纽约时报》的阿隆·菲尔霍夫(Aron Pilhofer)在讲述其团队对2008年美国大选总统选举结果的数据新闻报道时特别强调:"理想情况是,一则真正出色的视觉新闻兼具美观与实用性。但当我们要在故事和审美上作出抉择的时候,记者们必然会选择故事性这一边。虽然这样呈现数据的版式布局并非单纯的设计师所设想的那样,但能将故事表达得非常清楚,让新闻充满可读性。"

对数据新闻工作者而言,可视化和数据采集处理技术一样丰富拓展了新闻报道的叙事能力,并且被视为数据项目的核心组成部分,但可视化也最终服务于讲述新闻故事。不过,借助于可视化,新闻故事更为生动、清晰、可读,让人印象深刻,并且通过交互设计而提高了参与度,可以与普通公众更相关且是为他们自己讲述。

二、数据可视化的基本框架

(一)数据可视化流程

数据可视化大致可分为信息可视化、科学可视化和可视化分析三大类,简单图表只是信息可视化中最常见的几种。一旦数据量增大,可视化目标改变,可视化系统的复杂度就会超出我们的想象。

1. 分析

我们进行一个数据可视化任务时,首当其冲的是分析,分析又分为三部分:任务、数据、领域。

首先要分析此次可视化的出发点和目标,遇到的问题、要展示的信息、想得出的结论、要验证的假说等。数据承载的信息多种多样,不同的展示方式会使侧重点有天壤之别。只有想清楚以上问题,才能确定我们要过滤什么数据、用什么算法处理数据、用什么视觉通道编码等。

其次要分析我们的数据,这是至关重要的一步。因为每次可视化任务拿到的数据都是不同的,数据类型、数据结构均有变化,数据的维度也可能成倍增加。

2. 数据采集

数据采集的方法和质量很大程度上就决定了数据可视化的最终效果。

数据采集的分类方法很多,从数据的来源来看,可以分为内部数据采集和外部数据采集。

(1)内部数据采集

内部数据采集指的是采集企业内部经营活动的数据,通常数据来源于业务数据库,如订单的交易情况。如果要分析用户的行为数据、APP的使用情况,还需要一部分行为日志数据,这个时候就需要用"埋点"这种方法来进行APP或Web的数据采集。

(2)外部数据采集

外部数据采集指的数通过一些方法获取企业外部的一些数据,具体目的包括获取竞品的数据、获取官方机构官网公布的一些行业数据等。获取外部数据通常采用的数据采集方法为"网络爬虫"。

以上两类数据采集方法得来的数据都是二手数据。通过调查和实验采集数据属于一手数据,在市场调研和科学研究实验中比较常用。

3. 处理

数据处理和数据变换是进行数据可视化的前提条件,包括数据预处理和数据挖掘两个过程。

一方面,通过前期的数据采集得到的数据,不可避免地含有噪声和误差,数据质量较低;另一方面,数据的特征、模式往往隐藏在海量的数据中,需要进一步的数据挖掘才能提取出来。

(1) 数据处理

在可视化之前我们要对数据进行数据清洗、数据规范、数据分析。

数据清洗和数据规范是必不可少的步骤。首先把"脏"数据、敏感数据过滤掉,其次再剔除和目标无关的冗余数据,最后调整数据结构到系统能接受的方式。

数据分析中最简单的方法是一些基本的统计方法,如求和、中值、方差、期望等;复杂的方法有数据挖掘种的各种算法。

最后的可视化结果中我们肯定不可能把所有的数据统统展示出来,于是又涉及包括标准化(归一化)、采样、离散化、降维、聚类等数据处理的方法。

(2) 设计视觉编码

视觉编码的设计是指如何使用位置、尺寸、灰度值、纹理、色彩、方向、形状等视觉通道,以映射我们要展示的每个数据维度。

(3) 常见的数据质量问题

① 数据收集错误,遗漏了数据对象,或者包含了本不应包含的其他数据对象。

② 数据中的离群点,即不同于其他大部分数据对象特征的数据对象。

③ 存在遗漏值,数据对象的一个或多个属性值缺失,导致数据收集不全。

④ 数据不一致,收集到的数据明显不合常理,或者多个属性值之间互相矛盾。例如,体重是负数,或者所填的邮政编码和城市之间并没有对应关系。

⑤ 重复值的存在,数据包含完全重复或几乎重复的数据。

正是因为有以上问题的存在,直接拿采集的数据进行分析或可视化,得出的结论往往会误导用户做出错误的决策。因此,对采集到的原始数据进行数据清洗和规范化是数据可视化流程中不可缺少的一环。

在大数据时代,我们所采集到的数据通常具有 4V 特性:Volume(大量)、Variety(多样)、Velocity(高速)、Value(价值)。如何从高维、海量、多样化的数据中,挖掘有价值的信息来支持决策,除了需要对数据进行清洗、去除噪声之外,还需要依据业务目的对数据进行二次处理。

常用的数据处理方法包括降维、数据聚类和切分、抽样等统计学和机器学习中的方法。

4. 可视化映射

可视化映射是整个数据可视化流程的核心,是指将处理后的数据信息映射成可视化元素的过程。

可视化元素由 3 部分组成:可视化空间+标记+视觉通道。

(1) 可视化空间

数据可视化的显示空间通常是二维。三维物体的可视化通过图形绘制技术,解决了在二维平面显示的问题,如 3D 环形图、3D 地图等。

(2) 标记

标记是数据属性到可视化几何图形元素的映射,用来代表数据属性的归类。

根据空间自由度的差别,标记可以分为点、线、面、体,分别具有零自由度、一维、二维、三维自由度。如我们常见的散点图、折线图、矩形树图、三维柱状图,分别采用了点、线、面、体这四种不同类型的标记。

(3) 视觉通道

数据属性的值到标记的视觉呈现参数的映射,叫作视觉通道,通常用于展示数据属性的定量信息。

常用的视觉通道包括标记的位置、大小(如长度、面积、体积)、形状(如三角形、圆、立方体)、方向、颜色(如色调、饱和度、亮度、透明度)等。

标记、视觉通道是可视化编码元素的两个方面,两者的结合可以完整地将数据信息进行可视化表达,从而完成可视化映射这一过程。

5. 人机交互

可视化的目的是反映数据的数值、特征和模式,以更加直观、易于理解的方式,将数据背后的信息呈现给目标用户,辅助其做出正确的决策。

但是通常我们面对的数据是复杂的,数据所蕴含的信息是丰富的。如果在可视化图形中,将所有的信息不经过组织和筛选,全部机械地摆放出来,不仅会让整个页面显得特别臃肿和混乱,缺乏美感,而且模糊了重点,分散用户的注意力,降低用户单位时间获取信息的能力。

常见的交互方式包括以下几种。

(1) 滚动和缩放:当数据在当前分辨率的设备上无法完整展示时,滚动和缩放是一种非常有效的交互方式,比如地图、折线图的信息细节等。但是,滚动与缩放的具体效果,除了与页面布局有关系外,还与具体的显示设备有关。

(2) 颜色映射的控制:一些可视化的开源工具会提供调色板,如 D3。用户可以根据自己的喜好进行可视化图形颜色的配置。这个在自助分析等平台型工具中,会相对多一点,但是对一些自研的可视化产品中,一般有专业的设计师负责这项工作,从而使可视化的视觉传达具有美感。

(3) 数据映射方式的控制:是指用户对数据可视化映射元素的选择,一般一个数据集是具有多组特征的,提供灵活的数据映射方式给用户,可以方便用户按照自己感兴趣的维度去探索数据背后的信息。这个在常用的可视化分析工具中都有提供,如 tableau、PowerBI 等。

(4) 数据细节层次控制:比如隐藏数据细节,悬停或点击才出现。

6. 用户感知

可视化的结果只有被用户感知之后,才可以转化为知识和灵感。

用户在感知过程,除了被动接受可视化的图形之外,还通过与可视化各模块之间的交互,主动获取信息。

如何让用户更好地感知可视化的结果,将结果转化为有价值的信息用来指导决策,这里还涉及心理学、统计学、人机交互等多个学科的知识。

7. 生成

这个阶段基本上就是把之前的分析和设计付诸实践,在制作或写代码过程中,再不断调整需求、不断地迭代(有可能要重复前面的步骤),最后产出想要的结果。

(二) 数据可视化设计

1. 明确需呈现的业务指标

当我们拿到需求后,首先就是要确认需求,梳理有疑问的地方,及时与产品经理沟通。

第七章
数据新闻制作

在沟通这一步中,重点介绍一下3个名词:主要指标、次要指标、辅助指标。

主要指标反映核心业务,位于屏幕中央;次要指标用于进一步阐述分析,位于屏幕两侧;辅助指标是主要指标的补充信息,可不显示或显示在屏幕两侧或鼠标经过时显示。

这3个指标将会关系到我们选择什么样的图表类型,以及页面的布局如何呈现。

2. 为指标选择合适的图表

(1) 柱状图

柱状图常用于类别之间的比较,反映数据之间的差异。由于肉眼对高度差异很敏感,所以柱状图的表现形式很直观。

柱状图有单指标柱图、多指标柱图以及堆叠柱图类型。

(2) 折线图

折线图常用于反映数据随着时间变化而变化的趋势。折线图有单指标趋势图和多指标趋势图。

(3) 饼图

饼图常用于表示比例关系,可以展示每一部分占总体的百分比是多少。

在这里分享4个关于饼图设计的经验。

① 由于人的视线习惯于顺时针方向观察,因此饼图中的数据占比尽量考虑从大到小顺时针排列。

② 肉眼对于饼图只能感受到具有明显面积差异的数据,当面积差异很小时,我们就无法分辨数据的占比大小。因此,设计饼图时,最好能显示数据占比的具体百分比。

③ 当饼图中数据类型过多时,可以考虑将饼图换成柱状图,便于阅读;或考虑将饼图换成复合饼图,把占比较小的数据放到第二个饼图中,虽然还是采用的饼图形式,但是阅读起来会层次分明。

④ 当数据中有0的数值时,就不要使用饼图了,因为饼图无法体现0值的数据。可以考虑柱状图或条形图。

饼图有标准饼图、中空饼图和环形饼图。

(4) 条形图

条形图又称横向柱状图,在 echarts 中,直接将条形图归到了柱状图的类别中。

条形图和柱状图的使用场景很相似,都是用于分类之间的比较。但两者有一个最重要的区别就是,当数据分类多且数据名称字段较长时,应选择条形图,因为条形图能够横向布局,方便展示较长纬度的字段名称。

实际应用中,条形图常用于表示数据之间的顺序排列。

(5) 雷达图

雷达图可以用来表现一个周期数值的变化,也可以用来表现特定对象主要参数的相对关系。它常用于财务分析数据中,用来分析企业的负债能力、运营能力、盈利和发展能力等指标。

在这里分享两个关于雷达图的设计经验。

① 使用雷达图时,应注意其数据类别最多6个。

② 因为用户一般不熟悉雷达图,所以在使用雷达图时,要加上文字说明,减轻阅读负担。例如王者荣耀的对战雷达图中,每个数据点代表什么都有文字说明。

（6）地图

地图适用于有空间位置的数据集。

地图类型有区域地图、散点地图、热力地图。

① 区域地图。按照国家、省市行政区划分，用来展现地理信息，以及与地理位置有关的信息，指标的多少可以用颜色深浅区分。

② 散点地图。基于高德地图实现，通过定位经纬度，用散点来表示所在位置的信息指标。

③ 热力地图。以特殊高亮的形式显示访客热衷的页面区域和访客所在的地理区域的图示。不同颜色反映不同区域密度的分布（见图7-44）。

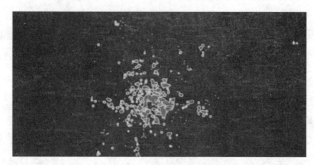

图7-44　热力地图示例

3．排版设计突出关键信息

（1）页面布局

布局主要根据定好的业务指标进行划分。主要指标位于中间位置，次要指标按优先级依次在主要指标周围展开，位于屏幕两侧（见图7-45）。一般把有关联的指标让其相邻或靠近，把图表类型相近的指标放一起，这样布局的好处是能减少认知负担并提高信息传递的效率。

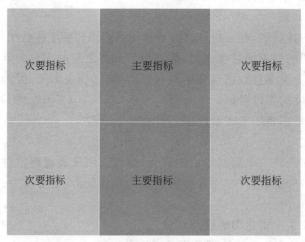

图7-45　页面布局示例

页面布局需注意重点信息突出，做到主次分明、条理清晰，还需注意页面留白，有呼吸感。

(2) 配色

相信大家在看很多数据可视化的设计案例时,都会发现常用深色作为背景色。主要有以下 3 点原因。

① 数据可视化的设计常用于大屏展示,由于背景面积过大,使用深色背景能够减少屏幕色差对整体表现的影响,也避免了观众在视觉上觉得刺眼。

② 深色背景更能聚焦视觉,利用色调与明度的变化,能够保证可视化图表的清晰辨识度,便于突出内容。

③ 方便做出一些流光、粒子等酷炫的效果。

整体背景深色系,选择搭配很多,推荐深蓝色系。

在实际的设计过程中,还会遇到其他问题,比如字体的选择,动效的设计。

关于动效的设计,我们会发现有时难以在设计稿中表现的动效,开发人员能利用代码轻易实现;同理,有些效果我们能用设计工具轻易实现,但开发人员却很难实现,或耗费时间较长。

因此在设计的过程中,一定要注意与开发人员的相互沟通,哪些地方我们可以尽情发挥,哪些地方需要遵守规则。

三、数据可视化的基本图表

统计图表是最早的数据可视化形式之一,也是基本的可视化元素,至今仍被广泛应用。基本统计图表是信息、数据、知识的视觉化表达,它利用人脑对图形信息比对文字信息更容易理解的特点,更高效、直观地传递信息。按照所呈现信息和视觉复杂程度其可分为以下三类。

(一) 原始数据绘图

原始数据绘图用于可视化原始数据的属性值,直观呈现数据特征,其代表性方法有数据轨迹、柱状图、饼图、直方图、趋势图、等值线图、散点图、维恩图、热力图等。

(二) 简单统计值标绘

简单统计值标绘也就是盒须图,是一种通过标绘简单的统计值来呈现一维和二维数据分布的方法。其基本形式是用一个长方形盒子来表示数据的大致范围,并在盒子中用横线标明均值的位置。

(三) 多视图协调关联

多视图协调关联将不同种类的绘图组合起来,每个绘图单元可以展现数据某个方面的属性,且允许用户进行交互分析,提升用户对数据的模式识别能力。

第五节 制作范例

学习了理论知识后需要结合优秀案例加深对数据新闻的理解和学习,本节整理了三个优秀数据新闻案例,并详细就新闻内容进行分析解读。

一、职场性骚扰:调查数据形象呈现

We Asked 615 Men About How They Conduct Themselves at Work 这篇报道针对职场性骚扰的情况,对615位男性进行了调查,询问他们过去一年在工作中性骚扰的行为类型。数据新闻的核心就是对数据的处理,而这615位受调查者关于10个问题的回答又该怎样处理,才能使烦琐的数据变得简洁、直观呢?

(一)人脸及颜色象征——易读性

报道巧妙地用人脸来象征受访问的男士,用10种不同的颜色绘制成侧脸的形状代表10个不同层次的性骚扰问题,并最终将他们的调查结果用不同色彩的侧脸显示出来。

报道中除了列出了每个个体的访谈结果,还以图标和百分比相结合的形式展现整体访谈情况(见图7-46)。

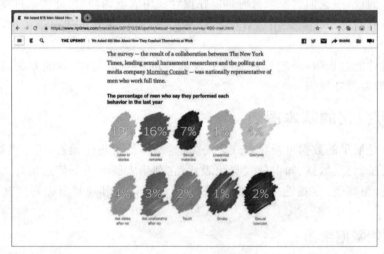

图7-46 职场性骚扰:调查数据形象呈现(部分内容)

哈佛大学工程与应用科学学院的可视化应用研究指出,"人类可识别物体"即生活中最习以为常的元素最容易让人记住,且色彩丰富的作品比单一色调的更让人印象深刻,多元素的作品比单一元素的作品更容易让人印象深刻。

这篇报道数据的视觉呈现中,使用人脸这一生活中常见的元素作为数据的载体,使用不同的色彩对性骚扰问题的层次进行划分,给读者清晰地展现明确的数据统计结果,让他们留下深刻的印象。

(二)经典条形图——对比分析

涉及需要对比分析的数据,报道以统一的横向条形统计图和百分比数据相结合的方式来展示,既表现出了每一个类别的具体数据,又方便读者对多种类别的数据直接进行比对(见图7-47)。

(三)具有社会责任感的选题

在女权主义逐渐兴起的今天,有关性骚扰的话题总是能引起巨大反响。《纽约时报》这篇报道选择"性骚扰"这一话题,符合了网络新闻选题的新闻性,具有社会价值。但是,不同

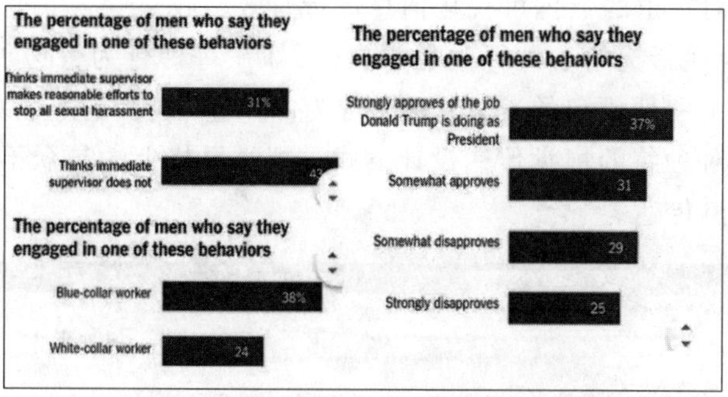

图 7-47　职场性骚扰：调查数据形象呈现（部分内容）

于常规的性骚扰报道，这篇报道没有以单一的性骚扰事件为主题，而是以工作场合中男性的性骚扰行为为主题，具有创新性。职场的性骚扰行为大多在黑暗的角落不为人所见，而这篇报道就像一束光照进了这个黑暗角落，把它的真实面目展现在了读者面前。

另外，性骚扰事件中的实施者大多有权有势，许多媒体碍于多种原因不会去调查相关的事件，而《纽约时报》这个极具社会影响力的媒体，却选择了这个极具社会责任感的话题，承担起了监测社会环境的职责。♯ME TOO 运动如火如荼地开展，这篇具有时效性的数据新闻报道则进一步引发了人们对于性侵事件的关注及对女性态度的思考。调查性新闻报道是新闻中不可缺少的一种报道，它为社会的进步做出了重大贡献。在笔者看来，发表了这篇有关公共利益话题的调查报道，也是《纽约时报》获普利策公共服务奖的一个重要的原因。

（四）鲜活新颖的表达方式

在标题制作上，报道仍是采用标题字号放大、字体加粗的方式来突出标题，但值得注意的是，标题的旁边有一个男性头像的简笔画，男性的五官并未画出，留给读者很大的想象空间；头像用多种颜色填充，表现出"职场性骚扰"这一主题的复杂性（见图 7-48）。

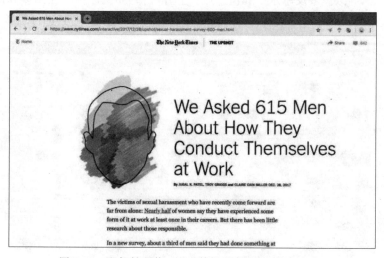

图 7-48　职场性骚扰：调查数据形象呈现（部分内容）

信息传递原理中指出视觉捕捉在最初 10～15 秒内是否有效是极为关键的，《纽约时报》在报道的一开始就让用户的大脑感受到了视觉的刺激，抓住了信息储存于大脑感知系统的时间，使得读者可以对报道的数据可视化信息进行有效接收。

报道中将定义为性骚扰的十种行为列举出来，并在每种行为旁边加上一个男性简笔画头像，每个静态头像用一种颜色填充，性骚扰行为的严重程度与填充颜色的深浅度相关联（见图 7-49），这是一种独特的视觉传达设计方式。视觉风格上的与众不同，使得读者印象深刻，做到了高效的信息传达。

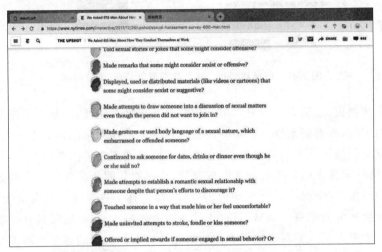

图 7-49　职场性骚扰：调查数据形象呈现（部分内容）

该报道未采用数字罗列的方式来呈现调查结果，而是采用制作 615 个男性头像简体画的方式来公布结果，利用具象概念图形来使信息生动地呈现在读者面前，这是一种高质量的呈现方式。其中多种颜色填充代表该男性做过多种性骚扰行为，单色填充代表该被调查者做过一种性骚扰行为，无色填充则代表无性骚扰行为（见图 7-50）。多色填充的男性头像给人的视觉冲击感强，导致读者反思水平和情感体验上升（情感体验即用户在阅读和使用过程中感情方面的直观感受），从而对性骚扰行为产生更深层次的心理感受，对其进行思考与联系。

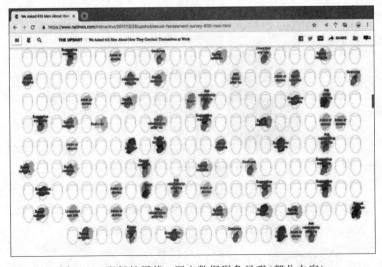

图 7-50　职场性骚扰：调查数据形象呈现（部分内容）

第七章
数据新闻制作

报道紧接着呈现了被调查者过去一年所做的性骚扰行为的比例,运用之前代表性骚扰行为的颜色涂抹出男性侧脸剪影,具有可视化艺术美感。在剪影上表明性骚扰行为比例,比例下还标明了每种颜色代表的性骚扰行为(见图 7-51),这种细节的恰当处理给读者带来了很好的行为水平情感体验,(行为水平情感体验即可视化的可用性体验。用户在接收到使用信息的过程中,感觉通顺无阻,简单快捷,那么用户在情感上就会感到舒适,从而实现了数据可视化的情感价值)。同时,全文在视觉要素上要统一,这样不会增加读者的认知负担。

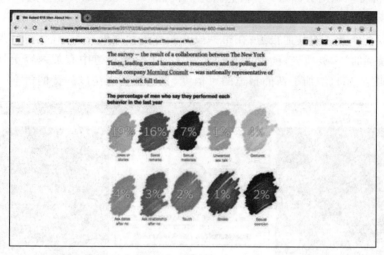

图 7-51　职场性骚扰:调查数据形象呈现(部分内容)

经过对职场中有性骚扰行为男性的分析,作者用条形图这种具象概念图形来说明在工作场所有性骚扰行为的男性与何种因素有关(见图 7-52)。有性骚扰行为的男性在报道中被进行了分类,第一类别为蓝领与白领,第二类别区分因素为是否认为上级领导会管理性骚扰行为,第三类别分类依据为支持与不支持总统川普的程度。值得一提的是,川普曾多次在公开场合发表侮辱女性的言论,作者将两者联系起来会让读者得到反思感情体验,与数据呈现内容产生思考或共鸣,进而有更深层次的心理感受。

图 7-52　职场性骚扰:调查数据形象呈现(部分内容)

203

为了深度挖掘职场的性骚扰现象,该报道将数据进行了转换,以一定的规律进行排列,呈现出了清晰的逻辑关系,使读者对工作场所的性骚扰行为认识由浅及深,让读者能通过数据看到更多元的内容。

(五)良好的交互体验

数据可视化的交互设计可以直观地分为两方面:静态图形的信息传达、人与系统的交互动画,其评价可以从两方面入手:信息传达的价值、人与系统的交互价值。

文中有多处超链接设置,在作者署名处点击超链接即可跳转至作者的个人首页(见图 7-53 和图 7-54),浏览作者写的其他报道;在第一段开头陈述数据处有一个超链接,点击后可转至一篇有关性骚扰的 95 页报告,读者可通过这份报告了解到报道中有关内容更加具体翔实的细节信息(见图 7-55),增加了新闻报道的可信度,也给了读者深度阅读的机会。

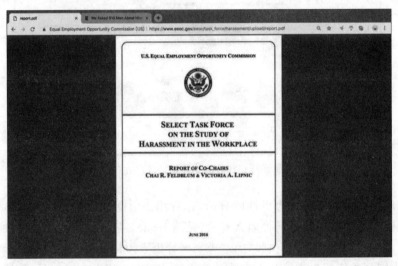

图 7-53　作者介绍页面 1

图 7-54　作者介绍页面 2

图 7-55　职场性骚扰：调查数据形象呈现（部分内容）

报道网页右上角有转发分享以及评论图标,页面的滚动并不会影响到这些图标的位置,把常用的功能放在固定的位置,一定程度上减少了用户的回忆负担。

评论区分为全部评论以及读者高赞的评论,将评论区二分化,精华评论筛选出来,有时精华评论是对新闻报道主题的深度解读与二次剖析,帮助读者能更加深入思考,对报道内容有更深入的理解;同时,作者可从评论中得到读者对报道的信息反馈,增加交互性。

（六）总结

We Asked 615 Men About How They Conduct Themselves at work 这篇数据新闻报道虽没有多样的表达形式,却给读者带来了舒适的阅读体验,做到了数据可视化形式美与新闻内容深度的结合。

若尝试使用多种表现形式是否能增加读者的交互体验愉悦度或深化读者对性骚扰主题的认知呢? 数据新闻的表现形式是少一些好还是多一些好呢?

在注意力经济时代,新闻视觉吸引极其重要,多种表达形式会让数据新闻产生吸引力,更是使新闻与读者之间关系模式再造。但许多报道采用了花哨的表达方式却没有很好的传播效果,表明并不是多种形式集合起来的新闻才是优秀的数据可视化新闻作品。

表现形式本身作为信息告知的一种工具,其数量的多少都是为了更好地表达新闻报道的主题。在大数据时代,新闻生产者需要尝试采用多样的表现形式去直观形象地呈现海量数据,但也要把握好一个度,不能过度追求形式而忽略了内容。

做好独到的、新颖的、深入的数据分析,数据新闻才会真正具有生命力。

二、作品《无据可依》

Unfounded 译作《无据可依》,是环球邮报"2017GEN 数据新闻奖"的获奖作品。它通过近 20 个月的调查发现,加拿大约五分之一的性侵案件被警方视为空穴来风,引发了广泛的社会关注。值得赞赏的是,为突出这一"无据可依"现象的地区性与严重性,该数据新闻通过多维度处理与组合数据,结合该文的色彩、页面跳转等交互方式,调动最大范围的阅读者,实现了极强的传播效应。

《无据可依》是《环球邮报》数据新闻团队耗费 20 个月的时间调查后推出的可视化作品，揭示了其国内公众普遍关注的社会治安问题。该团队通过对海量的案件材料进行大数据分析，结合全国 873 家警察机构的采访数据，最终发现在加拿大有五分之一的性侵犯案件会被警方视为"无据可依"驳回，而这个数字与官方统计数据相距甚远。

接下来将就 Unfounded 的视觉效果、阅读心理的贴合度与服务主题三方面展开具体评析。

（一）视觉效果

1. 重"极简"，少即是多

色彩中有一种风格被称为"扁平化设计"，指将传统三维图形转变为二维，用单一色块、图标等化繁为简。2012 年 Windows 8 系统与同年 iOS 7 系统率先采用这种设计，使 UI 界面交互一目了然，极大提升了使用体验。

图 7-56 所示插画也采用扁平化设计：采用简单线条绘画，晕染上色，虽然笔画少，却突出各形象差别；同时运用二元色彩，红色表警示，黑色表平常。用黑、红色彩的比例表示五分之一的案件被警察忽视。极简的绘画方式舍弃了不必要的元素，使读者的注意力更多地投放在呈现的内容上。

图 7-56 Unfounded 部分插画

值得注意的是，"五分之一"是极重要的数据之一，而"五分之一"的单一数据在快速浏览时容易被读者忽视。因此，作者使用大幅插画突出重要性，使用极简画风略去图画的细节，具象却突出数据，充分展现"少即是多"。

视觉包含隐喻，集中排布代表精炼，少量颜色配色暗含严肃。

标题的设计同样采用了这个原则（见图 7-57），"挥霍式"留白集中阅读者注意。同时，标题在画面正中时横向长度与横向留白长度比值恰好等于横向与纵向留白比值——黄金比例，视觉上，此类排版给人最佳视觉体验。

2. 重流畅，"酷炫"不要

画面进行切换时的动效流畅也影响视觉体验。该文的动效采取与色彩一致的"极简"风格，酷炫通通不要，如图 7-58 和图 7-59 所示。

页面滑动至该数据图时，首先出现纯图像，随后的 1 秒时间内逐渐显示完配字，符合人体视觉暂留原理——切换画面时，人眼关注到下一图画，但注意力仍停留在上一画面。此时，让图片"等一等"文字，可以保证阅读者的注意力更加集中到图片配字，提升内容接受度。

图 7-57　Unfounded 标题样式

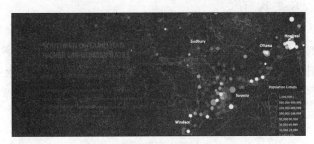

图 7-58　Unfounded 部分数据图

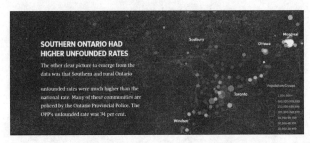

图 7-59　Unfounded 部分数据图

简单的动画往往较之酷炫更有力。

作品以精心设计的交互式可视化效果,对数据进行多维度剖析,配合当事人的深度采访报道,使人们深刻了解到被性侵犯者的痛苦与无助。作品一经推出便引发了舆论风潮,甚至还影响了后续警方对于此类案件的处理态度。

(二) 阅读心理贴合度

1. 悄悄"照顾"你的个性需求

觉得文章只讲述了部分情况?以为"她们"还离你很远?担心你周围也有这样的事?

阅读者来自国家的各个地区,阅读时心中疑惑也各自不同,这便是阅读的"个性化"特征。因此,在数据整合时,文章给出 *find your police jurisdiction* 的数据窗口,让阅读者能搜索其所在地的"无据可依"比例,满足个性化需求;这一设计可以引起不同地域的阅读者关注,实现更广泛的传播效果,如图 7-60 所示。

图 7-60　*Unfounded* 中的阅读个性化

2. "只要你有，只要我有"

新闻数据量过大时，难以将其整理入文本，也难以体现宏观视角的全貌。而阅读者在阅读文本时，对具体数据也存在好奇。生产者与消费者之间总隔着信息的鸿沟。

因此，当数据如图 7-61 所示进行不同颜色、不同区间的表示时，便能更宏观地向阅读者展现事态。将鼠标移动至相应数据点时，还能显示出数据的具体值与来源，即充分利用数据实现更好的信息交互（见图 7-62）。

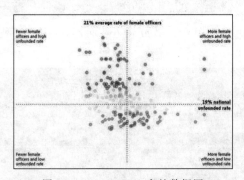

图 7-61　*Unfounded* 中的数据图

图 7-62　*Unfounded* 中的新闻内容

数据新闻是信息时代下新闻生产的发展大趋势。但数据除了量大还不够，还要让用户可定向查阅，例如使用多象限表格，使用地图精确地点，给出可跳转链接等。"只要你要，只要我有",只要阅读者想了解,新闻生产者就可以提供所需要的数据。

3. 告诉你"正在做什么"

交互指的是人与物品之间互相交流作用以提高工作效率的行为。视觉交互须获得视觉反馈才可持续。在如图7-63中,鼠标移动到特定矩形,其他矩形会自动隐去表示选中可跳转。这种细微指示反馈给使用者带来可个性化操作的空间,告诉读者"正在做什么",减少理解成本。

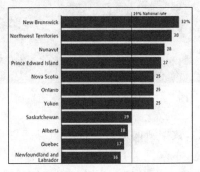

图 7-63　*Unfounded* 中的视觉交互部分

(三) 服务主题

视觉交互作为交互细节——微交互之一,应该时刻服务宏交互,服务文章主题。

该文主题是对性侵案件忽视的反思,因此基调偏深沉。从图片、色块到文字的基调都体现出了深沉阴压抑感,从视觉上传递了沉重的主题,也容易引起阅读者共鸣,如图7-64和图7-65所示。

图 7-64　*Unfounded* 中的主题页面

(四) 整体大于部分之和

阅读者对可视化交互的需求是格式塔心理学(也被称为完形心理学)的体现。格式塔心理学的直接经验便是整体大于部分之和。数据新闻绝不是数据的简单拼接,也不是文本与数据、视频等的简单组合,不同的组合正如小品之于电影,会带来不同的效果,给观众不同的体验。

新媒体数据分析

图 7-65　Unfounded 中的主题页面

新闻永远是用来被阅读的，数据新闻的数据提取与思路更是新闻的主体，可视化交互重要之处并不在于单单重视视觉，本末倒置，而是在保障内容的前提下，阅读的体验应一直被新闻编写者重视。可视化的交互也应当成为数据新闻的评价标准之一。

三、2017"数据新闻奖"

（一）《〈汉密尔顿〉背后的韵律》

6月22日，"环球编辑网络"（Global Editors Network）在奥地利维也纳举办了年度峰会。作为目前全球最受瞩目的新闻媒体高层会议之一，峰会期间揭晓的"数据新闻奖"是第一个旨在表彰全球数据新闻领域杰出工作的国际性大奖。2017"数据新闻奖"共有来自51个国家的573件作品参赛，最终由组委会评选出12件获奖作品。

年度数据可视化新闻奖为美国《华尔街日报》的《〈汉密尔顿〉背后的韵律》（The Rhymes Behind Hamilton），其主题页面如图 7-66 所示。

图 7-66　《〈汉密尔顿〉背后的韵律》中的主题页面

这个作品最强大之处在于庞大音律数据的极简方式呈现。它借助《华尔街日报》可视化团队的自研算法，以大数据方式分析近期炙手可热的百老汇音乐剧《汉密尔顿》中复杂的韵律结构，并进行可视化处理，从视、听两个层面展现作品细节所蕴含的智慧，帮助读者了解为何《汉密尔顿》的歌词如此深刻和令人难忘(见图 7-67)。

图 7-67 《〈汉密尔顿〉背后的韵律》中的互动页面

(二)国际数据新闻大奖上的"中国身影"

值得一提的是,近年来中国的数据新闻作品也开始在世界级大奖参赛名单里频频"露脸"。

1. 2017年度"卓越新闻奖"新闻报道创新奖:《2016·洪水暴至》

2016年是中国有记录以来雨量最大的一年,不少地区由于平日疏于防范而深受洪涝灾害。财新网推出的《2016·洪水暴至》(见图 7-68)聚焦了历年来国内洪水灾情,使用 VR、短视频、解释性交互图表等可视化手段,加上摄影图集、深度报道等传统新闻形式,增强了代入感。报道透过现场图片和视频,向读者讲述了受灾地所承受的一切。

图 7-68 《2016·洪水暴至》的初始页面

2. 2017年"数据新闻奖"公共选择奖提名：《2016年外交部发言人被问最多的是哪些事？》

这是一个仅由2名编辑、1名技术人员、1名实习生共同完成的作品（见图7-69），通过对外交部官网上公布的216场发布会，共计1755个问题信息数据进行筛选分类，提炼有效信息，使用国外流行的交互式代码嵌入到普通网页中，宏观展现了一年中外交部新闻发言人所提及的所有内容要点，这种新颖的可视化交互形式在国内还属凤毛麟角。

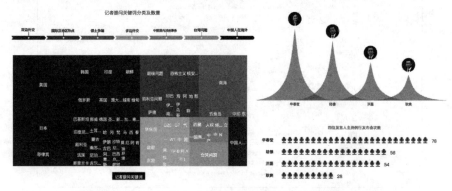

图7-69 《2016年外交部发言人被问最多的是哪些事？》页面

参 考 文 献

[1] 方洁. 数据新闻概论[M]. 2版. 北京:中国人民大学出版社,2019.

[2] 许向东. 数据新闻:新闻报道新模式(新闻传播学文库)[M]. 北京:中国人民大学出版社,2017.

[3] 西蒙·罗杰斯. 数据新闻大趋势:释放可视化报道的力量[M]. 北京:中国人民大学出版社,2015.

[4] 道恩·格里菲思. 深入浅出统计学[M]. 北京:电子工业出版社,2018.

[5] 米尔顿. 深入浅出数据分析[J]. 李芳,译. 北京:电子工业出版社,2012.

[6] 黄慧敏. 最简单的图形与最复杂的信息:如何有效建立你的视觉思维[M]. 白颜鹏,译. 杭州:浙江人民出版社,2013.

[7] 陈为. 数据可视化[M]. 2版. 北京:电子工业出版社,2019.

論文集